CHRISTIANITY IN SOUTHEAST ASIA

東南アジアのキリスト教

terada takefumi

寺田勇文 編

めこん

東南アジアのキリスト教

東南アジアのキリスト教・目次

序章 ……………………………………………………… 寺田勇文 7
キリスト教の展開 ……………………………………………… 8
国ごとの概況 ……………………………………………… 10

第1章
聖者の行進：聖週間儀礼から見たビサヤ民俗社会
川田牧人

1フィリピンにおける聖週間儀礼 ……………………………… 23
2バンタヤン島聖週間儀礼の流れ ……………………………… 25
3カロサ聖像の所有家族 ……………………………… 32
4聖像所有の民俗論理 ……………………………… 40
5「由緒正しさ」の創出と演出 ……………………………… 46

第2章
イグレシア・ニ・クリスト：フィリピン生まれのキリスト教会
寺田勇文

はじめに ……………………………… 57
1創始者フェリックス・マナロ ……………………………… 59
2召命 ……………………………… 61
3教会創立 ……………………………… 62
4戦前期 ……………………………… 63
5日本占領期 ……………………………… 69
6戦後期 ……………………………… 69
7世代交代 ……………………………… 73
8ハワイへ進出 ……………………………… 75
9世界各地へ ……………………………… 77
10日本の場合 ……………………………… 79
おわりに ……………………………… 81

第3章

タイ(シャム)におけるキリスト教

石井米雄

はじめに …… 87
1キリスト教のシャム渡来 …… 88
21830年代という時代 …… 90
3モンクットとパルゴア …… 93
4プロテスタント宣教師とモンクット …… 100
5プロテスタント宣教師の基本姿勢 …… 103
6タイ知識人のキリスト教批判 …… 105
7タイ人にとってのキリスト教 …… 107
おわりに …… 108

第4章

エーヤーワディ流域地方における王朝時代のキリスト教

伊東利勝

はじめに …… 113
1バインヂー …… 114
2バインヂー村の歴史 …… 118
3王室と宣教師 …… 122
4宣教師のビルマ認識 …… 132
おわりに …… 139

第5章

中国、ビルマ、タイ国境地帯の宣教活動と少数民族

豊田三佳

はじめに …… 147
1植民地支配と宣教活動 …… 147
2山地少数民族キリスト教徒急増の要因 …… 158
おわりに …… 172

第6章

カンボジアの伝統社会とキリスト教

石澤良昭

1 受容と拒否の背景……177
2 宣教の歴史……179
3 受難の時代……188
4 シェムリアップのキリスト教会……189

第7章

ベトナムのカトリック：政治的状況と民衆の生活の形

萩原修子

はじめに……197
1 政治的状況とカトリック……198
2 南部村落の事例……204
3 政治的状況と民衆の生活の形……216
おわりに……219

第8章

マレーシア・カトリック教会におけるポスト・コロニアリズム

奥村みさ

はじめに……229
1 儀礼に見るポスト・コロニアリズム……230
2 修道会の活動の変化……240
3 イスラームとの対話……248
おわりに……251

第9章

フローレス島におけるカトリックへの「改宗」と実践

青木恵理子

はじめに……………………………………………………………………………… 261
1 フローレス島の過去素描…………………………………………………………… 262
2 教会の方針…………………………………………………………………………… 267
3 中部フローレスのカトリックの社会的多元性…………………………………… 272
4 ウォロソコにおける「改宗」……………………………………………………… 277
5 社会的実践としてのカトリック…………………………………………………… 287
6 非西欧世界のキリスト教研究への示唆…………………………………………… 290

序章

寺田勇文

東南アジアの人々の宗教というと日本人の多くは仏教やイスラーム、あるいはヒンドゥー教のことを思いうかべるだろう。鮮やかな黄色の袈裟をまとい早朝のバンコクを托鉢する上座仏教の僧侶たち、金曜の正午、モスクでの礼拝の開始を告げるアザーンのひびき、そしてバリのヒンドゥー教寺院での礼拝の模様。東南アジアを旅したことがあれば、どれも見なれた風景にちがいない。華人街を歩いたことのある人なら道教の寺院を思いだすかも知れない。それだけではない。仏教やイスラーム、ヒンドゥー教という一見わかりやすい装いの下に隠れながら、長い間、生き続けてきた精霊信仰の姿もときおり旅行者の前に立ち現れる。タイの町や村には、ピーと呼ばれる精霊を祀る小さな祠があちこちに見られる。ラングーンの中央市場沿いの道路には精霊ナッを祀る祠がいくつも並んでいる。

国という単位で考えた場合、東南アジアではキリスト教はフィリピンを例外として少数派の宗教である。バンコクやジャカルタでは教会自体を見かけることも少ない。実際にはキリスト教は東南アジアにおいて、歴史的にも社会的、文化的にも無視することのできない宗教としてある。ただし、そのありようは地域、国などによってかなりの違いがある。そのために東南アジアのキリスト教は、と一口で語ることはむずかしい。

本書は東南アジアにおけるキリスト教の多様なあり方に着目し、地域や国ごとに異なる実際の姿を記述、解釈することを目的として企画された。東南アジア全体を視野に入れたキリスト教に関する研究書や書物は少ない。英語ではアジア全体のキリスト教を主題とする書物に『アジア・キリスト教事典』(Scott W. Sunquist ed. 2001. *A Dictionary of Asian Christianity* William B. Eerdmans Publishing Company, 2001) があるが、これ以外はもっぱらこれから東南アジアに赴任しようとする宣教師向け概説書などに限られている。国別のキリスト教に関する書物もフィリピン以外は限られており、しかもキリスト教が実際にどのように信仰されているかを論じたものは大変少ない。

本書では、個々の地域や国々におけるキリスト教の多様なあり方を考察することに重点をおいている。布教する側に力点をおいたキリスト教布教史でも、教会史でもなく、それぞれの土地の社会的、文化的な文脈でキリスト教がどのように理解されているかを記述することを心がけた。執筆者はいずれも東南アジアを研究対象地域とする歴史学、文化人類学、社会学、宗教学の第一線の研究者である。それぞれが長期間、東南アジアで暮らし、調査を行なった経験を持ち、土地のことばを理解する。もっぱら史料にもとづいてキリスト教を論じている場合でも、各自のフィールドワークや生活経験が存分に生かされている。

キリスト教の展開

東南アジアにおけるキリスト教の展開は、ほとんどの場合、欧米の植民地支配となんらかの関わりを持つものであった。その意味でこの地域におけるキリスト教は当初から植民地的性格を付与されていた。

東南アジアにキリスト教が伝えられた最初の重要な契機は、15 世紀から 17 世紀にかけての大航海時代におけるスペインとポルトガルの来航という出来事である。ポルトガルの遠征隊は喜望峰を経て 1510 年にインドのゴア、11 年にマラッカ、12 年にバンダに到着、そこからさらにアンボン、セラム、テルナテ、ティドレ、ジャイロロ（ハルマヘラ）に到達している。1522 年にはテルナテにサン・パウロ砦が建設され、そこに駐在するポルトガル人の司牧のため、カトリックの司祭シマン・ヴァスがインドのゴア司教区司教代理として派遣された。ヴァス神父はテルナテやハルマヘラで布教を進め、1534 年に最初の洗礼式を行なった。こうしたことからインドネシアのローマ・カトリック教会は、公式には 1534 年を同国におけるカトリック教会の始まりの年と定めている。東フローレスにおけるカトリック布教も、テルナテ、アンボンなどを含むモルッカ諸島（香料諸島）と同様に、熱帯の特産品――この場合は香料ではなく白檀――を求めての「探検」がそもそもの始まりだった。

モルッカ諸島よりもさらに北に位置するフィリピン諸島では、住民が初めてスペイン人と接触したのはマゼラン遠征隊が太平洋を横断してセブ島に到達した 1521 年のこととされている。セブでは住民首長夫人をはじめとして数百名がカトリックに集団改宗した。その際にスペイン側が首長夫人に洗礼の記念品として聖像を贈ったことが、マゼランに同行したアントニオ・ピガフェッタの航海日誌に記されている。その後、1565 年にスペインのレガスピ遠征隊がセブ島に上陸、1571 年には本拠をマニラに移し、本格的な植民地化に着手した。

フィリピンを征服したスペインはポルトガルとは異なり、住民社会を徹底的に再編し植民地支配を末端にまで浸透させようとした。その手段の1つがレドゥクシオンと呼ばれる住民の集住・定住化政策だった。スペイン植民地支配は政教一致のもとに展開され、イベリア半島から中南米を経由して派遣されてきたスペイン人修道会士らは、戦略的に重要と考えられる場所に町を創立した。町の中心となるのはカトリック教会と司祭館、教会前のプラザ（広場)、そして広場の一角を占める町役場だった。

スペインがフィリピンに到達した時、すでにフィリピン諸島南部に成立していたイスラーム社会をのぞくと、住民の間では精霊信仰が支配的で、仏教やヒンドゥー教の影響は小さかった。精霊信仰とカトリシズムとの間によく似た構造がみられたことから、住民のカトリック化が進み、19世紀末までには山岳部の少数民族社会と、ミンダナオ島やスルー諸島のムスリム地域を除き、大多数のフィリピン住民はカトリックとしてのアイデンティティを持つようになったといわれる。

地域によって時期は異なるが、スペインとポルトガルの進出以後、東南アジアの多くの地域は欧米による植民地統治時代を迎えた。現在インドネシアと呼ばれている島々はポルトガルにつづいて17世紀後半以後、オランダ（一時期は英国）の植民地となった。オランダ植民地期にはプロテスタント宣教が行なわれた。フィリピン諸島は長い間、カトリックのスペインの支配を受けたが、1898年以後はアメリカの植民地となりプロテスタンティズムが布教された。現在のベトナム、ラオス、カンボジアは19世紀半ばよりフランス領となり、カトリック布教がさらに強化された。一方、英国は18世紀後半から19世紀初め以後徐々に、現在のビルマ（ミャンマー)、マレー半島、シンガポールなどにおける植民地支配を確立した。こうした欧米諸国による植民地支配は、1941年12月から45年まで続いた日本軍による占領期を経て、実に第2次世界大戦後にまでおよんだ。

キリスト教はフィリピンを除き、概して東南アジア各地の主な民族、すなわち前近代、近代、第2次大戦後の独立期に国家形成を図る上で中心的な役割を果たしてきた諸民族の間ではめざましい布教の成果をあげることはできなかった。別の言い方をすれば、仏教、イスラーム、ヒンドゥー教などが人々の宗教生活、社会生活の中にすでに定着していた地域では、キリスト教はそれがカトリックであれプロテスタントであれ、多くの改宗者を得ることは難しかったといえる。キリスト教はむしろ、各地域の少数民族、つまり仏教やイスラーム、ヒンドゥー教などの影響を受けず、それ以前からの精霊信仰に強く依拠していた山地民社会、華僑、華人などの移住民社会においてより多くの改宗者を得て、教勢を伸ばしてきたといえよう。そして、その背景には地域や時代、時の政治権力との関係、さらには布教する側の姿勢や教派の違いなど多くの要因が複雑にからみあっている。

国ごとの概況

東南アジアには現在、島嶼部にフィリピン共和国、インドネシア共和国、東チモール民主共和国、シンガポール共和国、ブルネイ・ダルサラーム国、マレーシアの6ヵ国、大陸部にミャンマー連邦（ビルマ）、タイ王国、ラオス人民民主共和国、カンボジア王国、ベトナム社会主義共和国の5ヵ国がある。これらの国々でキリスト教がおかれている状況をみてみよう（以下に紹介する人口統計、宗教統計は最近の数字だが、年度、出典等が異なり、あくまでも目安として考えられるべきものである。また、本文で紹介される数字と異なる場合もある）。

【フィリピン】 フィリピンでは国民の90%以上がキリスト教徒である。すでに述べたように16世紀後半よりフィリピン諸島はスペインの植民地となり、カトリック布教が組織的に進められた。布教においては単にカトリシズムの教義の基本を教え込むだけではなく、教会の年中行事を通じてキリストの誕生から受難の生涯、十字架上の死と復活にいたる一連の出来事が繰り返し再現された。また、子の誕生、堅信、結婚の際にカトリック教会で必要とされる代父母（コンパドラスゴ）が、在来の双系親族組織と組み合わされる形で制度化された。

1896年には対スペイン独立をめざすフィリピン革命が開始された。革命は最初はスペインを、次にアメリカを相手として闘われた。その過程で革命政府の側についたフィリピン人司祭たちが結集し、スペイン人高位聖職者から教会の裁治権を切り離し、フィリピン人司祭を中心とするカトリック教会の創設をめざす教会の民族化構想が浮上した。その指導者はルソン島イロコス地方出身のグレゴリオ・アグリパイ司祭だった。アグリパイは革命軍従軍宗務総長としてこの運動を指導したが、革命は敗北に帰し、ローマ教皇庁はアグリパイたちの主張を認めなかった。そうした経緯により1903年にはバチカンから分離したフィリピン独立教会が誕生した。

1898年以後、フィリピンはアメリカの植民地となり、本国から長老派、メソジスト、バプティスト、ディサイプルズ、会衆派、セブンス・ディ・アドベンティストなどのプロテスタント教派が宣教師を送りこんだ。しかし、それまで300年以上にわたりカトリック一色だったフィリピン社会でプロテスタントが信者を獲得するのは容易ではなかった。プロテスタントは学校教育、医療などの面で大きな貢献をなしているが、カトリックが優勢な低地フィリピン社会では教勢を伸ばすことは困難で、主として山岳部少数民族社会や華人の間で布教の成果をあげている。

第2次世界大戦後、フィリピン独立教会は聖公会と共同陪餐協約を結び、また、多くのプロテスタント主流派が合同した。一方、福音派、エバンジェリカル、場合によってはファンダメンタリストなどと呼ばれる教派、グループがフィリピンで伝道を開始した。これらのグループは個人の信仰体験を重視し、聖書を絶対的な真理の書と考え、伝道を重視する反面、政治的には保守的である。サザン・バプティスト、ペンテコステ派、ホーリネスなどがその主な教派で、1990年代に入るとこうした教派、グループに属するキリスト教徒は、戦前からのプロテスタント主流派よりも数の上で多くなった。近年は他の地域と同様に、カトリック、プロテスタントを問わずカリスマ運動が盛んである。

ところで、1970年代末以後、海外出稼ぎ者として来日するフィリピン人が増え、日本人との国際結婚も増えている。それに伴って日本各地のカトリック教会のミサに出席するフィリピン人が増加した。日本カトリック難民移住移動者委員会がまとめた『2000年度日本カトリック教会外国人信徒数（推計）』には、日本人のカトリック信徒総数44万1906人に対し外国人信徒数は40万6974人と報告されている。比率では日本人信徒52%、外国人信徒48%となる。この数字に法的に許された滞在期間をこえて在留する超過滞在者の外国人信徒4万5958人を加えると、外国人信徒が日本人信徒を上まわるという。外国人カトリック信徒の国籍は多い順にブラジル、フィリピン、ペルーとなり、神奈川、山梨、長野、静岡の4県からなるカトリック横浜教区に外国人信徒が最も多いと報告されている（朝日新聞、2001年4月16日夕刊）。

さて、本書の第1章「聖者の行進：聖週間儀礼から見たビサヤ民俗社会」は、フィリピン中央部、セブ島の北西沖に位置するバンタヤンという小さな島のカトリックの聖週間儀礼を題材とした川田牧人氏による報告である。聖週間とはキリストの復活を記念する復活祭直前の1週間のことである。枝の主日と呼ばれる日曜日に始まり、聖水曜日、聖木曜日、聖金曜日には、カトリック教会暦にもとづいた一連の重要な儀礼が行なわれる。これらの儀礼では町内の家々が所有する聖像がさまざまな局面で用いられるが、中でも聖木曜日とキリストが受難の死をとげた聖金曜日の教会行列では、聖像が儀礼のハイライトを飾るものとなる。川田氏はバンタヤン島におけるこうした聖像に焦点をあて、その名称、由来、所有家族と聖像継承の背景、製作年代、彫像師などを分析し、聖像が島の社会における家系の創出、「由緒正しさ」を演出する上で社会的な意味を持つことを論じている。フィリピンのカトリック社会においては聖像はあたかも家族の一員であるかのように手厚く扱われているが、この報告によりそれが単に宗教的な意味を持つだけでなく、より広く社会的、政治的な背景を持つものでもあることが理解される。

第2章「イグレシア・ニ・クリスト：フィリピン生まれのキリスト教会」は寺田勇文によるフィリピン独自のプロテスタント教会に関する報告である。この教会は1913年末にフィリピン人のフェリックス・マナロという人物によって創始され、翌1914年には宗教団体として登録された。イグレシア・ニ・クリストは創始者のフェリックス・マナロを「神の最後の使い」と規定し、キリストは人の上に立つ人であるが神ではないとする神学的立場を堅持し、今日のキリスト教会の多くが採用する三位一体論を否定している。カトリックが多数を占める国でカトリック教会を正面から批判し、イグレシア以外に救いはありえないと主張してきたため、常に宗教的少数派ではあるものの、その社会的な影響を無視しえないまでに成長してきた。1968年以後は海外のフィリピン系移民社会や海外出稼ぎ者の間で伝道を正式に開始し、現在では世界160ヵ国に教会や信徒グループを擁している。この報告ではイグレシアの歴史、組織、海外伝道のあり方を検討している。

【タイ】 タイの総人口6000万のうち95%が上座仏教徒である。タイ（シャム）では1554年以降、ポルトガル人宣教師によるカトリックの布教が開始されている。最初はシャム在住のポルトガル人の司牧がその目的だったが、1653年以後はカトリックのパリ外国宣教会による布教活動が始まった。しかし、上座仏教がすでに定着していたタイ人社会においては布教の成果は微々たるものであり、カトリックはベトナム系と華人系の住民、チェンマイより北の山岳部の少数民族社会において改宗者を得ている。プロテスタントは1828年から布教を始めているが、上座仏教徒の改宗には成功しておらず、カトリックとプロテスタントあわせてもキリスト教徒は約30万人で、その3分の2がカトリックである。

第3章「タイ（シャム）におけるキリスト教」において、石井米雄氏はまずタイ（シャム）におけるキリスト教布教の歴史を振り返り、つづいてタイ史における1830年代という時代およびキリスト教徒のかかわりについて論じている。つづいてこの時代のモンクット（後のラーマ4世王）とフランス人宣教師ジャン・バティスト・パルゴア（パリ外国宣教会）およびアメリカ人プロテスタント宣教師ダン・ビーチ・ブラッドレー（長老派）との知的交流の模様を検討しつつ、タイ社会とタイ人がキリスト教をどのようなものとして理解してきたかを考察している。タイ人にとって、キリスト教は「フラン（西洋人）」の宗教として伝えられ、現在でもなおタイ世界の外の存在であるという認識が存続しており、仏教が「民族に内属する宗教」であるタイ社会で、キリスト教徒であることはいわばタイ人としての属性を欠いた例外的存在であると理解されているという。キリスト教は信念体系として受容されることはなかったが、宣教師がタイに紹介した近代西洋文明はおおいに歓迎された。プロテスタントの宣教師は「モー」（医者）として尊敬されたが、彼らは妻帯していたため宗教教師としては評価されなかった。それに対して独身制を守るカトリック司祭は宗教教師としてそれなりに尊敬された。さらにキリスト教教理に対してタイの知識人たちは西洋近代合理主義思想にもとづいて批判したが、宗教論争には発展しなかった。そして宣教師側から批判を受けたことが契機となり、仏教の中に改革運動が起こされたことが論じられている。

【ミャンマー（ビルマ）】 1544年にカトリック、1813年以後にプロテスタントの伝道が開始され、主として山地部のカレン、カチン、カヤなどの少数民族社会において改宗者を得ている。平地部の上座仏教徒社会では布教は進展しなかった。1965年以後はキリスト教会が経営するミッション・スクールや病院が国営化され、66年には外国人宣教師は国外退去になった。カトリック教会ではさらにその後、インド人やアングロ・インド系の人々の国外流出によって指導者不足に陥った。

第4章「エーヤーワディ流域地方における王朝時代のキリスト教」は、バインヂーと呼ばれるカトリック教徒をテーマとする。バインヂーという語はインド生まれのポルトガル人をさすといわれ、彼らはエーヤーワディ上流地方のカトリック教会を中心とする村落で暮らしている。上座仏教徒が多数を占めるミャンマー（ビルマ）において、こうした村落では村の中央に教会堂がそびえている。伊東利勝氏はこうしたバインヂーの村の成立過程を検討し、次にこの地域に成立した王権とカトリック宣教師との関係を史料にもとづいて明らかにしている。これまでの言説とは異なり、この地方ではニャウンヤン王朝もコンバウン王朝も支配下の住民に特定の宗教を強制しようとする姿勢はなく、兵士として王朝につかえていたバインヂーに対するキリスト教布教を禁じてもいなかった。18世紀後半には宣教師たちの持つ知識を利用しようとする積極的な姿勢も見られたほどであったという。王室側が宣教師たちに期待していたのは、宣教師たちによりバインヂーの精神的安定が保たれ、さらに西洋とのパイプ役を演じてくれることであり、キリスト教の信仰自体が一義的な問題ではなかったことを明らかにしている。

第5章「中国、ビルマ、タイ国境地帯の宣教活動と少数民族」は、1886年に雲南省に派遣され、モン人の間で宣教に従事したイギリス人ポラード牧師、18世紀半ばのビルマに派遣されていたカトリックのアボナ神父、ビガンデ神父をはじめとする宣教師の活動を事例としつつ、中国南部の雲南省、ビルマ、さらにタイとの国境地帯で暮らす山岳少数民族（カレン、カチン、ラフ、モン、アカ人など）に対するキリスト教宣教活動の実態を明らかにしようとしている。そして、豊田三佳氏は、国境地帯における少数民族がキリスト教に改宗した背景には、宣教師が植民地支配の担い手として働いたからであるという通説だけでは理解されえない問題があることを指摘している。これらの少数民族は周囲の有力な支配的民族（漢人、ビルマ人、タイ人など）から虐げられてきた歴史を持ち、キリスト教への改宗がこうした苦境からの脱出の糸口となり、さらには「失われた本の伝承」に見られるように、改宗は彼ら自身の伝承にある預言の成就として解釈されたとする。山地少数民族のキリスト教化は植民地主義に支えられた西洋近代文明による文化支配であり、宣教師は「伝統社会」の破壊者で、山地民は哀れな被害者であるとするかつての言説とは裏腹に、キリスト教は地域の人々自身による特有の解釈と理解を通じて受容されたことを論じている。

【カンボジア】 カンボジアは上座仏教徒が多数を占める国である。カトリック布教は16世紀半ば、1555年にマラッカから派遣されたポルトガル人ドミニコ会士ダ・クルスにより試みられているが、当初の計画は失敗に帰した。1585年以後はフランシスコ会が加わり、1603年にはすでにスペイン領となっていたフィリピンのマニラからドミニコ会士が来訪した。この時期の布教、司牧の対象は主としてカンボジア在住のポルトガル人だった。

その後フランスがインドシナ地域に関わりを持つようになると、パリ外国宣教会が布教活動を開始した。それ以後、今日に至るまでカンボジアのカトリック教会の主たる司牧対象はベトナム人、華人、西欧人が中心で、上座仏教徒であるカンボジア人（クメール人）の社会では布教の成果はほとんど見られない。

第6章「カンボジアの伝統社会とキリスト教」はカンボジアにおけるキリスト教布教、特にカトリックの活動を振り返りつつ、同国のキリスト教に付与された特殊な性格を明らかにしている。すなわちカンボジアでは古くから布教が行なわれてきたが、カトリック教徒の多くはヨーロッパ人、ベトナム人であり、上座仏教徒が多数を占めるカンボジア人（クメール人）社会とは一線を画していた。石澤良昭氏によれば、第1次世界大戦直前のカンボジアにおけるキリスト教徒は3万6000人で、そのうちベトナム人が3万2500人、中国人が500人、カンボジア人は3000人程度であったという。聖職者は13人の宣教師とほぼ同数のベトナム人神父のみで、カンボジア人神父はこの時点ではまだ皆無だった。第2次大戦後、カンボジアはフランスからの独立を果たすが、1970年以後は内戦、それにつづくポル・ポト時代を迎えた。ベトナム人の教会という色彩がつきまとうカトリック教会は、反ベトナム感情の高まりとともに焼き討ちの対象となり、1970年9月には教会組織は壊滅寸前の状態であった。ポル・ポト政権壊滅後、ヘンサムリン政権を経て、1989年には新憲法が発布され、現在は条件つきではあるがキリスト教の布教や教会活動が自由化されつつある。

【ベトナム】 ベトナムでは大乗仏教が優勢で、それについでカオダイ教やホアハオ教をはじめとするベトナムで創始された宗教を信じる者が全人口の11.4%、キリスト教徒は7.4%を占めている。キリスト教徒の大部分がカトリックである。布教はすでに16世紀に開始されているが、17世紀に入ってからパリ外国宣教会が本格的な布教を担うようになり、フランス植民地下で布教が進められた。1954年に、第1次インドシナ戦争が終わりジュネーブ協定により南北ベトナムの分割が確定されると、北部のカトリック教徒、司祭、司教ら56万人が南部に移住したといわれる。反共と親米を基調とする南ベトナム政権はカトリック教徒を優遇した。1975年の解放、76年の社会主義政権樹立後、国家とカトリック教会の関係は新しい時代を迎えた。

第7章「ベトナムのカトリック：政治的状況と民衆の生活の形」は、ベトナム南部の村落における調査をもとに、民衆の日々の生活レベルにおけるカトリック実践の実際のありようを、非カトリックの村民との共生という関係性の中で論じている。最初にベトナムにおけるカトリックの歴史を各時代の政治的な変化に即して概観した上で、萩原修子氏が事例として取り上げているのは、ホーチミン市（サイゴン）から北東へ40キロのところに位置する「旧タンチウ村」（現在のドンナイ省ヴィンクー県）である。「旧タンチウ村」はジュネーブ協定締結時に北部から移住してきたカトリック教徒が作り上げたカトリック村ではなく、古くからある村で、タンチウ教会は少なくとも100年以上の歴史を持っている。村内の508世帯のうち57世帯がカトリックであり、彼らは長い間、祖先祭祀を行なってこなかった。しかし、近年これらのカトリックの中から祖先祭祀にも積極的に参加する人々が出てくるなど、カトリックの儀礼実践の場面において変化が見られることが報告されている。カトリックと非カトリックは村の日常生活の中でさまざまな、重層的な関係を築いてきており、カトリックはこうであると一言で性格づけることはできないことが明らかにされている。

【ラオス】 国土の大部分が山岳地帯で、東南アジアでは唯一海岸線を持たない国である。総人口はおよそ600万人と推定される。1947年憲法により立憲君主制に移行、1953年にはフランスから独立した。1975年には国王が退位し、王政から人民共和制に移行した。それ以後は社会主義的政策が実行に移されてきたが、上座仏教は国民により広く信仰の対象とされている。カトリックが最初に布教されたのは1642年のこととされているが、その後200年間は実質的な活動は行なわれなかった。1858年以後、徐々にルアンパバーンなどを中心として布教活動がなされたが、大きな成果は見られなかった。フランス植民地期を通じて布教がある程度の成果を収めたのはラオス南部である。20世紀に入るとカトリック布教はバンコク経由で行なわれ、メコン川よりも東側の地域に対する教育、医療伝道が強化された。カトリックは1967年の時点で3万人と報告されているが、1975年の人民革命党政権誕生以後、教会財産が国家により凍結、制限されるという事態に至った。現在、カトリックは約3万5000人と推定される。

プロテスタント布教は19世紀末に開始されたが大きな成果はなく、1975年の人民共和制移行直前に外国人宣教師は全員が国外に退去したため、それ以後はラオス人のみによるラオス福音主義教会が活動を続けている。プロテスタントの多くは北部のカム、モンなどの少数民族出身の人々で、今日では3万人をこえると推定される。1994年末以後、政府は地域によってはキリスト教の布教活動を事実上禁じ、40ほどのラオス福音主義教会を閉鎖または学校に転用したと報じられている。

【シンガポール】 英国植民地だったシンガポールはマレーシア連邦を経て、1965年に独立した。総人口はおよそ320万人で、そのうちの77.2%が華人系、14.1%がマレー系、7.4%がインド系という多民族構成になっている。国民の宗教もこうした民族構成に対応しており、1995年に実施された世帯別統計（10歳以上の250万人を対象とする）によると85.5%がなんらかの宗教を信仰していると回答し、全体の53.8%が仏教、道教、その他の中国系宗教（華人が主体)、14.9%がイスラーム（マレー系)、12.9%がキリスト教（華人が中心)、3.3%がヒンドゥー教（インド系）となっている。英国植民地期を通じてカトリック教会、英国国教会、メソジスト、長老派などが主な教派だったが、20世紀に入るとそれ以外のさまざまな教派が宣教を開始している。

【マレーシア】 憲法では信教の自由は認められているものの、イスラームが国教と定められており、ムスリムに対する他宗教からの布教は禁止されている。1511年にポルトガルがマラッカを占領してまもなくの1521年には同地に聖パウロ教会が建てられ、1545年にはイエズス会士であったフランシスコ・ザビエルがこの教会を担当した。その後、英国植民地下に入ると英国国教会による活動が始まった。現在の人口はおよそ2200万人で、その47%がマレー系、25%が華人系、7%がインド系である。それ以外にイバン人、ドゥスン人などの少数民族がボルネオ島サバ州、サラワク州に生活圏を築いている。宗教の面では、国民の58%がイスラーム（マレー系が中心)、26%が仏教、道教、儒教など（華人系)、8%がキリスト教（カトリックとプロテスタントが半数ずつで、主にサバ、サラワクの少数民族、マレー半島部の華人系やインド系の人々が中心)、そして7%がヒンドゥー教（インド系）となっている。

1963年に政府は外国人のカトリック司祭、プロテスタント牧師、その他のキリスト教布教関係者について10年間の期限付きで活動を許可するという政策を採用した。そのためすべての教派、教会において外国ミッションの影響力が低下し、教会のリーダーシップは徐々にマレーシア国籍の教職者に移った。

第8章「マレーシア・カトリック教会におけるポスト・コロニアリズム」は、マレーシア独立後から現在にいたる「脱植民地化」の過程で、マレーシアのカトリック教会、カトリック教徒が、イスラームとの緊張関係の中でどのようにしてカトリックとしてのアイデンティティを確立しようとしてきたかをテーマとしている。マレーシアでは植民地期を通じて外国人宣教師が教会を直接に指導してきたため、西洋型のカトリシズムがそのまま移植、温存されてきた。そうした歴史的な背景があるため、「マレーシア」のカトリックとしての独自性をいかに打ち出すかが重要な課題となっている。奥村みさ氏は、クリスマス・カードの図案、復活祭を祝う典礼の改革、司祭の叙階式の模様を事例としてとりあげ、カトリック教会の中の「改革派」が地域文化の要素を教会の儀礼や儀式に取り込んでいく様子を報告している。また、独立後、ミッション・スクールが政府により公立学校化させられた結果、カトリックの宗教教育が許されなくなり、修道会は事実上かつてのミッション・スクールから排除され、「改革派」の一部は解放の神学の影響を受け、さまざまな社会問題に取り組んでおり、イスラームとの対話、共存をめざそうとしていると論じている。

【ブルネイ】 ボルネオ島北部に位置し、1984年に完全独立を果たした人口およそ30万人の国である。総人口のうち65%がマレー系で、そのほとんどがムスリム、20%が華人系、5%がイバン人などの少数民族、残る10%が外国人である。イスラームが国教と定められており、ムスリムに対する布教、キリスト教布教文書の国内持ち込みは禁止されている。キリスト教徒の比率は8%で、そのほとんどは香港などから移住してきた華人系である。

【インドネシア】 インドネシアは総人口2億人、国内に300をこえる民族、250以上の言語をかかえる域内最大の国である。国民のおよそ87%がムスリム、7%がプロテスタント、3%がカトリック、2%がヒンドゥー教徒という構成になっている。イスラームは13世紀にアチェからスマトラ島、ジャワ島へと伝えられた。キリスト教は先に述べたように16世紀前半にポルトガルによりカトリシズムがテルナテをはじめ香料諸島に伝えられ、17世紀にはオランダによりプロテスタンティズムが導入された。

インドネシアではムスリムが宗教的多数派であるが、イスラームは国教と定められてはいない。国民は「経典を持つ唯一神信仰」であることを基準に国家が認めた5つの宗教、すなわちイスラーム、プロテスタント、カトリック、ヒンドゥー教、仏教のいずれかの宗教を信仰することが求められている。キリスト教徒はカトリックとプロテスタントを合わせても全国民の10%に満たないが、全人口が2億人に達しているため、その数は

2000万人近くになる。そのうちカトリックは600万人ほどで、フローレス島が中心である。プロテスタントは1200万人から1500万人と推計されている。洗礼を受けていない場合でもキリスト教徒として政府に登録するケースが少なくないため、正確な数字を得るのは難しい。

キリスト教徒を地域別に概観すると、イリアン・ジャヤ州住民の85%、東ヌサ・テンガラ州の75%、北スラウェシ州の55%、さらにマルク州、北スマトラ州、西カリマンタン州の25〜50%の住民がキリスト教徒である。

東インドネシアのアンボンなどを中心として、近年スハルト政権の崩壊とともにムスリムとキリスト教徒の住民の間で抗争が深刻化している。これをイスラーム対キリスト教の宗教戦争として理解するのは間違いだが、対立の背景にインドネシアにおけるキリスト教がかかえている歴史的、政治的な性格があることは明らかである（フランシスコ・X・ダヌウィナタ、寺田勇文訳「イスラムとカトリック：インドネシアにおける現状と課題」ザビエル渡来450周年記念行事委員会編『「東洋の使徒」ザビエルII：アジア世界におけるヨーロッパ・キリスト教文化の展開』Sophia University Press、2000年を参照）。

第9章「フローレス島におけるカトリックへの『改宗』と実践」は、キリスト教徒、とりわけカトリックの比率が高いフローレス島におけるカトリックへの「改宗」が、その歴史的、社会的、文化的な文脈で何を意味するのかを論じている。青木恵理子氏が事例としてとりあげるのは、同島中部山岳地帯のウォロソコ地域（仮名）の人々で、彼らにとって多くの場合カトリックへの「改宗」は、その信仰内容や教義を吟味した上でのことではなく、「超越的他者の暴力」を契機とするものであったという。近年の例では1965年にインドネシア国家が共産党狩りを進めた際に、この地域では多くの人々が共産党員とみなされることを恐れて、カトリックへの名目的な帰属を表明した。また、土地の儀礼リーダーのある老人は、1992年に起こった大地震、地割れ、大雨という「超越的他者の暴力」を契機としてカトリックの儀礼に参加し始めた。しかし、ウォロソコにおいては、カトリックへの「改宗」は、それ以前から実践されていた祖先や精霊をはじめとする信仰と矛盾するものではなかったことを論じている。この章の最後では、非西欧世界におけるキリスト教の研究を進める上で有効な「合理化」「流用」「戦略」という概念について論じられている。

【東チモール】 16世紀にポルトガルが進出して以来、ポルトガルの植民地であった。1951年にはポルトガルの海外県となるが、1976年には武力でインドネシア領に併合された。2002年5月に完全独立を果たした。総人口は約80万人で、その大多数がカトリック教徒である。

1998年5月から7月にかけて、上智大学コミュニティ・カレッジで、「東南アジアのキリスト教」をテーマとする10回連続の講座を開講した。その時の講義を土台として本書の企画が生まれた。講義を担当して下さった方々、毎週熱心に出席してくださった方々、そして本書のために新たに執筆者に加わってくださった方々に心から感謝したい。

本書の編集に際しては、それぞれの執筆者のスタイルを生かすことを第一に考え、宣教／布教、信徒／教徒などの表記については全体としては統一しなかった。地名、人名、教会名などについても同様である。

最後に、本書の刊行まで辛抱強くサポートしてくださった「めこん」編集部の桑原晨さん、装丁を担当してくださった渡辺恭子さんにお礼を申しあげたい。

2002年初夏　　編者

第1章

聖者の行進：聖週間儀礼から見たビサヤ民俗社会

川田牧人

1 フィリピンにおける聖週間儀礼 ……23
2 バンタヤン島聖週間儀礼の流れ ……25
3 カロサ聖像の所有家族 ………32
4 聖像所有の民俗論理 ……………40
5 「由緒正しさ」の創出と演出 ………46

1 フィリピンにおける聖週間儀礼

日中の刺すような暑気がようやくおさまり、あたりが漆黒に包まれるころ、教会堂の前に集まった聖像の山車（カロサ）（karossa）はゆっくりと動き出す。バンタヤン島における聖週間儀礼のクライマックスの始まりである。もちろん少しでも気温の下がった時間帯をねらったものとも考えられるが、山車を彩る電飾が映えるために開始時間をずらしているのである。山車だけではなく、聖像と同じ衣装を模したビステハンの子供たち(1)をはじめ、思い思いに行列に参加する随行者たちが手にしたロウソクも美しい。

かつて教区司祭は、聖像行列が年々華美になることを危惧し、昼間に質素に行なうよう住民に申し入れたことがあった。しかしこれは住民側の頑強な反対にあって実現しなかった。自らが望んで出費する自家所有の聖像の飾りつけに、教区司祭の指図は受けないというのが彼らの主張であった。聖像所有家族以外の行列参加者にしても、その思いは同じであった。現在でも教区司祭は行列の先頭に十字架を掲げて参加するが、その運営の主導権は完全に住民が握っている。

住民の手による聖像行列という主題は、実務レベルにとどまるばかりではなく、彼らの宗教生活の根深い部分に直結したものであることは、先行研究においてもたびたび指摘されてきた。その多くはタガログ地方を対象としたものであるが、儀礼の枠組みをはじめとする基本的設定において、本章で取りあげるビサヤ地方のそれと類似するところが多い。もっとも、フィリピンにおけるカトリシズム理解のためには民衆の宗教生活を全体として捉える必要があるが、その全般的記述資料が得られるようになったのは近年のことである。

たとえば寺田勇文は、ラグナ州マハイハイにおいて、カトリック小教区をひとつのコミュニティとみなす信徒の宗教生活について詳細に報告している[寺田 1983]。この論文で興味深いのは、聖週間も含め１年間の教会行事への信徒参加人数のサーベイである。それによると、最大の 2600 人以上の参加者が見られる行事が聖金曜日の行列であり、次いで聖誕祭のアギナルドのミサ、受難の水曜日の行列（各1000人以上)、クリスマス前の早朝ミサ（雄鶏のミサ＝シンバン・ガビ)、新年のミサ、タウン・フィエスタのミサ、復活祭のミサ（各800人以上）と続く。ここから教会儀礼への参加において、クリスマスとともに聖週間儀礼の重要性が確認できる。

寺田はまた、サント・ニーニョや十字架上のキリスト、聖母マリア、町の守護聖人（聖グレゴリオ1世）などの聖像に対して、生身の人間に接するような手厚いケアと強い心情が濃厚に見出せることを指摘しているが、これはフランク・リンチが「聖像コンプレックス」と呼んだ民俗宗教の性格に通じる。聖人の世界と人間の世界を架橋するものとして聖像が重視される実践は、スペインによる植民地化がなされたラテンアメリカなどにも顕著に見出しうるが、フィリピン社会においては、他人であっても親密な間柄では親族同様に扱うための共感（damay）と信頼関係（confianza）といった感情が聖像に体現されるのである[Lynch 1975]。

聖像によって喚起される聖書世界への共感的感情の問題を、フィリピン革命史の根底に読み取ったのは歴史家レイナルド・イレトである。イレトの研究はフィリピン革命期のさまざまな民衆運動が、スペインがもたらしたカトリシズムのシンボルを逆用したものであり、カトリシズムの民衆的解釈にもとづいた抵抗と同志結集のイディオムは、キリストの受難と死と復活という聖書世界の経験的追認によって醸成されたという卓抜した見解を示している。生命をかけることを強いられる革命運動に自己を没入させる動機づけとなるものは、民衆にとって直接には触れ得なかった西洋自由主義思想ではありえず、むしろ民衆が毎年の聖週間儀礼ごとに追体験するキリスト受難詩（パション）の世界観であるという。パバサ（受難詩の詠唱)、セナクロ（受難劇）など、聖週間儀礼には、この追体験のための材料に満ちている。これらを通してパションの論理を内在化させた民衆は、キリストの受難経験にdamay（同情、より深い意味では、経験を重ね合わせること。同一化）し、キリストの受難を革命運動の苦難に、十字架上の死を反乱者としての処刑に、そして栄光ある復活を国家の独立に読み替えていったのである[Ileto 1979]。国家規模の政治変革の際にも明確に見られるシンボルを醸成する「文化の深い神話」とよばれる作用は、タガログ地方カビテ州の聖週間儀礼を調査した清水展によっても指摘されている[清水 1991]。

このような「内在化されたパションの論理」とならんで、「社会的紐帯のシンボル化」に関する議論も、従来の聖週間儀礼の研究において展開されてきた。玉置泰明は、キリスト教儀礼を社会関係の実践という側面から捉える。リサール州ハラハラ町のパライパライというバランガイでは、聖週間の行事は町に比べると盛り上がりに欠け、宗教色も薄く、むしろ水浴や割礼などの伝統的慣習が認識される機会となる。これは守護聖人のフィエスタや死者を記念する万聖節・万霊節などにおいても同様で、親族や知人の社会関係の更新・強化の機会となっているという[玉置 1989]。

これらの先行研究を受け、本章ではビサヤ地方の聖週間儀礼において、キリストの受難物語が住民のごく近い経験として演じられる場面を取りあげる。それは町の特定家系が所有する聖像がカロサ（山車）に載せられて町中を練り歩く聖像行列の実践である。ただし、個人の行動原理としてカトリシズムのシンボルが意味づけられる側面に関しては別稿にゆずり、ここでは聖週間における儀礼経験を個々人がその所属する社会的文脈に照らし合わせながら解釈する側面を検討したい。

2 バンタヤン島聖週間儀礼の流れ

本章の舞台となるのは、セブ島北西沖約15キロに位置するバンタヤン島という一小島で、行政的にはセブ州に含まれるバンタヤン、マドリデホス、サンタ・フェという3つの町（Municipality）から成る。町役場の資料(2)によれば、この島はアメリカ統治期に急速に人口が増加し、もともとひとつだった区域が1910年にはサンタ・フェ、1917年にはマドリデホスと分割されて現在の町制の基盤ができたとされる。現在でも3町のうちバンタヤン町は島の漁業の中心であり、中心地区であるプラザも島内では最大である。サンタ・フェはセブ航路をとる場合の玄関口であり、運搬業、宿泊業などが見られるが、近年では美しい海岸線を観光資源としたビーチ・リゾートの拠点として、セブ市をはじめとする近隣都市からの観光客を集める。マドリデホスはかつて商業がさかんであったといわれるが、現在ではその勢いも衰えている。

地域の中心地セブからバンタヤン島へ至るには、北部の港町ハグナヤまで陸路約3時間（定期バスによる)、海路約1時間（連絡船による）を要する。もしくは夜行船に乗ると、約7時間でセブから直行できる。この距離は商業流通圏としてセブとのつながりが密であることを示しており、大部分の生活消費物資はセブから輸送される。またビサヤ内海の中央部という位置から、パナイ島、レイテ島ならびにサマール島との交通もさかんである。バンタヤン島の聖週間行事は観光イベントとしても有名で、これらの地域からは聖週間休暇を利用して訪れる者も少なくない。

滞在調査の中心となったバンタヤン町は、面積は8405ヘクタール足らずで、人口6万36人、戸数1万431戸を数え、また行政上の最小単位であるバランガイ（Barangay）は全部で25を数える。教会組織の面からも、教区の数などにおいて、バンタヤン町の求心力が示されている。バンタヤン島には5つの教区教会があるが、そのうち3つはバンタヤン町に属する。このうち聖週間儀礼の中心となるのは、バンタヤン町の中心街区（タウン・プロパーもしくはポブラシオンなどと呼ばれる）にある聖ペトロ・聖パウロ教会である。この教区教会はバンタヤン町のうち13のバランガイを担当しているが、聖週間の終盤にはその他のバランガイからも、親戚宅に泊まったり、親戚のいない者はプラザに野宿するなどして聖像行列に参加する者が激増する。

本節ではまず、バンタヤンの聖週間儀礼について、その概略の流れを説明しておく。そもそも聖週間とは、キリストの受難と復活を記念するカトリック教会の儀礼であり、その日程は復活の日曜日からさかのぼってその前1週間が聖週間、さらにさかのぼって「灰の水曜日」から「聖土曜日」までの期間から主日（日曜日）を除外した40日間が四旬節と定められて

カロサの飾りつけ

いる。これは全世界的に普遍的であるが、復活の日曜日が移動祝祭日であるため、毎年の日取りは微妙に異なる。

四旬節の始まりは灰の水曜日であり、バンタヤンにおいても、前年の聖週間に祝別された枝を教会へ持っていって燃やす行事が行なわれる。これ以降の四旬節中は、毎週金曜日に十字架の道行きと呼ばれる祈禱巡礼が行なわれる。毎回最終目的地を特定の小聖堂に定め、その経路の途中に設けられた14の祈禱場所に立ち寄りながら祈禱を進めていくのである。

聖週間が始まる日曜日は枝の主日と呼ばれ、イエスのエルサレム入城を記念して信者がめいめい意匠をこらした椰子の葉を枝に見立て、その祝別をしてもらいに教会に集まる。この枝は次の年の灰の水曜日まで、家の戸口や家庭祭壇、漁船の機関室などに護符として飾っておく。

聖週間中、水曜日までは、教会で選んだ十二使徒役の信者が家々を訪問して祝別していくこと以外、とりたてて行事は行なわれない。ただし次に述べる聖像行列に参加するカロサ聖像を所有する家族は、カロサの飾りつけなどの準備をこの間に行なう。

聖像行列に参加する人々

聖週間の木曜日は洗足の木曜日（もしくは単に聖木曜日）と呼ばれ、イエスの処刑の前日、最後の晩餐の後で弟子たちの足を洗った故事にちなんでいる。この日になると、ブキッド（周辺村落部）からポブラシオンへ来る人々も多く、プラザは人で埋めつくされる。これは比喩ではなく、先にも書いたとおり、行列に参加する人や野宿をする人で実際に溢れ返るのである。

教会の周辺には門前市ともいうべき出店が軒を連ねる。これら出店はセブ市をはじめとして、カディス、バコロドなどからわずか数日の商業機会をねらって来島する行商人たちによって営まれている。移動運搬の利便性のためか、商品としては衣類（Tシャツやショートパンツ、晴れ着など）がもっとも多く、次いでプラスチック製日用品や玩具、ナイフや農具などの鉄製品、カセットテープや帽子やバンダナ、キーホルダーといったお洒落小物などが並べられる。これらの品々は島外者よりもむしろ、周辺村落部から町に出てきた島内の人々を対象としたものであるといえよう。ブキッドの人々にしてみれば、こういった品物は決して村内のサリサリでは手に入らないし、品揃いも豊富に見えるので、売れ行きは上々である。

聖木曜日は午後４時からミサ、聖金曜日は午後３時からキリストの死を記念した式次第が教会で行なわれ、カロサ聖像はこのあとに教会を起点として町を練り歩くことになっている。行列はあらかじめ定められたプロセッショナンとよばれる経路に沿って行なわれる。聖週間の行列に限らず、他のあらゆる聖像行列（フィエスタの際に行なわれるものなど）、学校やスポーツ大会のパレードにいたるまでおしなべてこの経路に従う。バンタヤンの町の中心部は４つのバランガイ、すなわちビナオバオ、スバ、ティカッド、バンティゲからなるが、この経路はこの中心部の主要部分をカバーしている。

翌日聖金曜日とあわせて都合２回行なわれる２夜の行列において、聖書に描かれたイエスの受難の物語が聖像によって再現される。この両夜の行列出番は聖書中の時間進行に対応していて、聖木曜日の行列では、十字架による処刑の前までの聖像カロサを中心に、合計 17 基のカロサが行列を行なう。

翌日の受難の金曜日（聖金曜日）の行列では、十字架上の死から埋葬までの場面を中心に、合計 15 基のカロサが登場する。金曜日の行列は、「サント・エンチェロの行列」とも呼ばれ、バンタヤン最古のキリスト遺骸像を中心とした行列となる。両日ともに、カロサを引いたり聖歌隊となったりするカロサ聖像の所有家族だけではなく、任意に行列に参加する者やビステハンをする者で、両日の人出は最高潮に達する。

明けて土曜には特別な行事は何も行なわれず、復活の日曜日の早朝にスガット（出会い）という行事が行なわれる。これは復活したキリスト像と聖母マリア像が教会の前の道路で出会い、教会へ向かって復活のミサをあげるというものである。その後めいめいの家でパーティなどが開催されることもあるが、町全体で観察される活動はこれで終わる。

以上の聖週間の活動をまとめると、**図１**のようになる。教会は活動の始点もしくは終点として設定されるものが多いが、その主要な活動の中心地は小聖堂や町なか、路上であるものが多い。もちろんこの間にも教会はミ

図1　バンタヤン島の聖週間行事（1997年の例）

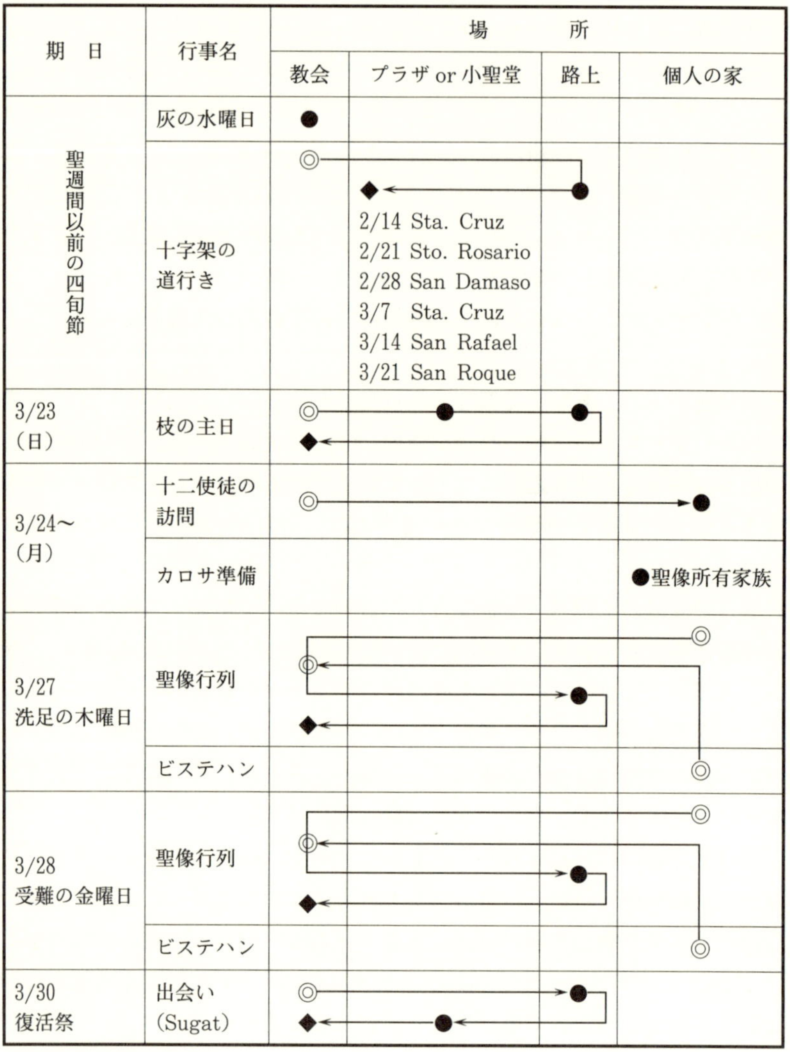
期　日
行事名
場　　所
教会
プラザ or 小聖堂
路上
個人の家
聖週間以前の四旬節
灰の水曜日
十字架の道行き
2/14 Sta. Cruz
2/21 Sto. Rosario
2/28 San Damaso
3/7 Sta. Cruz
3/14 San Rafael
3/21 San Roque
3/23（日）
枝の主日
3/24～（月）
十二使徒の訪問
カロサ準備
●聖像所有家族
3/27 洗足の木曜日
聖像行列
ビステハン
3/28 受難の金曜日
聖像行列
ビステハン
3/30 復活祭
出会い（Sugat）

◎……活動の始点
◆……活動の終点
●……主要な活動の中心地

教会堂の前に集結したカロサ聖像

サを行なうなど正式な典礼を司るが、求心力をともなって人々を集める活動はむしろ教会から離れたところで行なわれている。そしてその中心をなすのが聖木曜日、聖金曜日に行なわれる聖像行列である[(3)]。

この2日にわたる聖像行列に向けて聖週間の時間が積み上げられていき、そして聖像行列が終わると町は徐々に日常の時間を取り戻していく。この意味で、カロサ聖像が町を巡回するこの行列は、バンタヤンにおける聖週間行事のクライマックスであるといえる。

先の研究蓄積との関連でいえば、この聖週間の行列に登場するカロサ聖像への共感や手厚いケアは、パションの内在化論理と見ることもできるし、その聖像を維持管理する家族との社会関係が確認されたり更新、強化、あるいは創出されたりする側面は、社会的紐帯のシンボル化と捉えることも可能である。

そこで次には、聖像行列に注視しながらも、宗教的祝祭が住民自身の手になるものとなったこの局面において、彼らがそれをとりわけ家系に収斂される社会的イベントとしてどのように運営し、いかなる意味づけを行なっているのか、詳細に見ていきたい。

3 カロサ聖像の所有家族

聖木曜日および聖金曜日の2回行列する聖像カロサの延べ数は、32基であるが、このうち2回とも参加するカロサ聖像が6基ある。したがって正確には26基のカロサ聖像が存在することになる。これらカロサ聖像には、木造等身大の複数体の聖像でもってキリスト受難劇の1シーンを再現する「パション（pasyon)」と呼ばれる聖像セットと、等身大よりやや小さめの単一の聖人像「サントス（santos)」の2種類がある。両日の行列に参加するカロサ聖像はこのうち「サントス」の方である。

表1に示したとおり、これら6基のカロサは、聖木曜日には「最後の晩餐」から「イエス三度倒れ給う」のシーンまでが再現されたその後に、聖金曜日には「ペトロの裏切り」から「遺骸となったイエス」のパションが続いた後に、それぞれ行列に参加する。単体聖人といっても、聖書中のイエスの受難のエピソードに何らかの関係がある聖人が選ばれていることがわかる。この点においては、聖像行列は厳粛なカトリック儀礼であること、またそれを民衆生活において受容し展開させた形態であることは論をまたない。

ところが、各々の聖像について詳細に聞き取りを行なっていくと、その作製の契機や継承の方式は、必ずしも一様ではないことがわかってくる。

大群衆の注目と関心を一身に集めるカロサ聖像を所有するのは、どのような家族であろうか、といった率直な疑問を住民にぶつけてみると、一面的には「出費できる余裕のある裕福な家である」、さらには「スペイン統治時代に聖像を贈られた由緒ある名家である」といった答えが返ってくる。

ところがカロサのタイトル[(4)]、現在の所有家族と作製年代、島で作製された聖像の場合は彫像師の名前などを示した**表1**を見ると、聖像の作製年代は必ずしも古いものばかりでないことは直ちにわかる。したがってカロ

表1　カロサ聖像リスト

曜日順番		カロサ・タイトル	カロサの場面	所有家族	作成年代	彫像師
木曜	1	The Last Supper	最後の晩餐	Villo家	1975年	Toto Ortiz
	2	Agony in the Garden	ゲッセマネの園の試練	Montemar家	19C前	(バルセロナ)
	3	Betrayal of Judas	ユダの裏切り	Gillamac家	1992年	(セブ)
	4	Christ before Pilate	ピラトの前面	Tunga家	1950年	Mabinoy Carabio
	5	Tied of a Pillar	柱に縛りつけられたイエス	Carabio家	19C後	(バルセロナ)
	6	Fainted	ローマ兵に鞭打たれるイエス	Arcenas(1)家	19C後	(バルセロナ)
	7	Pascencia	茨の冠を被されるイエス	Du家	19C前	Antonio Tinga
	8	Jesus is met by sorrowful Mother	十字架の道行きでマリアと出会うイエス	Nolasco家	1967年	Antonio Tinga
	9	Sta. Veronica wipes the face of Jesus	ヴェロニカがイエスの顔を拭う	Pacina家	1950年代	Antonio Tinga
	10	Jesus consoles women of Jerusalem	エルサレムの女たちを慰めるイエス	Ybanez家	1973年	Antonio Tinga
	11	Third fall of Jesus	イエス、3度倒れ給う	Escario(1)家	19C前	Maiano Carabio
	12	Sta. Veronica	聖ヴェロニカ像	Batuhan家	19C前	(ローマ)
	13	Sta. Martha	聖マルタ像	Duragos家	1900年代	Mapiano Carabio
	14	Maria Magdalena	マリア・マグダレナ像	Arcenas(2)家	19C後	(バルセロナ)
	15	Salome	サロメ像	Escario(2)家	19C前	?
	16	St. John Evangelist	福音史家聖ヨハネ	May家	1900年代	?
	17	Maria Dolorosa	マリア・ドロロサ像	Escario(1)家	1870年代	(スペイン)
金曜	1	San Pedro	聖ペトロ像	Barretto家	1860年代	(バルセロナ)
	2	Paghukas	衣を脱がされるイエス	Tinga家	1951年	Antonio Tinga
	3	Paglangsan	十字架にかけられるイエス	Sayson-Carabano家	19C後	?
	4	Tulo ka Kros	3つの十字架	Yap家	1973年	Antonio Tinga
	5	Pagbangkaw	槍で脇腹を貫かれるイエス	Akain家	1950年代	Antonio Tinga
	6	Paghunos	十字架から降ろされるイエス	Pestano家	1952年	Mapiano Carabio
	7	Pieta	嘆きのマリア	Mabogat家	19C前/1942年改修	(スペイン) Mapiano Carabio
	8	Pagtunod	墓に埋葬されるイエス	Ribo家	1963年	Antonio Tinga
	9	Sto. Entserro	イエスの遺骸像	Sanchez-Despi-Gimenez家	(最古)	(バルセロナ)
	10	Sta. Cleofe	聖クレオフェ像(木12ヴェロニカ像を衣装替したもの)	Batuhan家		
	11	Sta. Martha	聖マルタ像(木13)	Duragos家		
	12	Maria Magdalena	マリア・マグダレナ像(木14)	Arcenas(2)家		
	13	Salome	サロメ像(木15)	Escario(2)家		
	14	St. John Evangelist	福音史家聖ヨハネ(木16)	May家		
	15	Maria Dolorosa	マリア・ドロロサ像(木17)	Escario(1)家		

サ聖像に関する概略的説明である①旧家、大家族、富裕名家などによって、②スペイン期より代々継承されてきた非常に由緒あるものである、という特徴のうち、少なくとも②に関しては修正を迫られることになる。確かに19世紀後半、スペイン統治期の末期あたりまでさかのぼれる聖像もあるが、近年島内で作製されたものも少なからず含まれているからである。

また①に関しても、確かに現在羽振りのいい家、町の政治に携わる者の家も含まれているが、必ずしもそういった現在の有力家系ばかりではないことがわかる。聖像行列に参加するためには一定以上の出費が強いられるが、ほかの家と見分けがつかないほどつましい生活をしている家であっても、聖像を所有し何とかやりくりして行列に参加する場合もある。聖週間の行列にカロサ聖像を参加させることができるのはある種の栄誉であり、少なからぬ出費に見合うだけの威信をかけた行動であるように解釈できる。したがって「どのような家が行列に聖像を参加させうるのか」という疑問は残るのである。

この問題を詳細に検討するためには、各聖像が現所有者に継承されていった経緯を知る必要がある。所有家族である26世帯のうち、以下に典型的なパターンを示すいくつかの事例を紹介したい。

【木曜6番カロサ；ローマ兵に鞭打たれるイエス】

【木曜14番＝金曜12番カロサ；マリア・マグダレナ】図2

マグダレノ・ヴィリアシン（1a）がカピタンの役職にあった時木曜6番聖像を所有し、それがマルセリノ（2a）、ベネディクト（3a）と経て彼女の嫁ぎ先アルセナス家にもたらされ、現在はその息子ラモン（4a）に嫁いだ未亡人ロシタ（4b）が管理している。

いっぽう木曜14番聖像は、カディスからの移住者の第2世代にあたるカンデラリオ・アルセナス（2c）がバルセロナに注文して作製し、それがガウデンシオ(3b)をへて現在の所有者ヴィセンテ（4c）に継承されている。ヴィセンテはセブ市に住んでいるため、普段はヴァレンティン・パシナ（3e）の子クラロ（4e）が管理している。なおレメジオス・エスカリオ

図2　木曜6番／金曜14番カロサ聖像の所有家族

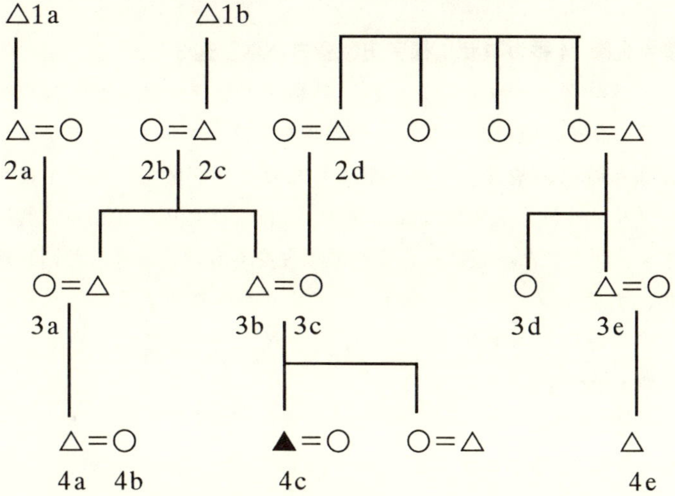

図3　木曜16番カロサ像の所有家族

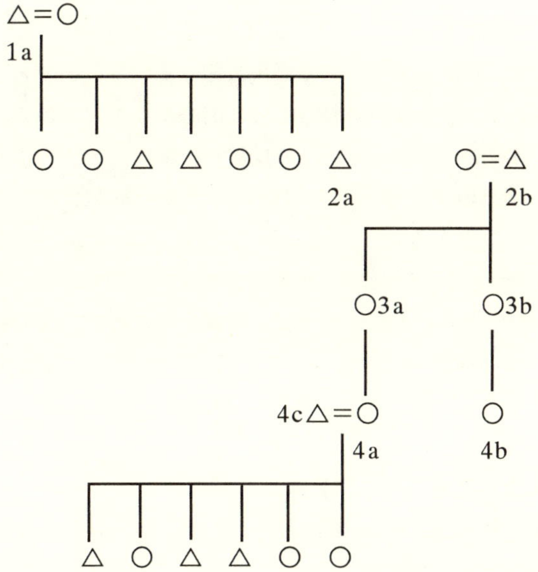

(3d) は現市長で、木曜 11 番、17 番カロサ聖像を所有する。

【木曜 16 番＝金曜 14 番カロサ；福音史家聖ヨハネ】図 3

カピタン・ベニグノ・カウシン (1a) の息子エウラリオ (2a) はカベサ・デ・バランガイの職にあったが、その職をガブリエル・ヴィリアセラン (2b) に譲る時に、やはり父から継承したカロサ聖像もいっしょに移譲した。ガブリエルは 2 人の娘フェロメナ (3a)、ロザリオ (3b) に共同でこの聖像を管理させた。娘はそれぞれ私生児をもうけ、聖像の共同管理は続いたが、ナティヴィダッド (4b) がアメリカへ移住するにいたり、聖像はメイ家に嫁いだトマサ (4a) に継承され、現在はその子息 6 人で順回りの管理・維持を行なっている。

【木曜 17 番＝金曜 15 番カロサ；マリア・ドロロサ像】図 4

マヌエル・ルビオ (1a) は名高いカピタンで 1877－90 年まで役職にあった。この時スペイン人司祭から聖像を与えられた。この像は、スペイン人コンセプシオン (2a) を妻にむかえたフランシスコ (2b) に継承された。彼も「カピタン・キコイ」のニックネームで島民に親しまれるほどの名士であった。しかしその 4 人の子供はいずれも聖像に関心がなかったので、ペドロ・ロサダ (3a) (1916－19 年のあいだ町長職) に嫁いだメイのエネディナ (3b) に、さらにその子のロルデス (4a) へと受け継がれた。ロルデスの死後、そのイトコであるマリア (4b) が管理していたが、彼女も死去するにいたり、レメジオス (4c) へと継承された。フランシスコの妹マリア (2c) がマルガリト・エスカリオ (2d) に嫁いだことで、両家には姻戚関係があり、レメジオスはマリアにとって、第 2 イトコの妻にあたったのである。

【金曜 7 番カロサ；ピエタ＝嘆きのマリア】図 5

マルセリノ・マボガット (1a) はネグロス島ティグラウィガンで砂糖黍アシエンダを経営していた。先妻 1b との間にペルフェクト (2a) をも

図4　木曜17番カロサ聖像の所有家族

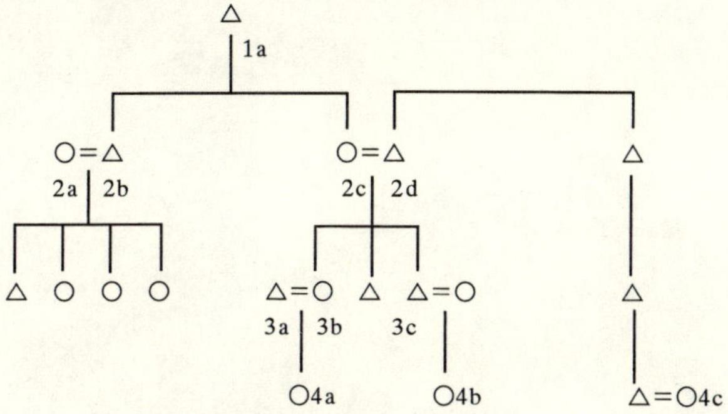

図5　金曜7番カロサ聖像の所有家族

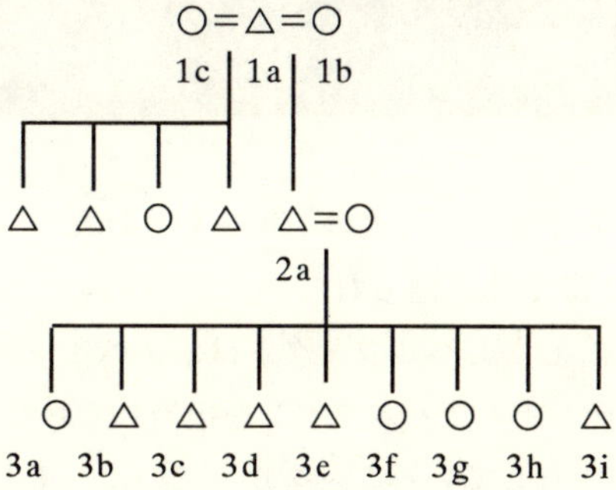

サント・エンチェロのカロサ

うけたが、死亡したため、後妻1cをむかえ、4人の子供をもうけた。マルセリノはスペイン人からキリスト像1体を贈られていたが、1cの4人の子供はこれに興味を示さなかった。しかしペルフェクトは、スペイン統治期の末期、徴税人（エスクレベンテ）としてバンタヤンを担当しており、バンタヤンでは由緒ある家が聖像を所有していることを知っていた。そしてバンタヤンに赴任する際に、父の遺産相続に関してネグロスにあったアシエンダの土地の分与をいっさい放棄するかわりに聖像だけをもらい受けてバンタヤンに移住したのであった。ペルフェクトは1915年頃死去したが、彼の生前はまだキリスト像1体だけしかなかったので、聖週間行列には参加していなかった。「ピエタ」のパションにしたのは、娘のヴィーナス（3h）であった。しかしヴィーナスをはじめ、子息たちはその後、全員島を離れた（3a死亡、3b, 3e, 3h＝合衆国、3c＝マンバカヤウ島、3d, 3g, 3i＝マニラ、3f＝カナダ）。現在ではさらにその次世代が、聖週間のたびごとに島に帰省して聖像行列に参加する。

【金曜９番カロサ；サント・エンチェロ＝イエスの遺骸像】図６

ルペルト・マデラソ（1a）は有名なカピタンで、この家に代々伝わっていたのが最古の聖像である。これがルビオ家に嫁いだナナイ（1b）に渡った後、デシピ 家フアン（2b）に嫁いだドロレス（2a）に継承された。ドロレスは一時、姉妹のコンセプシオン（2c）に渡したが、その次の世代ではデシピ家のドロレスの子供たちにもどされ、彼らが共同で管理していた。このうちエンカルナシオン（3b）はヒメネス家に嫁いだため、次の世代ではこのヒメネス家が中心となって聖像を維持していた。この世代のうち、特にアデライダ（4b）の婚出先ペタリアナ家と、エウヘニア（4e）の婚出先サンチェス家が聖像の管理に協力的で、現在の管理者にまで至っている。

すなわち過去にはマデラソ家（1a）、ルビオ家（1b）、イバニエス家（2d、3f）、デピオ家（4j）などが管理・維持に協力してきたが、現在の聖週間の活動の中心となっているのはデシピ、ヒメネス、ペタリアナ、サンチェスの各家である。

図６　金曜９番カロサ聖像の所有家族

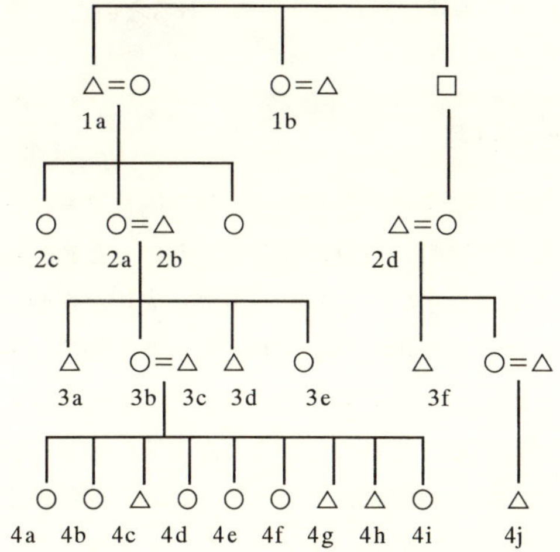

以上のような聖像の継承に関する知識は、ただ聖像の由来の説明として語られるだけではなく、実際の聖像行列において、人々がどのように結集するかの行動原理も説明するものである。行列の際、カロサの前後にはその所有家族が盛装して同行するのだが、そこに見られる人々は、現在の所有家族の戸主など中心人物との関係を確認できる親族である。その中には大半がバンタヤンを離れている親族も多く含まれ、彼らが里帰りする聖週間は親族が一堂に会する機会となる。この親族再会の契機の中心にカロサ聖像があるわけである。

また大半がバンタヤン在住の親族が同行しているカロサにおいては、5親等をこえる関係であっても当事者がその関係を辿れるかぎり同行できる。すなわち親族関係はほぼ無制限に拡大される可能性があるわけであり、地理的な距離だけでなく関係上の距離をもカロサ聖像が求心的に吸収していく様態を指摘することができる。

これらの距離を超えて当事者がカロサ聖像に結集する時必要とされるのが、上記に述べたようなカロサ聖像の継承過程にまつわる知識である。たとえ元の所有家族が別の家族に聖像を移譲してしまった場合でも、このような知識を援用することによって、聖像カロサの同行者となることができるという点で、きわめて聖像行列の実践に直結したものであるといえよう。

4 聖像所有の民俗論理

前節で述べた事例におけるカロサ聖像は、比較的長い歴史的経緯を持つものであり、また所有家族の祖先には町の役職経験者などがいるために有力家系とみなされる旧家であるものも多い。しかし一方で、先代が作製を可能にするほどの財力を蓄えたという理由で作製されたカロサ聖像を、子孫たちが分担して維持管理するというケースもあり、富裕ではあるかもしれないが、必ずしも名家、旧家であるとはいえない場合もある。行列において聖像だけが並列されただけではこの違いはわかりにくいが、前節のような各聖像の由来譚から聖像の作製年代の違いが明瞭になる。すなわち、

Ⅰ．少なくとも19世紀後半（スペイン統治末期）、あるいはそれ以前に遡るもの、

Ⅱ．1950年代以降（第2次大戦後）に作製されたもの、

の2系統に分類することができるのである。Ⅰの聖像の代表は、バンタヤン最古のカロサ聖像とされる金曜9番カロサ「サント・エンチェロ」である。聖週間の行列は、もともとこのカロサ聖像が聖金曜日に町を練り歩くだけであったというのが草創期の状況であったようである。またこの行列はかつては「サント・エンチェロとドロロサの行列」ともいわれていたが、ドロロサ像にかぎらず6体のサントス（聖人単体像）もすべてⅠに分類しうるものである。パション・スタイルのカロサ聖像は時代がずっと下ってから、経済力をつけた住民によって行列に彩りと華やかさを増すものとして次々と追加されていき、上記のⅡグループをなしたのに対し、Ⅰは本来の聖週間の聖像行列を形成していたものであり、住民の当初行なった「由緒ある家に代々継承されてきたもの」という説明は、こちらのグループにより妥当するものであるという類推が可能である。

26基のカロサ聖像についてもう1点可能な分類は、継承のされ方による分類である。**表2**（42ページ）は、世代を超えて聖像が継承された場合、過去の各世代もしくは一時期維持管理にたずさわった家族を順次抜き出してまとめたものである。ここに示されるとおり、親から子へと直系的に継承される場合と、他家の手に渡る場合とがある。前者は表において、所有家族名が変更されないが、代を経る際に家族名に変更のある場合は後者のパターンになる。後者のように所有家族に変更が見られる場合、

ａ）娘に継承された聖像が、婚出にともなって婚家にわたされた、

ｂ）直系的継承が行なわれず、他家にわたされた、

という2つの理由が考えられる。先の作製年代との関連でいうならば、近年作製された歴史の浅いカロサ聖像は、世代を超えた継承を経るほど年代がたっていないので、直系的で一家族内にとどまる継承が大半を占めるが、Ⅰのように長い歴史を経たカロサ聖像ほど、所有家族の変更の頻度が高くなる。前節で提示した事例は大半が何度もの継承を経た事例であるの

表 2　カロサ聖像の世代継承

	番号	G0	G1	G2	G3	G4	G5
木	1		Villo	Villo			
	2		Rubio	Rubio	Yap		
					⇨Montemar		
	3		Gillamac				
	4		Tinga	Tinga			
	5		Escalona	Carabio(Pesta)	Carabio		
	6	※	Villacin	Villacin	Villacin		
					⇨Arcenas	Arcenas	
	7	※	Ybanez	Ybanez			
				⇨Du	Du		
	8		Nalasco				
	9		Aloba	Pacina			
	10		Ybanez	Ybanez			
	11		Mansanaris	Mansanaris			
				⇨Rosca			
				Causing	Abelo		
					⇨Escario		
	12	※	Ybanez	Batuhan (Gupio,Orbeta)	Batuhan		
	13		Valendez	Valendez			
				⇨Duragos	Duragos		
	14		Arcenas	Arcenas	Arcenas (Pacina)		
	15		Ybanez	Ybanez			
				Escario	Escario		
	16	※	Causing	Causing			
				Villaceran	Villaceran	May	May
	17		Rubio	Rubio	ozada	Lozada	
						Mena	
						Escario	
金	1		Agdon	Agdon			
				⇨Barretto	Barretto		
					(Anga)		
	2		Tinga	Tinga			
	3	※	Sayson	Sayson	Sayson		
					Carabania		
					⇨paragsa		
	4		Yap				
	5		Akain	Akain			
	6		Pestanio	Pestanio			
	7	※	Mabogat	Mabogat	Mabogat		
	8		Ribo				
	9	※	Maderazo	Maderazo	Maderazo		
				Rubio	Despi	Despi	
					(Ybanez)	⇨Gimenez	Gimenez
						(Yabanez)	⇨Petallana
							⇨Sanchiez
							(Depio)

《表の読み方》
1. 世代を経て聖像が継承された場合の、各世代家族名を表記。
2. 調査時点で伝承されている世代の推移を表示している。
3. 作成者が現所有者の場合は一代のみの表記となる。
4. 同一世代の複数家族名表記＝その世代で他家に譲渡されたことを示す。
5. ⇨付き同一世代複数家族＝所有者本人の婚姻による聖像管理家族の移動を示す。
6. ( )家族＝直接譲渡はないが、その世代時に共同で聖像維持管理した家族を示す。
7. G0 世代に※印のあるもの＝調査時第一世代以前から継承されてきたことを示す。

で、当然Iのグループの性格を持つものが多い。

カロサ聖像の継承の様態を詳細に見ると、以下のような点を指摘できる。まず、長期にわたる先祖代々の継承が明確に見られないという点である。世代を経て継承がなされるたびに所有家族はめまぐるしく変わり、そこに「先祖代々」といった一貫性を見るのは不可能である。

次に、代々継承される場合でも、長くて3世代までしか同一直系家族内にとどまらず、容易に婚姻によって、またはまったく関係のない者の手にわたることもある。

第3に、キンドレット的聖像維持という傾向を指摘できる。ある自己を中心として同世代で関係のある家々は聖像行列に積極的に参加するが、この関係は超世代的には存在せず、世代が下ると関係は浅くなり、関係は自然に離散するのである。さらに、父か母、あるいは両親から娘へ譲られた聖像が、娘の婚出とともに持ち出され、嫁ぎ先の家族の所有になるケースがしばしば見られることから、聖像の維持管理の担い手としての女性という点も注目される。

そこで問題は、最初の「どのような家が行列に聖像を参加させうるのか」という問いかけに戻ることになる。この問いに対して、上記のような継承実態から考えて、必ずしも現在の所有家族は直接に回答するとは限らないという点を考慮に入れなければならない。先に指摘したとおり、1950年代以降に作製されたカロサ聖像が少なからず存在する事実からも、聖像を持つにいたったモチベーションはスペイン統治期のそれと同一視することはできず、いくつかの理由が併存していると考えるのが自然であろう。「スペイン統治時代に贈られた由緒ある名家が聖像を持っている」という認識が一部の所有家族にあてはまるとするならば、住民が「金持ちだから」、「名家だから」といった見方を現時点での所有家族に対して行なうということは、それ以前の聖像所有家族に対する認識が多面的に反映されて表現されたものだといえる。すなわち最初の疑問は、「元来、カロサ聖像はいかなる家族が所有すべきであるという意識があり、そしてその意識は現在の所有家族にいかに反映されているのか」という問いになろう。

られたという。その結果、**表3**のように歴代カピタンとその子孫のカロサ聖像所有状況には対応関係が見られるのである。

このように、聖像を所有することはすなわちスペイン人と交渉があったことを示し、交渉があるということは社会的に重要な役職に就くなどダコン・タウォとしての資格を満たしていることを意味するので、カロサ聖像は有力家系・名家の指標となったわけである。

ところでバンタヤンには、もうひとつの人物カテゴリー「キリヤド」（Kilyado）という語が、ある家族を指して用いられることがある。これは「知っている（kilya）」という語から派生しており、「町でよく知られた人、著名人」といった意味である。もっぱら大土地所有という経済的要因のために町の人々によく知られた家という意味で用いられ、必ずしも町の行政などにポジションを持つわけではない。その人物の政治力に言及したものではないという点で、ダコン・タウォとは異なる概念であるが、キリヤドであると同時にダコン・タウォたりうることも十分あるため、この2つのカテゴリーは実際に重なっている家もある。

この2つの人物カテゴリーを、土地所有状況から検討を加えてみると、次のようなことが明らかとなる(6)。

まず聖像を所有している家族は傾向として上位家族に集中しているが、1ヘクタール以下の土地しか所有していない家族にまでおよぶ。それに対応してダコン・タウォやキリヤドの家族は上位に集中して見られる。そしてこの2つのカテゴリーでは、キリヤドよりダコン・タウォの方が下位順位の家族にまでおよんでいる。すなわち、所有順位の上位40位までに、キリヤドと呼ばれる6家族のうち5家族が含まれるのに対し、ダコン・タウォは13家族のうち7家族にとどまり、約半数が下位順位である。聖像所有となると、上位100位以下にも10家族見られる。ダコン・タウォであると同時にキリヤドでもある家族もあるが、一方のみの言及にとどまる家もある。

これらの人物カテゴリーは、土地所有面積の多寡によって自動的に付与されるものではない。大土地を所有して町や村に名の通った家がキリヤド

正誤表

第1章 聖者の行進：聖週間儀礼から見たビサヤ民俗社会 44ページ冒頭に下記の文章が欠落しているので、おそれいりますが、挿入してお読みくださるようお願い申し上げます。（めこん編集部）

ここで当初の住民による「スペイン統治時代に聖像を贈られた由緒ある名家である」、「出費できる余裕のある裕福な家である」といった回答にさらに説明を求めると、「ダコン・タウォ」（Dakon Tawo）という人物カテゴリーに行きあたる。この語は「大きい（dako）」「ひと（tawo）」、つまり字義通りには町の「大物」ということになる。町の重要な役職に就くような重要人物で必然的に政治的・経済的に大きな実効力・影響力があると見なされていた人物のことである。この概念カテゴリーにおいて必要とされるのは、スペイン植民地時代における宗主国とのつながりであり、植民地行政における社会的地位である。具体的には町長（カピタン）、村長、徴税人など植民地行政の一角をなす役職者がダコン・タウォと呼ばれた。歴代カピタンについては、スペイン統治末期のバンタヤンにおける町長職を記録した郷土誌資料から**表3**のようにまとめることができる(5)。

これらのダコン・タウォと植民地宗主国スペインとのつながりを明示するものが、宣教師・司祭から与えられた聖像だったわけである。ダコン・タウォたる役職に就く人物は、家族で聖像を維持管理し、聖週間などの教会儀礼には参加・協力することを要請され、スペイン人司祭から聖像を贈（られたという。……）

表３　歴代カピタン表

年　代	氏　名	所有聖像
1763-1770	Jacinto Mausueto	San Damaso
1770-1780	Felix Canete	
1780-1789	Tinoy Gimenez	St. Lucio
1789-1796	Puragtong Villacastin	
1796-1803	Simon de la Peña	
1803-1814	Mariano Caquilala	
1814-1822	Jantoy Villacastin	
1822-1834	Nicolas Escario	
1834-1850	Ruperto Maderazo	金９
1850-1877	Magdaleno Villacin	木６
1877-1890	Manuel Rubio	木17
1890-1898	Fortunato Villaceran	木16

となるならば、土地所有順位の上位家族はすべてキリヤドと呼ばれてしかるべきであるのに、あえてあの家はキリヤドの家だと名があがる家は限定されている。したがって大土地所有というのは必要条件であって、それに加えて寛容であるとか高い徳望を備えた人物が輩出されるといったある特定個人の評価と結びついた場合、何代目かの特定人物がキリヤドと呼ばれはじめ、その人物評価が土地の継承ラインに沿ってキリヤドのイメージ自体も後代に受け継がれ、結果として「あの家はキリヤドの家だ」といった評価が形成されると考えられる。

ところが土地所有の状況に左右されるキリヤドのカテゴリーとは異なり、ダコン・タウォの場合は実際に政治的役職に就いていたかどうかで明確になるカテゴリーであり、しかも一義的にはある役職に就いた個人を指すものであるから１代限りである。ダコン・タウォと呼ばれるにいたった事由である役職が世襲されないかぎり、この呼称は家系に付随するものではないという意味で、「あの家はダコン・タウォだ」という表現がとられることは本来ないはずである。にもかかわらずダコン・タウォという人物カテゴリーの概念が、ある特定家筋に付随しているのはなぜだろうか。たとえば恵まれた家庭環境から、たまたまダコン・タウォたる人物が何人も輩出することはありうるが、しかしより直接的には、有形の資産として聖像は後代へ継承されるという事実である。この有形物の継承じたいが、少なくとも数世代は継続する集団カテゴリーである家系集団を生成させる。この集団カテゴリーが、いかなる家族がカロサ聖像を所有すべきであるかという意識の源泉にもなっていると考えられる。

カロサ聖像の継承が一系性によって保証されるものではなく、超世代的に永続する社会編成が困難であることは、そもそもバイラテラル社会（世代間の継承が父母双方を通じてなされる双系制社会）であるビサヤ民俗社会の基本的性格である。にもかかわらず、親族関係を理由にカロサ聖像に特定の人々が結集し、聖週間が近づくと島外に働きに出ていた多くの島民が帰島し、カロサを引くためある集団カテゴリーを形成するという状況は、ダコン・タウォという概念を介在させた時、大物筋・名士筋といった「家筋」として意識されるものであり、そしてまたこのような社会的範疇がいったん実体化すると、今度はそのことがダコン・タウォの観念を強化させ増幅させることにもなるのである。

5「由緒正しさ」の創出と演出

カロサ聖像を特定家族が持つにいたるには、家族ごとに個別な理由が存在していて、一様ではない。聖像所有家族がすべて同一の根拠や経緯にもとづいているのではないのであって、バンタヤンの住民がある時は「金持ちだから」と言い、またある時は「由緒ある家だから」と説明することは、家族ごとに持っているいくつかの理由を重ね合わせたものとして同時に表現したものだといえる。中には真に由来をスペイン統治期のダコン・タウォとしての役職に求めることができるカロサ聖像も確かに存在するが、それをもって、すべての聖像はダコン・タウォたる資格によってもたらされたということはできない。一般の住民がカロサ聖像の所有家族をダコン・タウォの子孫だと一様にみなしているとすれば、それは前節最後に述べた、増幅されたダゴン・タウォのイメージが働いているからであると考えられる。つまり聖週間の聖像行列において親族が結集する一群がカロサの前後に実体として存在するが故に、その一群の人々は行列を見物する人々にとってはダゴン・タウォの子孫として受け取られるということであろう。

事実、カロサ聖像の所有家族には、ダゴン・タウォたる役職に就くような人物が先祖に含まれておらず、本人もしくは両親や祖父母の代の自己資金でカロサ聖像を作製したものも少なくない。近年（1950年代前後）に作製されたカロサ聖像は、ほとんどそのような経緯によるものであると考えられる。その中には、たとえば木曜3番カロサのように、実際は財力によって作製されたものでも、かつてスペイン統治期にはダゴン・タウォとみなされてしかるべきセブ州判事にまでのぼりつめた者が輩出される家筋であるため、カロサ聖像を所有することが妥当だという場合もある。だがたとえば木曜8番、9番カロサなどは、作製者本人がたいへんな苦労をして財を築き、資産をカロサ聖像へ注ぎ込んだというものであり、莫大な余禄からあるいは無償で聖像を獲得するダゴン・タウォとはかけはなれたイメージである。また金曜4、5、6、8番カロサなどは、聖週間の祝いを隆盛にしようと企図したバンタヤン教会の主任司祭の呼びかけに、経済的に余裕があり教会行事にも協力的であった家々が応じたものであり、やはりダゴン・タウォではない。

ダゴン・タウォたる社会的地位や役職を根拠に持たない聖像所有家族が出現するのが1950年代以降であるということは一考に値する。この時期が、日本軍政期の終結および第2次大戦の終了により社会に安定がもたらされた時期であったという要因は大きい。それらの要因によって、より自由な経済活動が保証され、蓄財が可能になった一般住民の中から急成長する者が出現してくるからである。社会的威信をともなった上流層ではなく、急成長した中流層にも、カロサ聖像を購入し維持管理する可能性が広がったわけである。先に述べた、キリヤドよりもダゴン・タウォの方が土地所有順位においてより下位にまで及んでいるという事実は、このような事情による。聖像の獲得によってダゴン・タウォとみなされる条件が新たに創設されうる参入障壁の低いものとなったのが、1950 年代を境として生じた新たな事態だということである。

このような社会経済的要因を背景とした特定家族の繁盛が、聖像の所有と維持・管理に結びつくことは、最終的にはダゴン・タウォに収束していくような社会的価値と歴史意識がビサヤ民俗社会にあっても見られることを意味している。それは、親族が累積的に集積しにくい双系制社会においても、一定の条件が整えば社会生活のある場面において人々の集団化がなされ、その集積の軸的存在が実際に機能する可能性があるということでもある[牛島 1996]。この人々の集積に双系制社会は、むしろ有効な材料を提供している。

すなわち、住民の多くにとって、何らかの関係をたどればいずれかの聖像所有維持家族に到達することが容易であり、しかも聖週間儀礼という場面において行列に参加するだけであれば、結集のすそ野をほぼ無限大に延長していくこともできる。この点で、カロサ聖像を人々の集積の指標とすることは、成員権を厳密に規定し排他性を持った集団とならない家系の創出を可能にするわけである。換言すれば、大半の住民にとっては、自らがカロサ聖像を所有している必要はなく、何らかの関係がたどれる所有家族が存在しているという社会的認識があれば、自らの社会的位置を確認できるわけである。

ところがある家族にとって、カロサ聖像を所有しているという事実が非常に重い意味を生じさせる場合がある。それは本人が直面する社会状況においてダゴン・タウォであることを表明し、自らの「由緒正しさ」を演出しなければならない場合である。

たとえば先に記した金曜 7 番カロサの事例がそうである。もとネグロス島に住んでいたペルフェクト・マボガットは、徴税人としてバンタヤンに移住することになり、住民から尊敬を集めるためには聖像を所有している必要があることを知って、父マルセリノがネグロス島で所有していたキリスト像をもらい受ける。これは土地相続をすべて放棄するかわりに行なわれた物的相続であった。そしてさらに次代のヴィーナスは、この一体だけの聖像にさらに聖母マリア像を追加して、パションの一場面「ピエタ」として、聖週間の行列に参加できるカロサ聖像に仕立て上げたのであった。ここには、聖像を所有することが、時には実質的な財産である土地よりも大きな意味を持つこと、またカロサ聖像という特別な社会的認知をともなう聖像を所有することが「由緒正しさ」の確証となることなどが示されている。

もっともこの事例の場合、ペルフェクトは実際にダゴン・タウォと呼ばれるにふさわしい要職である徴税人であったため、カロサ聖像による「由緒正しさ」の演出も、ごく自然になされたものと想定される。しかし、現在の町の政治的対立を反映すると、カロサ聖像にまつわる言説はたちどころに攻撃的なものとなる。先に記した木曜10番カロサ（エルサレムの女たちを慰めるイエス）と11番カロサ（イエス、3度倒れ給う）はそれぞれ、イバニエス家とエスカリオ家という町政の2大対立派閥によって所有されている。10番カロサの成立年代は浅いが、これについてイバニエス支持派からは、次のような説明が聞かれる。

「11番カロサはもとイバニエスの家筋の所有であったが、継承の事情と婚出による移動などによって、いつの間にかエスカリオ家の手に渡ってしまった。エスカリオ家は、本来の聖像所有者ではない。それに対抗するためにイバニエス家であらたに10番カロサを作製したのである」

「エスカリオ家は、昔は土地なんか持っていなかった。かつてはネグロス島の砂糖アシエンダへ労働者を送り込む口利きのようなことをしていただけだ。そんな家がカロサ聖像を持っていたはずがない。ダゴン・タウォであるはずがない。それに対し、イバニエス家は隣村に広大な土地を持っている。チカッドにあるMYビレッジという地所は、マデラソのM、イバニエスのYをとってそういう名前が付けられた土地で、2家族の共同所有だったのだ。マデラソ家はバンタヤン最古の聖像であるサント・エンチェロを所有していた、やはり由緒正しい家柄だ。そのマデラソ家と土地を共同所有するのだから、イバニエスも由緒正しい家柄である」

実際、エスカリオ家は現在の土地所有状況で確認すると、バンタヤン町内19バランガイの総計では首位の151ヘクタールあまりを所有しており、それに対しイバニエス家は94ヘクタール、マデラソ家は54ヘクタールにとどまる。しかしその一方で、エスカリオ家の土地所有は近年のことであり、婚姻と町政の掌握によるものであるとする見解もある[7]。したがって、上記の言説が土地所有面積の点においてどれほど正しいかを検証するよりも、ここではこのような言説が生じること自体が、聖像をめぐる「由緒正しさ」の政治力学を示唆しているものとして考える必要があろう。

バンタヤンの旧来の大土地所有家族は、中国系メスティソの数家系が優位を占めていた。これらの大家族はパナイ島カピスから19世紀初頭に移住したマニュエル・ルビオに連なる子孫として互いに関係があった。エスカリオ家もこの子孫との通婚によって関係が生まれたが、ルビオ家の財産の多くは中国商人との間に生まれた養子ベニグノ・カウシンへと流れた。カウシン家はその後、エスカロナ、アベリオ、アルセナス、ロスカの各家と通婚を行なうことによって、20世紀初頭の町政はこれら数家族が連合してポストを独占する形態が生まれた。

この中から群を抜いたのがイシドロ・エスカリオであり、町の政治・経済において強固な統制を築き上げた。前町長時代に徴税人となったイシドロは、有力家系との婚姻関係のほか、特定家族への課税の査定に手心を加え、あるいは暴力と脅迫によって支持者を増やした。さらに国政レベルにおいて、ケソン大統領が政敵とするセルヒオ・オスメニャに対抗するマリアノ・クエンコを支持することによって、セブ州内の政治力を確固たるものにした。

これらを背景として、イシドロ、レメジオス、ヘスス、レックスと続く長期政権において、エスカリオ家はバンタヤン漁業を独占し、非合法賭博を牛耳り、煙草や銃の密輸にも手を染めた。反エスカリオ派の人々が指摘するアシエンダ労働者のとりまとめ業（コントラティスタ）もイシドロの代に行なわれ、数多くの契約労働者（サカダ）を送り込む見返りとして富を得、それによって私設港湾を建設して貿易事業も独占した。

このようなあらゆる方途を用いて政治的支配を敢行する形態を、ジョン・

サイデルは「ボシズム（bossism)」と呼ぶ。略奪的に権力を行使してその支配圏に強制的経済的側面での独占的統制を人的物的側面に強いることがボシズムの要諦であるが、これは土地を媒介として人的支配を行なうパトロン－クライエント関係とは対比的な支配の形態である。そして旧来の大土地所有層がパトロン的支配を背景としてダコン・タウォたる地位を獲得したとすれば、ボスは逆に、自らが暴力と脅迫によって手にした支配力の正統性を主張するためにダコン・タウォたる保証を必要とする。好ましさ、親しみやすさが付加された聖像は、社会的に望ましい財でもあり、自らの政治的正統性を演出するには最適のシンボルでもあるからである。

そしてまた逆に、反エスカリオ派が指摘するような、元来土地持ちでなかったエスカリオ家が聖像を略奪的に所有することによってダコン・タウォに「成り上がった」のだとする主張の社会的意味が見出されるのもこの地点である。そのような言説が闘わされる場面においては、事実経過が重要なのではない。賦与される政治支配力と自ら獲得するそれとでは、どちらがより「由緒正しい」ものであるかという本源的問いでもない。ただ現在の政治力を行使するにふさわしいか否かの評価基準に、人々の実践行動とその意識を集積するシンボルとしてカロサ聖像が重要であることを認識した上で、時々流動的に変化する社会状況においてその知識が操作運用されるのである。

バンタヤン島の聖像行列は、以上のような家系の創出や「由緒正しさ」の演出の側面に注視すれば、単にカトリック儀礼の民衆的受容という指摘にとどめられない社会的意味が浮上する。またそれは、聖週間儀礼全般における住民主導という以上の意味をも有している。それは、民俗社会において人々がどのような知識を運用・操作しながら生活運営をなしていくかという、日常生活の構築的実践なのである。

【註】

（１）聖像と同じ衣装を作って子供に着せ、聖像行列に随行する実践をビステハン（Bestehan）と呼んでいる。これは子供の誕生時、虚弱だったり大病をしたりした際の願かけ（Sa-arang）にもとづくものである。たとえば28ページの写真で、母親に手を引かれている子供は聖アントニオ、父親の前を歩く子供は聖ペトロのビステハンである。

（２）以下の記述は、次の資料による。Office of Municipal Agricultural Officer. 1990. *Bantayan Agricultural Profile*; Municipal Development Staff of Bantayan. 1984. *Comprehensive Development Plan.*

（３）たとえばバンタヤン教会の公式行事予定には、２日間の聖像行列に関して記されているのは聖金曜日の「サント・エンチェロの行列」だけである。聖木曜日の行列、聖金曜日の他の聖像の行列は、教会主導のものであるという認識は、この点に関してもうかがうことができない。

（４）タイトルは英語かセブアノ語、もしくはラテン語でつけられているが、島民の間でもっとも通用しているものを採用した。

（５）表の作成にあたっては、以下の郷土誌資料を参考とした。Galicano Menoria. 1980. *Genealogy of Chief Executives of Bantayan; 4th Centennial of Bantayan Parish & Town Fiesta Celebrations,* Bantayan Parish Church.

（６）資料は1984年時点の課税台帳を用いた。Office of Treasurer and Taxation, Municipality of Bantayan. 1984. *Municipal Treasurer Records.* この記録にあったのは、全25のうち19バランガイであり、またもちろん町に届け出られた所有面積数が実際の土地所有と一致しない可能性もあるが、大体土地所有状況が把握できる。

（７）この見解は、John Sidel. 1995. *Coercion, Capital, and the Post-Colonial State: Bossism in the Postwar Philippines.* の第４章第４節「鶏糞、ココナッツ、カニ: バンタヤンのエスカリオ家」pp. 297-317に詳しい。以下のエスカリオ家に関する記述は、このサイデルの見解による。

本稿は、2000年６月に九州大学に提出した学位請求論文「日常知の構成と運用に関する人類学的研究」第３章にもとづいている。紙数の制限上、省略せざるを得なかった資料等については、現在準備中である上記博士論文の刊行の際に掲載したい。

【参考文献】

Ileto, Reynaldo. 1979. *Pasyon and Revolution.* Quezon City: Ateneo de Manila University Press.

Lynch, Frank S. J. 1975. "Folk Catholicism in the Philippines" in Mary Hollnsteiner *et. at.* (eds.), *Society, Culture, and the Filipino*. Quezon City: Ateneo de Manila University Press.

Sidel, John. 1995. *Coercion, Capital, and the Post-Colonial State: Bossism in the Postwar Philippines*. Ph. D. Dissertation, Cornell University.

牛島　巌. 1996.「バイラテラル社会における家系集団の生成: フィリピン・ビサヤ地方の諸職家族」『族』27.

清水　展. 1991.『文化のなかの政治: フィリピン「二月革命」の物語』弘文堂.

玉置泰明. 1989.「社会関係としてのキリスト教: フィリピン低地農村における世俗化と変容」『南方文化』16.

寺田勇文. 1983.「フィリピン南タガログ地方農村部の宗教生活: カトリックの年中行事を中心に」『南海研紀要』4(1).

第2章

イグレシア・ニ・クリスト：フィリピン生まれのキリスト教会

寺田勇文

はじめに 57
1 創始者フェリックス・マナロ 59
2 召命 61
3 教会創立 62
4 戦前期 63
5 日本占領期 69
6 戦後期 69
7 世代交代 73
8 ハワイへ進出 75
9 世界各地へ 77
10 日本の場合 79
おわりに 81

はじめに

ケソン市ディリマン、フィリピン大学北側の大通りを隔てた向こう側にイグレシアの教会本部がある。遠目にはワシントンの連邦議会議事堂のような白亜の大きな建物がその目印である。この教会の正式名称はフィリピン語でイグレシア・ニ・クリスト（Iglesia Ni Cristo）といい、「キリストの教会」を意味する。海外ではチャーチ・オブ・クライスト（Church of Christ）という英語名でも知られる。

フィリピンは16世紀後半から19世紀末までスペインの植民地となり、ローマ・カトリシズムが布教された。スペイン修道会がもたらしたカトリシズムは受容の過程で「フィリピン化」し、社会の隅々にまでいきわたった。米西戦争をきっかけに1898年以後フィリピン諸島がアメリカ合衆国の植民地になると、今度はプロテスタンティズムが布教された。1899年にはアメリカからメソジスト派、長老派の宣教師が着任し、フィリピン人を対象とする正規のプロテスタント伝道が始まった。これ以後フィリピンではカトリックはいうにおよばず、アメリカ系プロテスタント教派に加え各種のキリスト教教派が進出し、各地で伝道を展開するようになった。さらにはアメリカの宣教母体（ミッション）から独立し、あるいは新たにフィリピン人を中心とする教会が結成された結果、あらゆる種類のキリスト教会が存在することになった。

フィリピンはしばしば、「アジアで唯一のキリスト教国」あるいは「カトリック国」などといわれるが、それには上のような歴史的な背景があった。1990年現在のフィリピン国民の宗教別人口（**表１**）を見てみると、82.9%がローマ・カトリック、2.6%がアグリパイ派（フィリピン独立教会系）、3.9%がプロテスタント、イスラームが4.6%となっている。スペインによる植民地支配終焉からすでに１世紀以上を経た今でも依然としてカトリックが優勢であることがわかる。

さて、イグレシア・ニ・クリスト（以後、イグレシアと表記）は1913年の終わりにフィリピン人によって創始されたフィリピン生まれの教会で

表1　宗教別人口（1918〜1990年）

（上段＝人数　下段＝%）

	1918年	1939年	1948年	1960年	1970年	1990年
カトリック	779万0937 (75.5)	1260万3365 (78.8)	1594万1422 (82.9)	2268万6096 (83.8)	3116万9488 (85.0)	5021万7801 (82.9)
アグリパイ派	141万7448 (13.7)	157万3608 (9.8)	145万6114 (7.6)	141万4431 (5.2)	143万4688 (3.9)	159万0208 (2.6)
プロテスタント	12万4575 (1.2)	37万8361 (2.4)	44万4491 (2.3)	78万5399 (2.9)	112万2999 (3.1)	(3.9)
イスラーム	44万3037 (4.3)	67万7903 (4.2)	79万1817 (4.1)	131万7475 (4.9)	158万4963 (4.3)	276万9643 (4.6)
イグレシア・ニ・クリスト			8万8125 (0.5)	27万0104 (1.0)	47万5407 (1.3)	141万4393 (2.3)
仏教	2万4263 (0.2)	4万7852 (0.3)	4万2751 (0.2)	3万9631 (0.1)	3万3639 (0.1)	2万2681 (0.0)
神道		1万3681 (0.1)				
その他の宗派	5454 (0.1)	6万7157 (0.4)	9万2783 (0.5)	57万4549 (2.1)	61万6076 (1.7)	
無神論など	50万8596 (4.3)	62万6008 (3.9)	35万3842 (1.8)		24万7226 (0.7)	
未回答		1万2368 (0.1)	2万2837 (0.1)			19万7007 (0.3)
全人口	1031万4310	1600万0303	1923万4182	2708万7685	3668万4486	6055万9116

（注1）（　）内は各年での比率。
（注2）空欄はその年の調査項目に含まれていなかったカテゴリー。
（注3）1990年のプロテスタントは比率のみ記述され、総数は明らかにされていない。
（出典）各年のセンサスおよび市川誠『フィリピンの公教育と宗教：成立と展開過程』東信堂、1999年。

ある。第2次世界大戦前はマニラおよび中部ルソンのいくつかの町を拠点とする地域的なセクトにすぎなかったが、戦後になると急成長をとげた。1968年以後は海外のフィリピン人移民や出稼ぎ者に対する伝道を始め、今日では世界160ヵ国・地域に教会や信徒グループを擁している。

イグレシアは週に2度の礼拝を制度化していることから、献金を他の教会の2倍集めていると批判され、選挙の際に教会が信徒の票を政治家に売りつけると非難され、町や村のコミュニティ内部ではイグレシアの信徒がフィエスタに参加しないことなどをなじられてきた。やや大げさにいえばカトリックが多数を占めるフィリピンでは、イグレシアは宗教的少数派として、創立以来常に忌み嫌われる存在だった。カトリック教会という強大な宗教・社会勢力を真っ向から批判しつつ、教会形成の道を歩んできたイグレシアは、既存の秩序を不安定にさせ揺るがしかねない存在として周辺化されつづけてきた。

本稿では、このイグレシアの歴史、神学、組織のありかた、そして海外進出の軌跡をたどっていこう。

1 創始者フェリックス・マナロ

イグレシア・ニ・クリストの創始者はフェリックス・マナロ（Felix Manalo）という名を持つフィリピン人である。この教会の信徒のことを当初、信徒以外の人々が「マナリスタ」（マナロに従う者）と呼んでいたことからも明らかなように、フェリックス・マナロは強烈な個性を持つ指導者であり、イグレシアの教会形成において創立者の持つカリスマ性は決定的に重要だった。

フェリックス・マナロについては、現在のところ関係者による短く断片的な証言、イグレシア信徒、非信徒が著した短い記事などを参照するほかはない。教会内部では正史編纂が進められていると聞くが、まだ公刊されていない。

さて、フェリックスは1886年5月10日にマニラ近郊タギッグ町で生まれた。バイ湖のほとりの町である。父方の姓はイサグンだったが、彼はのちに母方のマナロ姓を名のるようになる。バイ湖での漁業や畑仕事で生計を立てていた実家は貧しく、10歳の時に父親が亡くなるとフェリックスは叔父にあたるカトリック司祭のもとに預けられた。小学校を卒業したかどうかは定かではない。まもなく彼はマニラに出てさまざまな職を転々とした。写真屋、金細工業、理髪店、帽子屋などであった。

この時期にはバナハオ山中で行なわれていた「コロルム講」運動に関係していたともいわれる。バナハオ山はラグナ州とタヤバス州（現在のケソン州）との州境に位置し、その南側のドロレスからキナブハヤンにかけての一帯はキリストが再臨する聖地（Santong Lugar）として知られていた。聖地には小川、洞窟、大岩、湧き水、丘などの自然物からなる聖なる場所が展開し、人々はそれらを巡礼し、聖なる声に接することができると信じられていた。この山中では、1840年代には聖ヨセフ兄弟会という土着の宗教結社がスペイン軍と衝突し、19世紀末から20世紀初頭の世紀転換期には、対スペイン独立をめざすフィリピン革命、反米独立戦争を戦う革命軍やゲリラがたてこもっていた。

1904年以前のある時、フェリックスはマニラで聖像礼拝の是非をめぐるカトリック司祭とプロテスタント牧師との公開討論の席で、牧師が司祭の主張を論駁する場面を目撃したという。こうした議論を公開の場で行なうことは、スペイン統治下でカトリシズムが唯一の公認宗教であった時代には考えられないことだった。フィリピン宣教を開始したばかりのプロテスタントは、このように公開の場でカトリック教会に挑戦し、カトリックとは異なるプロテスタントの立場を訴える戦術に出ていた。

牧師が聖書を自由に引用しつつ論争する姿に感銘を受けたフェリックスは、まもなくメソジスト教会（Methodist Episcopal Church）に加わり、その神学校（Methodist Theological Seminary）に学ぶことになった。1907年にフェリックスは、今度は長老派教会（Presbyterian Church）に移り、同教会の聖書学校（Ellinwood Bible Training School）に席をおいた。つづく10年にはクリスチャン・ミッション派教会（Christian Mission）に移籍し、伝道者となった。さらに翌11年から12年にはセブンス・ディ・アドベンティスト教会（Seventh Day Adventist Church）に移り、その補教師として伝道の第一線に立つようになった。13年5月には同じくアドベンティスト教会の信徒の女性と結婚し、中部ルソン・ブラカン州マロロスに赴任したが、その直後にはアドベンティストの教義や教会運営方針をめぐって対立、アドベンティストからも離れた。

以上見てきたように、フェリックスはマニラに出て以後わずか10年ほどの間に、複数のプロテスタント教派間での移籍を繰り返した。その間にはさまざまな立場から聖書やプロテスタント神学を学ぶ一方、雄弁な説教者、教師としてその能力をみがき、マニラのプロテスタント界でよく知られた存在となっていった。こうした体験が後に、彼自身が創立する教会に生かされていることはいうまでもない。

2 召命

あるイグレシア信徒が著しているところでは、1913年11月のある日、フェリックスは自室にひきこもったという。

> 2日3晩にわたり、彼（フェリックス）は、妻が心配のあまり部屋の戸を叩くまで自室にひきこもり仕事をつづけた。あまりに深く集中していたために、自身の肉体的必要すら忘れていた。しかし、より重要なのは、マナロが以前より頭の中に刻みこんでいた考えを多量の紙に書きとめたことであった。彼の耳もとには、ヤコブの手紙4章17節の言葉が鳴りひびいていた。「人が、なすべき善を知りながら行わなければ、それは彼にとって罪である」。

こうしたいわば召命を体験した直後、フェリックスは財産のすべてを友人に引き渡し、妻とともにマニラのサンタ・アナに向かい伝道を開始した。サンタ・アナはマニラの中でも事務所や工場が集中する労働者街である。フェリックスはそこの街頭で、カトリック教会における告解、聖餐、洗礼の方法、アドベンティスト教会が土曜日を安息日と定めている点などを強く批判し、「真の教会」に集うように人々に訴えた。1913年末のことであった。

翌1914年の初めには、フェリックスはマニラを流れるパシッグ川で12

名ほどの信徒に対し浸礼による洗礼式を行なった。キリスト教の洗礼には全身を水中に浸す浸礼と、頭部に水を注ぐ滴礼とがあるが、フェリックスはカトリック教会や多くのプロテスタント教会で行なわれている滴礼には批判的であり、浸礼を行なうべきであると主張していた。イグレシアは現在でもこの立場を継承し、浸礼法を採用している。

3 教会創立

1914年7月27日にフェリックスは、前年末から彼自身が説いていた教会を「イグレシア・ニ・クリスト」(Iglesia Ni Kristo)という名称でアメリカ植民地政府に登録した。植民地下では宗教団体等は政府部局への登録を義務づけられていたためである。当時は「キリスト」をCristoではなくKristoと表記した。その登録文書によるとイグレシアの目的は、「フィリピン諸島全域で『キリストの福音(Gospel of Christ)』の教義・教えを伝道する」ことにあり、代表者としてフェリックス・マナロ、補佐役として監督牧師、伝道者、書記、会計、牧師補3名(内1名はフェリックスの妻)の7名が報告されている。この時点でイグレシアには、最初に路傍伝道を始めたマニラのサンタ・アナとフェリックスの故郷タギッグとに支部(信徒グループ)が組織されていた。

イグレシアは今日にいたるまで、わずかの例外を除いて信徒や教会に関する統計を公表していない。政府が実施した国勢調査にもとづく数字は表1の通りだが、実際の信徒総数はこれらの数字をかなり上まわると考えられる。したがって信徒数、教会数については、イグレシアの刊行物に時折紹介される数字や、外部の研究者による推定値を基礎にする以外にはない。本稿では主としてアメリカ人牧師でイグレシア研究者でもあるタギィーによる推定値を利用することにする。それによると1914年7月の登録時には、受洗者、すなわち正教会員数は50名以内と推定される。1915年末までには7ヵ所に支部が形成されているが、信徒総数は300名以下、1917

年には 8 支部、約 500 人となる。その後、ディサイプルズ教会（Disciples of Christ）教会傘下のパシッグ教会から集団改宗者を迎え入れるなどして、1918 年末までには 12 支部、1000 名の信徒を擁するまでに成長した。

この時期にはまた、イグレシア内部で分派活動が活発になり、フェリックスと意見を異にする人々が集団で教会を離れていく場合もあった。プロテスタント教会史家エルウッドによると、イグレシアから分離した後に新たに教会を創立したグループとして、「イエス・キリストによる神の教会」、「イエス・キリストにより建てられた教会」、「エルサレムに建てられたキリストの教会」、「イエス・キリストにより極東に建てられた教会」が知られているという。

4 戦前期

イグレシアでは創始者のフェリックス・マナロを「スーゴ」（Sugo）、すなわち「神の最後の使い」（The Last Messenger of God）と規定している。この「神の最後の使い」の教義はイグレシア神学の根幹をなし、教会の各種の文書、刊行物で繰り返し述べられている。しかし、この教義が 1913 年から 14 年の設立当初から整備されていたかどうかは明らかにされていない。先に紹介した 1914 年 7 月の登録文書では、「神の最後の使い」の教義については一切触れられていない。イグレシアを外部から批判的に理解しようとする研究者（ほとんどはカトリックまたはプロテスタント神学者、教会史家）は、「神の最後の使い」の教義は、1922 年ごろ、すなわち教会内部で対立が深刻化し、フェリックスが批判の矢面に立たされていた時期に導入されたと論じているが、イグレシア側の正史が発表されていない段階では確定的なことはいえないのである。

ところで「神の最後の使い」とは次に引用する『ヨハネによる黙示録』7 章 2－3 節に登場する「もうひとりの御使」のことをいう。

また、もうひとりの御使が、生ける神の印を持って、日の出る方から上って来るのを見た。彼は地と海とをそこなう権威を授かっている4人の御使にむかって、大声で叫んでいった、「わたしたちの神の僕らの額に、わたしたちが印をおしてしまうまでは、地と海と木とをそこなってはならない」。

ここに見られるように、フェリックス・マナロは「もうひとりの御使」であり、「日の出る方」すなわちフィリピン諸島より出現した、と解釈されている。そして、この「神の最後の使い」であるフェリックスが、1914年にイグレシア・ニ・クリストを創立することで、「キリストの身体」である教会を再建した、と理解されている。

イグレシア側は、「キリストの身体」である教会は西暦33年にエルサレムで創立されたが、その後、教会は変節し信仰を捨ててしまったと主張している。これはもちろんローマ・カトリック教会を批判してのことである。そして1914年に「神の最後の使い」の出現により、「キリストの教会」が再建されたという。ちなみにイグレシア創立記念日の1914年7月27日は第1次世界大戦開戦日にあたる。そして第1次大戦は世界の終末の到来を告知する出来事と解釈され、先に引用した『黙示録』に登場する「4人の御使」とは第1次大戦参戦国の元首4人、すなわちイギリスのロイド・ジョージ、フランスのジョルジュ・クレマンソー、イタリアのヴィットリオ・オルランド、アメリカのウッドロー・ウィルソンであるという。

「神の最後の使い」と並んでイグレシア神学に特徴的なのは、そのキリスト論である。イグレシアではキリストは人の上に立つ人ではあるが、いかなる意味でも神ではないと理解されている。キリスト論の上ではキリストの神性を否定するユニテリアンの流れに属し、したがって三位一体論は否定される。この点でイグレシアはローマ・カトリック教会はいうまでもなく、ほとんどのプロテスタント教会とも正面から対立する立場にあることになる。さらにイグレシアの信徒になる以外に救いは求められないという立場を堅持していることが、イグレシアの非妥協的な立場をより強固なものとしている。

戦前期の教勢にもどろう。1922年の時点では29支部、信徒総数3000名という規模だった。20世紀初めにはフィリピン人を創始者とする教会が多数誕生したが、そのほとんどは単立教会で数年のうちに解散もしくは自然消滅してしまった。しかし、イグレシアの場合は、創立初期のエネルギーが失われることはなく、マニラ以外の中部ルソンのブラカン、パンパンガ、ヌエバ・エシハ、タルラックの各州で新たに信徒を獲得し、それぞれの土地で伝道を始めていたのである。信徒の多くは都市部でも農村部でも貧しい低所得者層だった。最初の路傍伝道の場所がマニラのサンタ・アナという労働者街であったことも、そうしたイグレシアの性格を物語っている。貧しい階層のフィリピン人にとって、フェリックスの説く教会に加入することの意味、メリットはどこにあったのだろうか。

1920年代から30年代、そして日本軍占領が始まる1942年にかけて、フィリピン社会は大きな変革期を迎えていた。とりわけ中部ルソンのようなフィリピン有数の米作地帯では農民層の没落が急速に進行し、農民反乱が繰り返されていた。カトリック教会、中でも各修道会はそれ自体が大農園を経営する大土地所有者である場合が少なくなかった。カトリックの場合、中部ルソンを含む多くの教区において、司祭が常駐するのはポブラシオンと呼ばれる町の中心部の教会だけだった。町は複数のバリオ（村）からなるが、大多数の農民が暮らすバリオには粗末な礼拝堂しかなく（あるいはそれすらもなく）、司祭が姿を見せるのは年に1度の村のフィエスタ（保護の聖人の祝祭）の時だけだった。洗礼や結婚、葬式などの冠婚葬祭のために農民たちは、多くの場合、遠い道程をポブラシオンの教会堂にまで足を運ばなくてはならなかった。司祭のいないバリオでは、熱心なカトリック信徒や土地の呪術宗教的職能者が祈禱会を組織し、農民の宗教的必要を満たしていたのである。

カトリック教会はスペイン植民地期以来300年を超えてフィリピン社会に制度化されてきたが、まさにそれ故にポブラシオンの教会を中心とする宗教生活は儀式化、形骸化し、困窮に苦しむ農民たちの個々の具体的な必要に応えることはできなかった。カトリック教会には新しい生活秩序を提示し、それに向けて人々を動員する力はなかったのである。

カトリック以外の教派も事情は同じことである。フィリピン革命の中から生まれたフィリピン独立教会（Philippine Independent Church）は、反スペイン植民地改革運動の英雄ホセ・リサールや1872年のゴンブルサ事件で処刑された3名のフィリピン人司祭を聖人とし、ミサをラテン語ではなくフィリピンの言語で行なうなどの民族主義的な姿勢を打ちだしていたが、1920年代から30年代にはそうした創立初期の改革的な姿勢も運動の勢いも失ってしまった。1934年のコモンウエルス大統領選挙には、独立教会の初代主教グレゴリオ・アグリパイが、フィリピン革命の指導者エミリオ・アギナルドと組んで副大統領候補として立候補した。それは当時の反米民族主義の流れを代弁するものではあったが、各教区における独立教会の具体的な司牧活動と直接結びつくものではなかった。また20世紀初頭以来、フィリピン各地で活動してきたプロテスタント諸教派は、ミッション系学校の設立などの教育伝道、病院建設を通じての医療伝道の分野では成果をおさめ、また、山地少数民族社会を中心に信徒を獲得してはいたものの、都市下層社会や疲弊した農村社会においては同じように無力だった。

イグレシアの場合はどうか。拡大家族制とスペインが導入したカトリックの儀礼オヤ制度（コンパドラスゴ）とが結合した擬制親族のネットワークにより人々が緊密に結びつけられている社会では、カトリックであることをやめてイグレシアの信徒になることはそれ相応の社会的不利益を覚悟しなくてはならなかった。それは多くの場合、職場や地域で仲間外れ、村八分にされ、職を失い、商売上の契約を破棄されることを意味し、実際に多くの信徒がそうした迫害を体験した。それにもかかわらずイグレシアに加入する者が徐々にではあれ増えていったのは、フェリックス・マナロの指導者としての魅力、カリスマ性にあったというほかはない。そうした指導力が創始者と信徒との間における対面的な人間関係の中で具体的に作用し、さらに創始者が「神の最後の使い」であるとする教え、他のあまたの教会とは異なりフィリピン人が主体となっている教会という民族主義的な側面がプラスに作用したのである。

ところで、今日のフィリピンでイグレシア・ニ・クリストと聞いて、人々がまず頭に浮かべるのは、その投票行動、すなわち各種の選挙に際し教会中央の指示に従って信徒がブロック投票を行なうという点である。全人口に占める信徒の比率は小さいが、選挙区によってはイグレシア票がキャスティングボードを握ることもある。ただし、教会中央はこうした票の操作については公式にも非公式にもこれまで1度も認めたことはなく、信徒の投票行動を跡づける確実な資料もない。

1950年代、60年代にそれぞれイグレシアについて論文を発表しているサンタ・ロマーナと安藤によると、こうした投票行動の起源は1934年9月に実施された第1回コモンウエルス政府大統領選挙にさかのぼるという。ナショナリスタ党を率いるマヌエル・L・ケソンが大統領に当選したが、この選挙の際にフェリックスは、信徒の票をとりまとめるかわりに、ケソン陣営に対し行政府によるイグレシアの法的保護を求めたといわれる。この背景には、カトリックが支配的なフィリピン社会においては、それ以外の教派、中でもイグレシアのようにアメリカに宣教母体を持たないフィリピン独自の小さな教会が伝道を行なうのは、時として非常に困難な問題を抱え込まざるをえなかったという事情があった。

イグレシアの伝道方法の1つは、町や村の広場や公共施設で行なう集会や他の教派の聖職者との公開論争だった。しかし、町のカトリック司祭や役人（多くがカトリック）の介入により、広場を含む公共施設の使用が許可されないことがしばしばであったという。そのためフェリックスは、特にイグレシア側に好意的である必要はないが、法律にもとづいてイグレシアも他の教派と同じように平等に扱われることを条件に、特定の候補を支持することにしたという。

現在、信徒によるブロック投票は、大統領選挙、上下院の国会議員選挙から、州知事、州議会議員選挙、場合によっては町長選挙にいたるまでさまざまなレベルで行なわれていると推測される。ただし、イグレシア自体は宗教政党を持たず、またイグレシア出身の候補が多く存在するわけではない。近年では1965年以後、大統領として政権の座にあったマルコス大統領夫妻と、フェリックスの息子でイグレシアの2代目の教会監督であるエラーニョ・マナロ（Eraño Manalo）夫妻が親しい関係にあったことがよく知られている。イグレシア創立記念日にはマルコス夫妻がケソン市の教会本部を訪問するなど、毎年新聞等で華々しく報じられていた。

しかし、1986年2月にマルコス政権が崩壊し、かわってカトリック教会に後押しされたアキノ政権が誕生すると、イグレシアは政権中央とのパイプを失った。しかし、ラモス退陣後のエストラーダ政権誕生時には、大統領就任式にイグレシアの牧師が立ち合うなど、政権との距離を縮めていた。

戦前期のイグレシアに関して重要なのは、フェリックスのアメリカ旅行である。信徒のガルシアによると、1938年にフェリックスは2度目のアメリカ旅行に出た。その目的は、第1に彼自身の目の治療、第2にはイグレシアの伝道資金の調達であったという。しかし、アメリカ到着直後にフェリックスは病に倒れたため、インディアナ州での講演はほとんど中止となり、資金調達は失敗に帰した。この体験から、フェリックスは「イグレシアは完全に自力で進まねばならず、2度と外国の援助に頼ってはならない」と決意したとされる。

これについてはガルシアがイグレシアの出版物の中で触れているだけで、他の資料は今のところ見あたらない。資金調達を目的とするアメリカ訪問については、現在の教会本部は否定するだろう。しかし、フェリックスはイグレシア創立以前にプロテスタント教派を渡り歩いており、個人的に信頼をよせるアメリカ人牧師を何人か友人としていたことは想像にかたくない。事実、そうした牧師の影響下にあったマニラのフィリピン人信徒が、初期にはイグレシアに集団で改宗したという出来事もあった。また、アメリカ人宣教師の中には、フィリピンの教会は早い機会に宣教母体から独立して、フィリピン人中心の教会を築くべきであると考える人々もいた。フェリックスをアメリカに迎え、彼の教会を援助しようとしたアメリカ側のキリスト教関係者がいたとしても不思議ではなかったのである。

5 日本占領期

1942年1月2日に日本軍はマニラを占領、その翌日に軍政部を設置した。日本占領下のフィリピンには、日本から日本人の司祭、牧師、信徒等からなる宗教班が派遣され、フィリピン側のカトリック教会、プロテスタント教会に対する宣撫工作活動が行なわれた。イグレシアもその対象に含められており、宗教班の報告書には、わずかではあるがイグレシアに関する記述が認められる。また、イグレシア側の資料によると、フェリックスは日本軍に身柄を拘束されるのを恐れて姿を隠し、地下から教会を指導すると同時に反日ゲリラを支援していたとされる。

占領下においても礼拝をはじめとする教会活動は継続されたが、教勢の面では成果は期待できなかった。信徒たちは戦火をのがれてマニラや中部ルソンを離れ、各地に避難していたが、そのことが戦後のイグレシアの教勢の拡大、すなわちフィリピン全土での教会の設立につながった。

6 戦後期

第2次大戦後、1946年7月にフィリピンはアメリカから共和国として独立した。しかし、3年半におよぶ日本占領期の荒廃から立ち直るのは容易ではなかった。カトリック教会やアメリカ系のプロテスタント諸教会は、戦争終結直後よりアメリカから援助の手が差しのべられたが、イグレシアの場合はそうした外国からの支援はなく、全国に離散していた牧師や信徒たちが自力で生活の建てなおしと教会の再建にあたらなくてはならなかった。しかし、創立当初より信徒同士の結束が固く、居住地毎に築かれていた相互扶助のネットワークが有効に働き、戦前を上回る教勢の拡大が達成されることになった。

表1（58ページ）にあるように、戦後最初の国勢調査は1948年に実施されている。この時に初めて宗教センサスの集計項目として、イグレシア・ニ・クリストが加えられた。このことは、1948年の時点では、イグレシアはもはや無視することのできない宗教グループとしてフィリピン社会で認知されたことを意味したのである。この時点での調査によると、イグレシアの信徒数は8万8125名、国民の約0.5%を占めている。

1948年にイグレシアはフィリピン政府に対して、1914年の団体登録文書に対する修正文書を提出している。その要点は次の通りである。

【団体の法的性格】 フィリピン共和国の法律に従い、単一の代表者により運営される法人とする。

【目的】 キリストの福音の教義と教えをフィリピンおよび牧師、信徒が到達しうるフィリピン以外の場所において伝道し、福音あるいは聖書にもとづき人類をして神への献身に向かわせること。

【聖書的根拠】 イグレシア・ニ・クリストの出現は、聖書に示された啓示、すなわち『ヨハネによる黙示録』7章2−3節、『イザヤ書』46章11節および43章6−7節の預言と一致するものであり、イグレシアは聖書にもとづいて活動する。また、イグレシアの運営は現存の、あるいは今後定められる内規にもとづく。

【代表者】 監督であるフェリックス・マナロはすべての事柄に関し正式な代表者として行動し、地区主任牧師会議、総幹事、財務、その他の役職者がそれを補佐する。

【運営】 信徒が『コリント人への第1の手紙』16章1−2節、『コリント人への第2の手紙』9章7節にもとづいて教会を支持する限り教会は存続する。

【経済協議会】 監督は教会の運営に関する一般権限とともに教会の動産不動産の管理権を有する。ただし、教会の経済協議会による事前の承認を必要とする。同協議会は監督を議長とし、地区主任牧師、総幹事、財務をその構成員とする。

【中央本部】 リサール州サン・フアン・デル・モンテ町に置く。

この文書は1948年3月15日に中央本部で開催された教会会議の席上、28名の出席者により決議され、4月1日に政府関係部局に提出された。ただし、1952年9月17日付でイグレシア側は撤回を申し出ている（その理由は不明）。しかし、この文書から、1948年の時点でのイグレシアの内部事情をかいま見ることができよう。まず、第1にこの文書では「神の最後の使い」の教義が教会の成立根拠として示されていること、第2に外国伝道についてすでに検討されていること、第3に教会財産の運用に関して経済協議会の設立が明記されていることである。また、地区主任牧師などの役職が示すように、すでにこの時点で現在のような中央集権的な教会組織のあり方が構想されていることも注目に値する。

イグレシアの教会組織では監督（Executive Minister）が代表者として頂点に立ち、役職者、牧師の任免権を含め教会運営上の権限を有する。それには聖書の解釈権、礼拝や牧師の聖書研究の内容の決定権なども含まれる。総幹事（General Secretary)、財務（General Treasurer)、監査(General Auditor)、法律顧問（Legal Counselors)の各役職者は監督を補佐しつつ、教会指導部を構成する。なお、法律顧問以外は全員が牧師職を兼任する。

日常的に信徒と接し、礼拝をはじめとする教会活動に携わるのは、地区主任牧師（Division Ministers）と各個教会（支部）牧師（Local Ministers）であるが、前者は通常各州または各市に1名ずつ配置される。牧師補（Deacons）は信徒の中から選ばれた男女で、牧師ではなく、礼拝の準備、献金の回収、地域での伝道などにあたる。信徒は通常は10名程度で居住地毎に地域委員会（Local Committees）を構成し、信徒間での相互扶助活動に従事している。

1953年1月28日には牧師会議が召集され、59名の出席者により、フェリックス・マナロの将来の後継者として、フェリックスの三男であるエラー

イグレシア・ニ・クリストの 75 周年記念の冊子から。左下の人物が創立者フェリックス・マナロ。右上がエラーニョ・マナロ。

ニョ・マナロが指名された。すでに病気がちであったフェリックスは監督としての職務を徐々にエラーニョに委ね、後継者育成にあたった。

教勢に目を転じると、1950 年代末までにイグレシアはルソン島北部の山岳州とミンダナオ島のムスリム地域をのぞくフィリピン全土に教会を持つようになった。こうしたイグレシアの急成長に対する他の教派、特にカトリック教会の警戒心は日増しに強くなり、教会をあげての反イグレシア・キャンペーンが組織されることもあった。1960 年の国勢調査ではイグレシアの信徒はおよそ 27 万名、全国民の約 1 %と記録された。

7 世代交代

創立者フェリックス・マナロは胃癌のため 1963 年 4 月 12 日に 77 歳で亡くなった。既に決められていた通り、息子のエラーニョ・マナロが監督の地位を継承した。教会内部で混乱が生じた気配はない。この時点で教会が明らかにした教勢は、信徒総数 350 万名、教会数 1250、大教会数 35 というものである。これが本当であるとすると、国民の 1 割以上が信徒ということになる。その数年前に実施された国勢調査の結果ともあまりにかけ離れているため、にわかには信じがたい。しかし、イグレシアは少数派ではあるとしても、もはや無視しえない宗教勢力、社会勢力としてフィリピン社会に根をおろしたことは誰も否定できなくなっていた。

エラーニョは教義の面ではフェリックスの方針をそのまま継承したが、教会活動の具体的側面、特にイグレシアの社会参加という面ではいくつもの新しい試みを実行に移した。フェリックス時代の伝道一本槍、改宗至上主義的な姿勢を変更し、非信徒をも対象とするより広範な社会奉仕活動に力を入れるとともに、信徒に対するより積極的な生活支援の組織化を図るようになった。

前者の社会奉仕活動としてよく知られているのは、家族計画推進キャンペーン、地域医療プログラムである。カトリック教会は積極的な産児制限には現在でも反対の立場を表明しているが、イグレシアは行政当局と協力し、都市スラム域、農村部などに医師、看護婦などからなるチームを派遣し、家族計画にかかわる活動を定期的に行なっている。また、地域医療、栄養指導の面でも、同じく医師、看護婦、助産婦、栄養士などからなる移動クリニックを各地で開設している。

後者の具体例としては、1960年代初めに建設された信徒の生活共同体であるバリオ・マリガヤ（Barrio Maligaya）がよく知られている。イグレシア信徒には教会が定めた行動規範があり、その1つは労働組合への加入が禁じられていることだった。その根拠は信徒同士で争いがあってはならないという教えであると説明される。

1961年にはフィリピン議会で共和国法令第3350号が通過し、宗教的信条にもとづく労働組合非加入の権利が認められた。その直後にタルラック州のアシエンダ・ルイシタという大規模農場で働いていた150名ほどのイグレシア信徒が農場労働組合から脱退した。組合が経営者側に圧力をかけたため、これらの信徒たちは解雇された。それを受けて教会本部はヌエバ・エシハ州カバナツアンに600ヘクタールの土地を購入、失職した信徒たちを収容した。それがバリオ・マリガヤと命名された共同体で、1965年以後およそ200家族がここで生活をともにしているといわれる。60年代から70年代を通じてフィリピンでは土地改革が社会改革の重点目標の1つだったが、バリオ・マリガヤは土地改革、農村開発のモデルとしてしばしば取りあげられてきた。1980年の時点で同種の信徒共同体が他に8ヵ所建設されている。

1970年の国勢調査では信徒数は47万5407名、全国民の約1.3%である。それに対して1973年にイグレシアが公表した数字によると、エラーニョが監督に就任して以後の最初の10年間に、教会組織上の単位である地区（Division）は45から65に、各個教会（支部）は2067から2584に、牧師数は914から1902に、大教会は40から137へと増加したという。

8 ハワイへ進出

エラーニョ・マナロへの世代交代後のイグレシアにおいて、もっとも顕著な出来事は海外在住の信徒のケアおよび海外のフィリピン人に対する伝道を開始したことである。

イグレシアは1939年以来、『パスーゴ』(Pasugo）と題する機関誌を発行している。フィリピン語と英語で編集されており、月刊である。海外では『神のメッセージ』(God's Message）という英語版もあわせて配布されている。『パスーゴ』誌には「フィリピン国外における礼拝の時間と場所」という頁があり、海外の教会や信徒グループの連絡先が掲載されている。たとえば1996年7月号には世界の57ヵ国・地域全体で162教会、179の信徒グループが紹介されている（**表2**、**表3**を参照)。日本には9教会、16信徒グループが存在する。教会または支部教会（congregation または locale と呼ばれている）にはフィリピンの本部から牧師が派遣されており、信徒グループ（committee prayer group）とは信徒だけで集い祈りをつづけるグループを指している。

最初の海外教会は1968年にホノルルのエワに設立された。この年の7月27日にエラーニョ・マナロ監督が2名の牧師とともにホノルルを訪問、設立式に臨み、フィリピン国外での最初の公式の礼拝が行なわれた。その後、同年9月にこの教会はハワイ州に宗教法人として登録された。

これが海外進出の最初の第1歩となった。当時の『パスーゴ』(1968年8月号）には次のように書かれている。

表2　地域別教会・信徒グループ

地　域	教　会	信徒グループ
アフリカ	0	21
ラテンアメリカ	3	4
北アメリカ	110	14
アジア	19	58
オーストラリア・オセアニア	17	49
ヨーロッパ	13	33
計	162	179

表 3　国別教会・信徒グループ

地　域	国・州など	教会	信徒グループ
アフリカ	アルジェリア		1
	カメルーン		1
	エジプト		1
	リビア		14
	ナイジェリア		2
	南アフリカ		2
ラテンアメリカ	キューバ		1
	ジャマイカ		1
	メキシコ	3	
	オランダ領アンティレス		2
北アメリカ	**カナダ**		
	アルバータ州	2	
	ブリティシュ・コロンビア州	3	
	マニトバ州	1	
	オンタリオ州	3	
	ケベック州	1	
	サスカチェワン州		2
	アメリカ合衆国		
	アラスカ州	3	2
	アーカンソー州		1
	アリゾナ州		1
	カリフォルニア州	39	
	コロラド州	2	
	ワシントン特別区	1	
	フロリダ州	5	
	ジョージア州	1	
	ハワイ州	16	
	アイダホ州		1
	イリノイ州	1	2
	アイオワ州	1	
	カンサス州	1	
	ルイジアナ州		1
	メリーランド州	3	
	マサチューセッツ州	1	
	ミシガン州	1	1
	ミネソタ州	1	
	ミシシッピー州		1
	ミズーリ州	1	
	ネバダ州	2	
	ニュージャージー州	1	
	ニューメキシコ州		1
	ニューヨーク州	4	
	ノースカロライナ州	3	
	オハイオ州	1	
	オクラホマ州	1	
	オレゴン州	1	
	ペンシルバニア州	1	
	サウスカロライナ州	1	
	テキサス州	5	1
	ユタ州	1	
	バージニア州	1	
	ワシントン州	1	
アジア	中国		1
	キプロス		2
	ディエゴ・ガルシア		1
	香港	3	
	インドネシア		3
	イスラエル	2	
	日本	9	16
	ヨルダン		1
	クウェート		2
	レバノン		2
	マカオ		1
	マレーシア		11
	オマーン		4
	カタール		2
	シンガポール	1	
	韓国	1	
	スリランカ		1
	シリア		1
	台湾	1	7
	タイ	2	3
オーストラリア・オセアニア	アメリカン・サモア		1
	オーストラリア	8	23
	フィジー		1
	グアム	2	
	マーシャル諸島	1	2
	ミクロネシア連邦	1	3
	ナウル		1
	ニュージーランド	1	6
	パラオ	1	6
	パプアニューギニア	1	6
	サイパン	2	
ヨーロッパ	オーストリア		1
	ベルギー		1
	デンマーク		3
	フランス		3
	ドイツ	5	2
	ギリシャ		2
	イタリア	4	2
	ノルウェー		4
	ポーランド		1
	スペイン	2	4
	スウェーデン		4
	スイス		2
	オランダ		1
	イギリス	2	3
	計	162	179

ハワイだけでなく、アメリカ本土、特にカリフォルニア州内の大都市サンフランシスコ、ロサンジェルス、サンディエゴには多くの信徒が定住していた。教会本部に届く報告によると、カリフォルニア州のフィリピン人コミュニティだけでも1000名をこえる信徒が教会が設立されればすぐにでも集まってくる勢いだった。カリフォルニア州以外のアメリカ各地、カナダでも事情は同じだった。

サンフランシスコでも最初の教会が同じく1968年に設立された。その後の12年間に、カリフォルニアではサクラメント、フレズノ、サンディエゴをはじめ20ヵ所に教会が設立された。ワシントン州には1970年、ヴァージニア州（1972年）、コロラド州（1974年）、オレゴン州（1974年）、テキサス州（1976年）、アラスカ州（1985年）というようにフィリピン人移民の多い地域に次々と進出を果たしている。

また、サンフランシスコの教会をベースとして、1972年までにカナダのバンクーバー、トロント、モントリオールなど6ヵ所に教会が誕生した。アメリカ東部では1968年にエラーニョがニューヨーク市を訪問、翌1969年2月にはブロンクスに教会を設立した。それにペンシルバニア州（1973年）、メリーランド州（1974年）、ニュージャージー州（1978年）、マサチューセッツ州（1980年）が続いた。中西部では1972年に最初の教会がシカゴに設立され、そこからさらにミシガン州、ミネソタ州、ネブラスカ州、ウイスコンシン州へと広がっていった。

9 世界各地へ

ヨーロッパの最初の拠点はロンドンである。すでに1972年から、信徒たちはアメリカから時折派遣されてくる牧師により行なわれる礼拝に出席していた。ロンドンに最初の教会が設立された後は、そこを拠点として、西ドイツ、フランス、オーストリア、スイス、ギリシャ、キプロス、ノルウェー、イタリア、スペインに拡大していった。

表3に見られるように、イグレシアの海外教会、信徒グループの分布は、フィリピン人海外移民、海外出稼ぎ者の定住・進出先とほぼ一致している。フィリピン人の海外進出は20世紀初め、1906年に15名のルソン島北イロコス地方出身者がハワイの農園に契約労働者として雇用されたことに始まる。それ以来、ハワイはフィリピン人の移民先としてよく知られるようになった。大恐慌以後はハワイで職を失った出稼ぎ者たちがカリフォルニアなどアメリカ本土に渡った。

第2次大戦後もアメリカへの移民は続いていたが、1970年代に入ると海外出稼ぎ労働はマルコス政権により国策として推進されるようになった。ヨーロッパ、中東産油国をはじめとして、アジア各地にも進出した。医師や看護婦などの高度の専門職従事者はアメリカへ、電気技師、建設技師などの専門職、熟練労働者は中東へ、シンガポールや香港には家政婦として、そして日本へはエンターテーナーとして、というのが一般的な傾向だった。フィリピンに残された家族に送金されてくる外貨は、公式発表分だけでも年間8億800万ドル（1987年）に達し、外貨収入品目の中では電子部品、衣料品につぐ第3位の位置を占めていた。

海外教会の場合、圧倒的に多いのは北アメリカ、それもアメリカ合衆国で、総数162教会の約68%にあたる110教会が置かれている。アメリカにおける99教会のうち、39教会がカリフォルニア州、16教会がハワイ州内に設立されており、両者だけでアメリカ内の56%に相当する。北アメリカに続くのはアジアの19（日本9、香港3、イスラエル2、タイ2ほか)、オーストラリアおよびオセアニアの17である。オセアニアではグアム（アメリカ領）2、サイパン2、マーシャル諸島、ミクロネシア連邦、パラウ、パプアニューギニア、ニュージーランド各1となっているが、いずれもこの地域におけるフィリピン人、フィリピン系住民の居住分布に対応している。

フィリピンではイグレシアの教会堂は特徴的な建築様式を持ち、一目でイグレシアと判別できる。地域ごとに配置された大教会は天に向かって直線的にのびた尖塔を持ち、白と薄い緑色で統一されている。街中あるいは村の比較的小さな教会堂の場合も、同じく白と薄緑色である。

しかし、海外の教会の場合にはこうした様式が統一されているとは限らない。『パスーゴ』誌上で紹介される海外教会の写真を見る限り、特にアメリカなどでは市内の古いプロテスタント教会の建物を買い取り、それを新たにイグレシアの教会として利用している場合が少なからずある。また、進出先の国・地域によっては現地で宗教法人の認可を得ることがむずかしく、教会堂を建設できないため、ビルの一室を借りて礼拝を行なっている場合もある。もちろん後述の茨城県の例のように、フィリピンの教会本部が設計し、海外で新たに教会堂を建設する場合もある。また、筆者が観察したハワイやグアムの教会堂の中にはフィリピンのそれと同じ様式のものもある。

10 日本の場合

ここで日本におけるイグレシアの進出を見てみよう。

1980年1−2月合併号の『パスーゴ』には日本国内の東京、横浜、三沢、岩国、佐世保、沖縄に合計7つの信徒グループがあると記載されている。地名から明らかなように、1980年代初めの時点では、日本におけるイグレシア信徒の主体は在日米軍基地のフィリピン人、フィリピン系アメリカ人であった。しかし、70年代末以後、日本に入国するフィリピン人出稼ぎ者が急増し、日本人との国際結婚も増えた。このような新たな状況にともない、在日米軍基地周辺だけでなく日本各地に信徒グループが形成されるようになった。その結果、1996年7月号の『パスーゴ』によると、千葉、群馬、茨城、東京、横浜、浜松、名古屋、大阪、岡谷に合計9の教会が、そして釧路、札幌、岩手、沼津、福井、香川、岡山、小野、兵庫、高浜、岩国、山口、福岡、宮崎、佐世保、沖縄の各地に合計16の信徒グループがおかれている。

次に日本国内でもっとも新しい茨城の教会を例に、海外で教会がどのようにして設立されるかを見てみよう。

東京首都圏とその隣接地域では、イグレシアの信徒とその家族が増えてきており、1990年代初め以後、教会の増設が緊急の課題であった。そこで当時、東京の教会を担当していたベデン・ベレン牧師は東京教会の管轄対象地域を10に分け、茨城県方面の担当者としてポエ・ルンバワ氏を任命した。ルンバワ氏は信徒たちと相談の上、茨城県内の信徒が礼拝を定期的に行なえるような場所を探し始めた。まもなく日本人信徒で茨城県在住の西岡氏が両親所有の別荘の2階部分を礼拝所として提供すると申し出た。

その後、東京教会はフィリピンの教会本部に対して、教会の新設を願いでた。1993年4月18日にベレン牧師が茨城を訪れ、この2階の仮礼拝所で礼拝を行ない、同月20日にはその同じ場所で7名の日本人に対し、「茨城において神の御ことばを伝える信徒たちの努力の結晶」である洗礼を施した。

この時点では、茨城の礼拝所は東京教会の管轄下にあったが、すでにルンバワ氏は牧師補に選出されていた。また、礼拝所の建物を提供した西岡氏は、イグレシアが新たに教会堂を建設するなら土地を提供する用意のあることを教会側に表明した。1993年11月に西岡氏はフィリピンでエラーニョ・マナロ監督と面会し、教会堂新築の希望を伝えた。教会側はそれを受け入れ、3ヵ月後には本部の教会堂建築設計部から茨城教会の設計図が東京に届けられた。

近隣に在住する信徒たちの助けを得て、教会堂建設は1994年3月28日に始まった。8月4日にはエラーニョ・マナロ監督が来日、新しい教会堂の献堂式と最初の記念礼拝を司式した。これにより茨城の礼拝所は正式に教会として認定され、イルミナド・マタロ氏が牧師補に任命された。

おわりに

イグレシア・ニ・クリストはフィリピン人のキリスト教会として出発し、成長してきた。1968年に始まる海外教会の設立により、今日では世界各地にイグレシアの教会が建てられている。これまでのところ、教会員のほとんどはフィリピン人、フィリピン系の人々である。その点では、依然としてフィリピン人を主体とする教会というイグレシアの基本的な性格は保持されているが、今後フィリピン人以外の教会員が増えることによりイグレシアの性格が変化することは十分ありうるだろう。

過去20年ほどの『パスーゴ』に掲載された改宗者、つまり新たに教会員となった信徒たちの手記には、非フィリピン人が多く登場するようになってきている。ほとんどは異なる民族的背景を持つアメリカ人で、彼らの配偶者や友人のフィリピン人（系）の信徒を通じてイグレシアを知った人々である。在比米軍基地勤務中にイグレシアに接したという人もいる。また、事例は少ないものの、イギリス人、フィリピン人以外のアジア系の人々、アフリカ人などによる手記もある。

牧師職の面でも小さな変化が見られるようになった。大多数の牧師、牧師志願者がフィリピン人であることに変わりはないが、非フィリピン人の志願者も登場するようになったのである。

こうした傾向がイグレシアの組織や教義にどのように影響しうるのか興味深いところである。イグレシアの牧師で教会史家でもあるメインバンは、こうした近年の教会の発展について、「西洋の宗教が東洋に宣教師を送り込むというかつての伝統はイグレシア・ニ・クリストによって逆転した。今や東洋が西洋世界に聖職者を送り出すようになった」と述べている。

フィリピン国内ではイグレシアは今後も少数派のキリスト教会として、その地位を確保しつづけることは間違いない。カトリックが支配的なフィリピンでは多数派に取って代わることはできないが、現状に不満を持つ人々により深い満足を与えうる選択肢としてイグレシアは存在しつづけるだろう。その一方では、過去20年ほどの間にカトリックという枠組み（その定義はともかく）を大きく外れることなく、より直接的、個人的、熱狂的な宗教体験の場を提供するエル・シャダイのような宗教運動が登場するようになった。こうした新たな状況にイグレシア・ニ・クリストがどのように対応していくのかを見守りたい。

【参考文献】

Alonzo, Manuel P. Jr. 1959. *A Historico-Critical Study on the Iglesia Ni Kristo.* Manila: U.S.T. Press.

Ando, Hirofumi. 1966. "The Altar and the Ballot Box: The Iglesia Ni Kristo in the 1965 Philippine Elections" *Philippine Journal of Public Administration* 10(4).

———. 1969. "A Study of the Iglesia Ni Cristo: A Politico-Religious Sect in the Philippines" *Pacific Affairs* 42(3).

Deats, Richard L. 1967. "Iglesia Ni Kristo: Pioneer in Church-Sponsored Land Reform" *Church and Community* 7(5).

Elesterio, Fernando G. 1977. *The Iglesia Ni Kristo: It's Christology and Ecclesiology.* Cardinal Bea Institute, Loyola School of Theology, Ateneo de Manila University.

Elwood, Douglas J. 1968. "Varieties of Christianity in the Philippines" In *Studies in Philippine Church History,* edited by Gerald H. Anderson. Ithaca: Cornell University Press.

Garcia, Dolores G. 1964. "Felix Manalo: The Man and His Mission" *Pagugo* (July).

Iglesia Ni Cristo. 1989. *Introducing the Iglesia Ni Cristo.* Quezon City: Iglesia Ni Cristo.

Kavanagh, Joseph J. 1955a. "The Iglesia Ni Cristo" *Philippine Studies* 3(1).

———. 1955b. "The Stars That Fall and Mr. Manalo" *Philippine Studies* 3(3).

Meimban, Adriel Obar. 1994. "A Historical Analysis of the Iglesia Ni Cristo: Christianity in the Far East, Philippine Islands since 1914" *The Journal of Sophia Asian Studies* 12.

Reed, Robert R. 1990. "Migration as Mission: The Expansion of the Iglesia ni Cristo Outside the Philippines" In *Patterns of Migration in Southeast Asia,* edited by Robert Reed. Centers for South and Southeast Asian Studies, University of California at Berkeley.

Sanders, Albert J. 1962. *A Protestant View of the Iglesia Ni Cristo.* Quezon City: Philippine Federation of Christian Churches.

———. 1969. "An Appraisal of the Iglesia Ni Crsito" In *Studies in Philippine Church History,* edited by Gerald H. Anderson. Ithaca: Cornell University Press.

Sta. Romana, Julita Reyes. 1955a. "The Iglesia Ni Kristo: A Study" *Journal of East Asiatic Studies* 4(3).

———. 1955b. "Membership and the Norm of Discipline in the Iglesia Ni Kristo" *Philippine Sociological Review* 3(1).

———. 1967. "The Iglesia Ni Kristo: It's Rise to a Progressive Militant Minority" *Graphic* (March 22).

Tuggy, Arthur L. 1976. *Iglesia Ni Cristo: A Study in Independent Church Dynamics.* Quezon City: Conservative Baptist Publishing, Inc.

第3章

タイ(シャム)における キリスト教

石井米雄

はじめに……87
1 キリスト教のシャム渡来……88
2 1830年代という時代……90
3 モンクットとパルゴア……93
4 プロテスタント宣教師とモンクット……100
5 プロテスタント宣教師の基本姿勢……103
6 タイ知識人のキリスト教批判……105
7 タイ人にとってのキリスト教……107
おわりに……108

はじめに

東南アジア大陸部の中央に位置するシャム（現タイ国）には、その存在が史料によって知られる13世紀以来、スリランカ系の上座仏教が確立して、国王から民衆にいたるまで社会の各層に幅広く信奉されていた。国王は、「ダルマラージャ」のタイ語形である「タンマラーチャー」を名乗り、自ら仏法を体現した「正法王」であると称していた。タイ王はまた、「仏法の擁護者」として、出家修行者の集団である「サンガ」に物質的援助を与え、それによって仏教を衰退から守る義務を自らに課していた。これと並んで、「ナレースアン（ナレーシュヴァラ）」「ナーラーイ（ナーラーヤナ）」などの王名に見られるように、王をとりまく諸制度にはヒンドゥ教の濃厚な影響が認められる。ただシャムの伝統社会は、ヒンドゥ思想の根幹にあるカースト制度を欠き、ヒンドゥ社会で高い位置にあったバラモンは、王室儀礼の執行者という低い地位しか与えられていないことからも知られるように、ヒンドゥ教の受容は皮相的にすぎなかった。

一方、実践宗教のレベルでは、タイ語の通俗的宇宙論書「トライプーム（三界経）」の説く宇宙論、人生論が、寺院の壁画などを通して民衆の間に広く信じられており、人の禍福は個人の前世の所業によって規定されるとされたことから、来世において幸福な生を享受できるように、現世における人々の宗教的関心は、もっぱら「タンブン」と呼ばれる善業を積むことに向けられていた。

これが、16世紀に初めてシャムの地を踏んだポルトガル人宣教師を迎えたタイ人の宗教世界であり、また、西欧との接触の密度を増した19世紀のシャムの宗教の状況でもあった。本稿は、こうした宗教的背景を持った前近代のシャムにおいて、キリスト教がどのように受け入れられ、また受け入れられなかったか、その文化的背景を考察する。あわせて現在もなおタイ人の精神世界の外側の存在にとどまっているキリスト教が、タイ人と取り結ぶ関係を探ることを視野に入れながら執筆することとしたい。

1 キリスト教のシャム渡来

タイ人がはじめてキリスト教に触れたのは、16世紀のなかば、アユタヤの王チャイラーチャー（1534－46年）の傭兵として、ビルマとの戦役に参加したポルトガル人砲兵隊に対し、国王がその奉仕に対する報奨として、首都郊外に教会の建設を許したことに始まる。最近の研究によれば、布教のためシャムに派遣された最初の宣教師は、ポルトガル人アントニオ・デ・パイヴァであったという。

シャムに定住することとなったこれらポルトガル人の子孫たちは、時代とともにタイ社会への同化が進み、ついにその言語を失うにいたったが、カトリックへの信仰は捨てることなく今日におよんでいる。ポルトガル人によるシャムでの布教活動は、ドミニコ会、フランシスコ会、そしてイエズス会によって行なわれた。

ポルトガル人の渡来から1世紀を経た1653年、シャムにおける「パリ外国宣教会」の活動がはじまる。パリュ、ランベールらの協力によって設立された「パリ外国宣教会」は、はじめベトナムへの布教を目指したが、1662年、宗教的に寛容であり、かつ多数の外国人が居住しているため、アジア言語の習得に便利と判断されたアユタヤを拠点に、その布教活動を開始した。時のシャム王プラ・ナーラーイ（1656－88年）は、宣教師の中に築城技術の専門家がいることに注目し、彼らの技術を利用してバンコク、ノンタブリなどに要塞を構築した。同王が愛好したロブリの離宮の設計もまた、「パリ外国宣教会」の建築専門家の手になるものである。その奉仕を多として、フランス人宣教師には、国王から教会建設のための土地、建築材料が下賜された。こうして同宣教会は、アユタヤ城外に自身の教会堂、神学校、寄宿舎などを建設することができた。

シャム王はカトリックに対して、キリスト教を弾圧したベトナム皇帝などと比べ、はなはだ寛容であったように見える。事実彼らの布教活動の対象が、タイ人ではなくむしろ、高度な多民族的性格を持った港市国家アユタヤ在住の外国人――たとえば日本人、ベトナム人、中国人など――にとどまるかぎり、いささかの干渉も行なわなかったようである。

しかし、ひとたび布教の対象がタイ人仏教徒におよぶやいなや、その寛容な姿勢に大きな変化が現れた。たとえば1730年に、仏教徒の改宗や仏教批判をタイ語で行なうこと、またタイ語でキリスト教の書物を書くことに対する禁令が発出されたことなどは、そのひとつの例といえよう。

シャムのカトリック・ミッションは、このように王権との間に微妙な緊張をはらみつつ活動を続けていたが、1767年、シャム王国の首都アユタヤが、隣国ビルマのアラウンパヤ王の遠征軍によって徹底的に破壊され、アユタヤの教会もまた廃墟となるにおよび、その活動は停止を余儀なくされるにいたった。

タークシンは数ヵ月にわたる反撃の末、ビルマ占領軍を駆逐することに成功し、シャムはその独立を回復した。自ら王位についたタークシンは、首都をアユタヤから、チャオプラヤー川下流部の要衝トンブリへと移す。新首都には、戦火を逃れて移住したポルトガル人、マレー人、ベトナム人、中国人などが王宮の周辺に居住区を形成した。彼らの中には多くのカトリック教徒がいた。教会側の記録によれば、タークシン王は、彼らの能力を評価し、これに厚遇を与えたという。

しかしながら1774年にいたり、王は、突如タイ人とモン人をキリスト教およびイスラームに改宗させることを禁じた。1775年には、臣下の義務である「誓忠の飲水の儀」を宮廷でなく、教会で行なうことを希望したカトリックの官吏が逮捕されるという事件が発生している。これらの事件は、他宗教に対するシャム国王の寛容の限界を示したものと見られよう。

カトリックが忌避された原因のひとつとして、動物たちは神が人間のために創造されたものであるとして、生類の命を奪って怪しまなかった聖職者の態度に、不殺生を説く仏教徒たちが反発したのであるという指摘がある。この問題は、近代にいたってもなお残された課題となっている。1779年に、3名のカトリック神父が国外追放を命じられたのも、この問題にかかわっていた。

ビルマから独立を回復して以後、15年間王位にあったタークシンは、晩年、その理不尽な行動が指摘されるようになり、最後に部下によって処刑されるに至る。その後を襲ってシャムの王位についたチャクリは、1782年、首都を対岸のバンコクに移し、今日に続くラタナコーシン王朝の基礎を築いた。ラーマ1世王チャクリ（1782－1809年）治世下のバンコクは、中国から来航するジャンク船の賑わう港市として繁栄を続けた。

これより先、1771年、東隣のベトナムで「タイソン（西山）」勢力による蜂起が起こり、戦火を逃れようとした多数のカトリック難民がコーチシナからシャムに流入して、シャムのカトリック人口は増加した。1809年当時、シャムのカトリック人口は、3000人であったという。彼らは東部のチャンタブリ地方と首都周辺に集住した。

2 1830年代という時代

1830年前後の数年間は、タイ人の精神史を考察する上で、重要な転換点となる事件が発生した時代であった。1826年、英国東インド会社のヘンリー・パーネイが来航し、シャム王室との間に「和親条約」を締結し、西欧との濃密な外交関係にあった17世紀末以来の久しい「鎖国」の時代のあとで、初めて西洋に向かって、わずかながらその窓を開かせることに成功した。1828年には、ドイツ人宣教師カール・ギュッツラフと英国人ジェイコブ・トムリンが、プロテスタント宣教師として初めてシャムの土を踏んでいる。彼らはポルトガル領事の支援のもとに、中国人に対する布教許可を得て活動を開始した。同僚のトムリンが健康を害し、1年たらずで任地を去ると、ギュッツラフは妻の協力に支えられながら、単独で布教活動を続けた。2年後の1831年、彼もまた病を得てバンコクを去る。3年間におよぶ2人のプロテスタント宣教師の活動は、ただひとりの中国人改宗者を得たにとどまった。

これより先、トムリンはバンコクから米国に手紙を書き送って、シャムへの宣教師派遣を呼びかけた。その要請に応えて、1831年以来、アメリカ人プロテスタント宣教師が続々とシャムに渡った。アメリカン・ボード（ABCFM，The American Board of Commissioners for Foreign Missions）のデヴィッド・アビール（1931年来タイ）、米国バプティスト教会のテイラー・ジョーンズ（1933年来タイ）、長老派教会のD. B. ブラッドレー（1935年来タイ）らは、シャム伝道の最初期の宣教師に数えられている。

このうち、医者であったブラッドレー博士は、種痘と近代的外科手術の紹介者として著名である。1838年、天然痘の流行に際し、同博士が、自らの家族に種痘を行なってその効果を試したことが、時の国王ラーマ3世王によって注目され、これを契機として、1840年以降、種痘はバンコクの市民の間に普及するにいたった。ブラッドレーはまた、近代的外科手術を行なった最初の医師としても知られている。彼は1835年、ある中国人の腫瘍の切開摘出に成功、2年後の1837年には、大砲の暴発で傷ついた僧侶の腕の手術に成功している。さらにブラッドレーは、眼科手術によって白内障患者の視力を回復させて、近代西洋医学の優秀性を証明した。1847年には、エーテル麻酔を用いた最初の外科手術が、同じく医療伝道者としてシャムに渡ったサミュエル・ハウス博士によって行なわれた。これは手術にエーテル麻酔を用いたアジアでの最初の事例といわれている。

このように、初期にシャムで活動したプロテスタントの宣教師には医者が多く、医療活動を布教活動の補助的手段として利用したため、タイ人は彼らを「モー」すなわち「医者」と呼んだ。たとえばブラッドレーは、タイ語文献には常に「モー・ブラットレー」として登場する。

プロテスタント宣教師の存在の意味を考える上で留意すべき点は、彼らの多くが妻子をともなって来タイし、夫人もまたミッショナリーとして夫とともに宣教活動に従事したという事実である。しかしながらこれまでほとんど注意を引くことのなかったこの事実は、タイ人のプロテスタント宣教師観を理解する上に、きわめて重要な意味を持つことを指摘しておく必要があろう。

聖職者をタイ語で表現するとすれば、おそらくnak buatという語がそれにあたろうが、これは「出家者」を意味する。「出家者」の根本要件とは、celibate すなわち独身をつらぬくことにある。仏教僧の守るべき227戒の冒頭の戒律が異性との性行為の禁であることは、仏教僧における独身主義の重要性を示している。したがってタイ人にとって、「妻帯した聖職者」とは語義矛盾以外のなにものでもない。われわれはプロテスタント宣教師の記録の中から、宣教活動を続ける上に家族の支えがいかに重要であるかが、タイ人に理解を得られないことへのいらだちを感得するのである。にもかかわらず、タイ人がプロテスタント宣教師を「モー」と呼んだ背景に、それが医者であることを示すにとどまらぬ隠喩を含んでいたことを知る必要があろう。

1830年代は、シャムの舞台にプロテスタントが登場しただけでなく、既に長い伝道の歴史を持つカトリックにも変化の兆しが現れた時代でもあった。アユタヤの滅亡とそれに続くトンブリ、ラタナコーシン朝初期を通じて、低調を続けていたカトリック教会の活動は、1830年に入って一挙に活性化するにいたる。その契機のひとつをつくったのが、青年司祭パルゴアであった。

1805年、フランス中東部ブルグンディ地方コート・ドールのコンベルトに生まれたジャン・バティスト・パルゴアは、1830年、25歳の時シャムに渡った。23歳にして『フランシスコ・ザビエル略伝』を出版したこの勤勉な青年司祭は、バンコクに到着するやいなや、ただちにタイ語の学習を開始している。彼ははじめアユタヤに赴き、同地でカトリック教会再興をめざしたが、やがてバンコクにもどり、まずトンブリ側のサンタクルス教会の長となり、ついでバンコク側にあるコンセプシオン教会の責任者となった。

パルゴアのタイ語およびタイ文化についての造詣の深さは、1850年にバンコクで上梓した『シャム語文法』(ラテン語)、1854年に相次いで出版された『ラテン語・フランス語・英語対訳タイ語辞書』と『タイすなわちシャム王国誌』(フランス語)の中に明瞭に示されている。

しかし彼がその学殖と優れたタイ語力を駆使して、1848年に『公教要理 Khamson Phrasasana Christang』を、また1850年には『宗教問答 Butchaa wisatchana』を、いずれもタイ語で著したことは注目にあたいする。この事実は、タイ人を対象としたキリスト教の「禁教」の時代が既に過ぎ去ったことを示す一方、シャムの知識層にタイ語でキリスト教教理にふれる機会を提供したという点において、精神史の考察上、きわめて重要な意義を持つ。プロテスタント宣教師が作製頒布していた「稚拙な」トラクトに対して軽蔑のまなざしを投げかけていたシャムの知識人たちも、深いタイ文化の教養に支えられたパルゴアの手になるキリスト教教理の解説には、耳をかたむけ、興味を抱いたことは、その後の彼らの言動の中に表れている。

3 モンクットとパルゴア

1824年ラーマ2世王が崩御すると、正王妃の長男であり、慣習に従い出家して僧院にあったモンクットは、当然自分が還俗して、王位を継承するものと考えていた。しかしシャム王室の慣行によれば、王位は正室の長子によって自動的に継承されるものではなく、諸般の事情を勘案の上、高官会議によって決定されるものであった。1824年という年は、産業革命を達成した英国による東南アジア進出が既に始まっており、西隣のビルマでおこった第1次英緬戦争は、シャムに対しても植民地主義の圧力をひしひしと感じさせていた。

こうした危機的な情勢への適切な対応にリーダーシップが期待されるシャム国王として、政治的に未経験な21歳の青年モンクットを選ばなかった高官会議の判断は、その後の歴史の展開を考えてみても、決して間違ってはいなかったといえるであろう。結局、次期国王には、既に外務・財務卿として豊かな行政経験を持っていたモンクットの異母兄が選ばれることになった。モンクットは当初失望を隠さなかったが、伯父らの助言に従って、あえて抵抗せず、僧院に戻ることを決意した。

モンクットのこの「政治的敗退」が、シャムの歴史にとってきわめて重要な意義を持つことを予測した者は、おそらく、モンクット自身を含めて、いなかったのではあるまいか。モンクットはその後27年間を僧院に過ごし、結局、1851年にラーマ4世王として異母兄のあとを継ぐことになるが、その間の歴史の推移を見るに、この「空白の27年」がシャムにとってもきわめて重要な役割を果たしたことを知るのである。

シャムにおける僧院とは、政治的圧力から遮断された空間であった。シャムの歴史には、政治的敗者が剃髪して僧となるケースがまま見られるが、それは一種の「亡命」であり、逆に寺は、政敵の追及から身を守ることのできる避難所として機能した。同時に権力者にとっては、これによって政敵を政治的に隔離することができた。

ラーマ3世王は、17世紀末以来の先王たちが維持してきた、西洋に対する「鎖国」策を継承した最後の王といわれている。彼は積極的な「攘夷」策こそとらなかったが、西洋との接触を極小化することをもってその対外政策の基本とした。既に触れたように、1826年には英国との間に、また1833年にはアメリカ合衆国との間に、それぞれ「和親条約」を締結したが、これはこの「極小化政策」の中でのぎりぎりの決断であった。

こうした時代にシャムに渡り、非政治的であったがゆえにその活動に制約を加えられることの少なかったミッショナリーたちは、タイの知識人たちが西洋近代に触れるための媒体としての役割を果たした。彼らがシャムにもたらしたものは、第1に、西洋文明をその根源において支えるキリスト教であり、第2に、近代科学を創出した合理主義思想であり、そして第3に、それによって生み出された科学技術であった。しかしこれらはいずれも、植民地主義という危険をその背後にともなっていたために、東南アジアの諸権力は、周到な警戒心をもってこれらと接したのであった。

シャムの幸運は、こうした衝撃の緩衝器として、政治的無風地帯にあったモンクットという存在を持っていたことといえよう。西洋近代の強風は、仏教僧モンクットと、彼をとりまく啓蒙的青年知識人層の間を吹き抜けることによって、シャムに漸進的近代化の道を歩むことを可能としたのであった。

モンクットはもともと学問を好む素質に恵まれていた。彼は僧侶の資格としてのパーリ語の試験に挑戦し、次々とこれに合格して兄王を驚かせている。彼はまたモン語を学び、モン僧とも交わったが、これはのちに「タマユット」という宗教改革運動へと発展する契機となった。ラテン語、英語を習得したのもまた、モンクットの僧院生活時代のことである。外国語の習得は、彼の趣味であると同時に、彼の知的武器となり、彼に西洋世界への扉を開く鍵を提供したのであった。タイの僧侶は、もともと占星術の一環として数学に強い興味を抱いていたが、モンクットは数学への興味を、近代天文学の研究へと結びつけた。後年、彼が日食の時間を計算し、その正しさを実証しようと観測のため南タイのジャングルに赴き、そこで死に至る病にたおれた史実はあまりにも有名である。

父王ラーマ2世が崩御した時、モンクットは、ワット・サモーラーイという仏教寺院の僧であった。のちにワット・ラーチャーティワートとして知られるようになるこの寺院は、チャオプラヤー川左岸の「ワースックリー船着場」に接する名刹として今日も往時のたたずまいを残している。モンクットはここに1824年から1836年までの12年間を過ごした。

1834年という年は、おそらくモンクットが、かのパルゴアとの運命的な出会いを経験した年にあたる。この年パルゴアは肺炎を患い、6ヵ月間シンガポールで休養し、12月末にバンコクへもどっているので、両者の出会いが、彼の療養開始以前であったのか、それとも療養からの帰国後であったかについてははっきりしない。ただ1862年7月9日付で、モンクット自身が、「28年の間、わが良き、親密にして誠実な友であった［パルゴア］」と書き残していることから類推すると、最初の出会いが1834年のいつかであったことは誤りないものと考えられる。

当時パルゴアは、このワット・サモーラーイとまさに隣り合わせのコンセプシオン教会の一隅に住んでいた（次ページの地図・写真参照）。このことから、少なくとも1834年から36年までの2年間、仏教僧モンクットとカトリック司祭パルゴアとの間に、かなり濃密な知的交流のあったこと

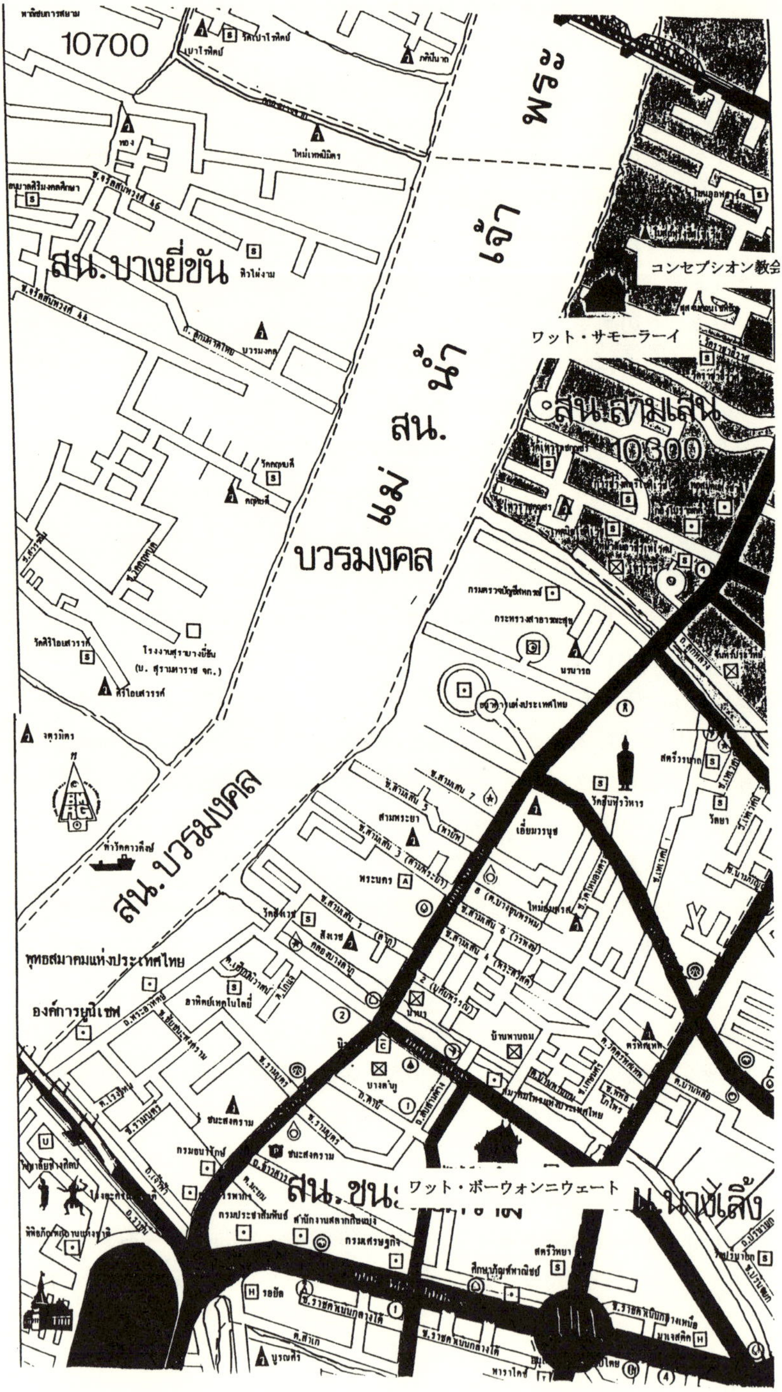

10700
สน.บางยี่ขัน
บวรมงคล
สน.บวรมงคล
สน.สามเสน
10300
コンセプシオン教会
ワット・サモーラーイ
พุทธสมาคมแห่งประเทศไทย
องค์การยูนิเซฟ
ワット・ボーウォンニウェート

ワット・サモーラーイの境内からコンセプシオン教会の鐘塔をのぞむ。

が推定される。というのも、1850年、パルゴアがバンコクで出版した『シャム語文法』の後半には、シャムの歴史を学ぼうとする外国人にとっては垂涎の的であり、入手が困難であった『王朝年代記』を含む146点のタイ語典籍の目録や、膨大な数に上る仏教関係文献が紹介されているが、これらはいずれも手写本でしか入手できないものばかりであり、これにアクセスすることはタイ人の助けのないかぎり、外国人に容易にできることではなかったからである。おそらくパルゴアの熱意とその学殖に動かされたモンクットが、こうした資料をすべて彼の研究のために提供したと考えてよいであろう。

1862年、パルゴアが死んだ時、既に王位にあったモンクットは、15発の弔砲を撃たせ、国葬に準じる葬儀を行なっている。異教の司祭に対する弔意の表明としては異例のこの丁重さは、両者の親交がなみなみならぬものであったことをうかがわせるのである。

モンクットが、パルゴアとの交遊において学んだ西洋の学問の内容については、諸説がある。ある人は哲学・自然科学とフランス語であったといい、またある人は数学と物理学であったとする。ちなみに当のパルゴア自身は、モンクットは天文学と地理学を学んだと書いている。いずれにせよ、モンクットはパルゴアを通じて、キリスト教教理とともに、西洋の自然科学的発想法を学んだものと思われる。

モンクットがパルゴアにパーリ語を教え、モンクットはパルゴアからラテン語を学んだというエピソードはあまりにも有名であるが、パルゴアも書いているように、彼のラテン語知識は初歩的なものにとどまっていたようである。しかしモンクット自身は、ラテン語という西洋文化の根幹にある古典語の知識を初歩的なりとはいえ持っていたという事実を、かなり誇りに思っていたらしく、のちに国王となってから Rex Siamensium（シャム王）というラテン語の肩書きを、好んでその署名の下に添えている。

モンクットがキリスト教の教理についてかなりの見識を持っていたことは、パルゴアの残した以下の 2 つの報告からこれをうかがうことができる。以下はワット・ボーウォンに住職のモンクットを訪ねた 1842 年 12 月 21 日付のパルゴアの日誌の一節である。

> 私が拝謁の間にのぼると、黄衣をまとった親王（モンクット）が前に進み出て私の手をとり、微笑みながら私に、白てんの毛皮で覆われた脇息（きようそく）に寄りかかって座るよう促した。2 人の会話は茶をすすり、パイプをくゆらせながら進められた。まわりには奴婢たちがひれ伏していた。親王は口を開くとこう言った。「あなたから頂戴した宗教書は、端から端まで読ませていただきましたよ。それらの書物は、ガラス戸棚におさめておいたのだが、手入れが行き届かぬまま白ありに食い荒らされて、今ではキリスト教教理はすべて私の頭の中に残るばかりとなりました」「殿下がもしこれらの書物を読破されたのであれば、いまやキリスト教に精通されているにちがいありますまい。少なくも、キリスト教の根本教理はお認めいただけたでしょうか。たとえば、天地創造はどうお考えになりますか？　殿下はなおも輪廻転生をお信じでしょうか？　わたくしは創造神を信じておりますが……」私がこう

> 言い終えると、殿下は8分から10分ばかりの間、優雅な言葉づかいで天地創造の情景を描写し始めた。そして笑いながら、まわりにはべる奴婢たちをかえりみてこう言った。「よいか皆のもの、私もキリスト教の司祭と同じほどに説教ができることがわかったか」と。

1851年8月1日付のパルゴアの「シャム布教報告」には、次のような記事が見えている。

> 王宮では、毎晩、新王の警護のために昇殿するキリスト教徒兵士たちの祈禱の声がひびきわたった。この王［モンクット］は、われらの聖なる教えを完璧なまでに知っておられる。ある日曜日のことである。キリスト教徒の兵士たちがミサに出かけようと、王に許しを乞いに行くと、王はこうおおせられた。「おお、お前たちは説教を聴きにゆきたいと申すのか。それならば聞こう、わしも同じような説教ができることをお前たちは知っておるかな」こう言うと王は、実際に福音書の主題について、数分にわたって説教をしたのち、「どうだ、キリスト教の司祭がするのと同じ説教であろうが」と兵士たちにたずねたものである。「御意にございます」と答えると、王は微笑んで、彼らがミサのため教会に赴くのを許した、という。

これら2つのエピソードは、モンクットが、僧侶時代からパルゴアとの交遊を通して、キリスト教教理をかなり深く学び、しかもこれに好意を寄せていたことを示している。上に引用した1842年のパルゴアの「報告書」には、寺内を案内されたパルゴアが、柱のひとつびとつにキリスト・イエスの行なった奇跡の図が飾られているのを見た時の驚きが記されている。「なぜ仏像の間にこうしてわが主の絵を飾られるのですか」というパルゴアの問いに対し、モンクットは平然として、「尊敬をはらっているからだ」と答えたという。

モンクットはもとより正統的な仏教徒であり、しかも一寺の住職として仏教教理を信奉していたことはいうまでもない。しかしこうした彼のキリスト教理解が、パルゴアという一人格を通して得られたという事実の意味は、十分味わうべきであろう。なぜなら、モンクットは一方において、「やみくもに宣教用のパンフレットをまきちらすアメリカ人プロテスタント宣教師」の行為に対する苦々しい思いを、パルゴアに打ち明けているからである。キリスト教に対するモンクットの知識がパルゴアの存在をぬきにしては考えられない理由がここにある。

パルゴアもまたこうしたモンクットの寄せる信頼に、物心両面において応えたようである。そのひとつが、写真術であった。周知のように、写真術は、1839年8月、フランス人ダゲールにより、「ダゲレオタイプ」の発明がパリにおいて発表されたことに始まる。これが日本に紹介されたのはようやく15年後の1854年のことであるが、シャムでは発表からわずか6年後の1845年、パルゴアの命を受けたラルノディ神父が、既にダゲレオ・タイプの写真機をシャムにもたらしている。

1845年10月20日付のパルゴアの書簡には、数多くの王族貴族が写真に興味を示して、撮影を希望しており、遠からずモンクット親王からもご下命があることと思われるので至急材料を調達しなければならないと記されている。もっとも、同時に、この新しい技術は人の命を縮めるのではないかという噂が広まり、中には撮影を拒否した貴族もいたという。僧侶時代のモンクットがはたして撮影に応じたかどうかは不明であるが、彼が王位に就いた後の1856年、ナポレオン3世から贈られた肖像写真の答礼として、王妃とともに写したという写真が現存している。

4 プロテスタント宣教師とモンクット

モンクットが親交を結んだもうひとりのキリスト教徒は、先に「モー・ブラットレー」として紹介した宣教師ダン・ビーチ・ブラッドレー博士であった。ブラッドレーは、チャオファー・ヤイ（モンクット）と彼の弟でのちにモンクットの副王となるチャオファー・ノーイと、もうひとり後年モンクット王の最高位の廷臣となり5世王の摂政をつとめたルアン・ナイシットという3人の王族・貴族と、とりわけ深い関係を持っていた。彼らはいずれも、英語を通して西洋の先進文明に触れようと努力していた当時の代表的な青年知識人たちであった。モンクットはナイシットとともに、ブラッドレーと彼の同僚のカズウェルから英語の手ほどきを受けている。

しかし興味がひかれるのは、モンクットがブラッドレーからキリスト教教理を学んだという形跡は見られないことである。ブラッドレーは医者として高い評価を受け、また印刷術の紹介者としても評価されているが、キリスト教のメッセージの伝達者としての役割は、十分に果たすことができなかったようである。

1845年のこと、モンクットは、ジェス・カズウェルを僧院に招いて、英語の学習を始めた。驚くべきことに、モンクットは彼への報酬のかわりとして、僧院内の一室を開放し、彼がキリスト教を広め、自由にトラクトを頒布することを提唱している。カズウェルがこの申し出を受け入れたことはいうまでもない。彼の説教の席には、当時モンクットが住職をつとめていたワット・ボーウォンの僧が、自由に出入りしていたという。こうした状況はカズウェルが死ぬ時まで、3年にわたって続いた。

モンクットはカズウェルの功績に対し、1855年、未亡人に1000米ドルを、また1866年にも500米ドルを贈っている。こうしたモンクットのキリスト教に対する寛容な姿勢は、プロテスタント宣教師をいたく感動させた。

モンクットがプロテスタントのアメリカ人宣教師たちから学んだものは、キリスト教ではなく、彼らが同時にもたらした合理主義思想であり、近代科学技術の価値であった。1847年からバンコクで伝道を開始した長老派教会のサミュエル・ハウス博士に対し、モンクットはきわめて率直にこう語ったという。「私はキリスト教は信じないが、天文学、地理学、数学に代表される西洋科学は高く評価する」と。

ハウス博士は、シンハラ語、モン語、サンスクリット、パーリ語の知識を持ったモンクットの語学者としての才能に深い感銘を受けている。モンクットはラテン語とサンスクリットとの類似についても言及しているが、ここからモンクットが同時代の西洋の学問の進歩を見きわめていたことを知る。

ハウスは、モンクットが印刷術にも関心を抱き、ロンドンから印刷機を輸入して、英語とタイ語の活字を備え、パーリ語の文字（カンボジア文字）は自らこれを作製したと記録している。しかしハウスは、モンクットのキリスト教に対する姿勢に不満を抱いていた。

> 明らかにチャオファーヤイ（モンクット）は、キリスト教の問題に、困難な問題に立ち向かう強靭な精神をもって取り組もうとしている。いうなれば、彼はキリスト教を哲学的にとらえようとしているのである。いかなる宗教も、これを哲学的にとらえようとするならば、かならず超え難い困難に逢着する。宗教とは、それを人生に実践的に適用し、人間の心に与える効用を見て初めて正しい判断を下せるのである。親王が西洋の科学に対して示した実践的姿勢をもしキリスト教を学ぶ時にとってくれたならば、おそらく違った結論に達することができたであろうに。

ハウスのこの述懐は、キリスト教の布教に対してあれほどの寛容を示しながら、キリスト教を信じようとしないモンクットに対するプロテスタント宣教師の気持ちを代弁しているように思われる。

プロテスタント宣教師との交遊からモンクットが学んだことのひとつは、伝統的なタイ仏教には、彼らに非難されても仕方のないような俗信や迷信が長い歴史の中でこびりついている事実に気づいたことであろう。宣教師たちの仏教攻撃が、もっぱら民衆仏教における俗信的部分に向けられていることを知ったモンクットは、その部分を除去しさえすれば、仏教は西洋人の非難を免れることができると確信した。

事実、仏教の根本教理を支える原理は「これあるが故にあれ生ず」という因果律であり、それにもとづいて「善因善果・悪因悪果」の教えが導かれる。信徒に求められるのは、「真実を知る」という行為であり、「不合理なるがゆえにわれ信ず」という信仰ではない。それは西洋の合理主義思想に完全に合致するものであった。通俗的な仏教宇宙論であった『三界経』を放棄し、ブッダの元の教説に復帰することをめざす「タマユット」という復古主義的宗教改革運動は、モンクットのこうした経験から始まったものである。

5 プロテスタント宣教師の基本姿勢

19 世紀初頭におけるアメリカのプロテスタント諸教派には、神によって人類の政治的・宗教的導き手として選ばれたという確信がみなぎっていた。1812 年、ボストンにおいて開催されたアメリカン・ボード評議会の報告に見える次の結語から、われわれはそこにこめられた彼らの宣教への意気込みを感じることができる。

> 先輩ならびに兄弟たちよ、われわれがこの地上での働きのために許された時は短い……。異教世界の人々の霊的枯渇は心づくしと救済を強く求めている。

シャムに渡った宣教師たちの心情を理解するためには、彼らの置かれたこうした時代思潮の流れに留意する必要があろう。仏教は異教であり、仏像は忌むべき偶像崇拝の対象にすぎず、福音の伝道のさまたげ以外の何物でもありえなかった。彼らにとっては、その仏教に評価を与えようとするヨーロッパ知識人の存在さえ、うとましく感じられたのである。

「福音はすべての邪悪な宗教に打ち勝つ」これが当時の宣教師の全行動を支えた信念であった。この態度は、布教の対象であるシャムの文化を、偶像崇拝とされる仏教をも含めてまず客観的に観察しようとするパルゴアの精神的余裕の対極にある姿勢である。

パルゴアもまた、民衆の信奉する仏教の持つ迷信性に気づいていた。彼が1854年に出版した『タイすなわちシャム王国誌』には、107ページにわたってタイ仏教の紹介が行なわれている。その中で彼は、『三界経』の説く俗信的宇宙観や輪廻応報思想を詳細に紹介するとともに、「ジャータカ」や「パトムソンポート（タイ仏伝）」によってタイ人の考えるブッダの生涯を語り、さらに僧侶の守るべき227戒について逐一解説を加えている。彼の仏教に関する学殖の深さは、かの『タイ語文法』の中で、420点にのぼるパーリ語聖典と注釈書等の書名とその解題を行なっていることからもこれを推測することができる。

彼もまた仏教を無神論であるとしているが、それは仏教教義の本質の客観的叙述であって、これを劣った宗教として批判を加えているわけではない。ちなみに、パルゴアは仏教概説についで、「迷信」という章を立て、そこで民衆の俗信を詳説しているが、これらの俗信は仏教の一部を成すものではない、なぜならブッダは神々に頼り、前兆を信じること、総じて迷信にふけることを禁じているからである、と冷静な注釈を加えている。

最初にシャムで活動を開始したギュッツラフ以来、彼らプロテスタント宣教師の姿勢は、未開人をキリスト教によって救い、これを開化へと導こうとする強烈な使命感に貫かれていた。彼らにとって仏教は、「神もなく創造主もない」「非情な宗教」であり、「誤った信仰体系」にほかならず、これを信じるタイは憐れむべき存在であった。ブラッドレー夫妻は任期中しばしば病にたおれたが、その苦しみは「神の救済にかかわる知識を持たず、イエスの愛につつまれることなく永劫の苦しみにあえぐ民衆の苦悩」に比べればわずかな痛みに過ぎないと、その報告に記している。こうした基本的認識に立つ時、異教徒の文化はすべて福音の受容をさまたげる要因であり、それにいささかなりと価値を認めることは、伝道の障害となる以外のなにものでもなかったのである。

6 タイ知識人のキリスト教批判

プロテスタント宣教師にとって、福音を知らないタイは救済を必要とする憐れむべき存在であった。こうした彼らの態度に対して、啓蒙的なタイ人知識層はどのように対応したのであろうか。タイ人は「モー」としてのミッショナリーを高く評価したことについては既に述べた。近代科学技術の担い手としての「宣教師」の存在価値は十二分に評価されていたといっても過言ではない。むしろそうした学術・技術は歓迎されるべき存在であった。それは「タイに来る宣教師は経験ある植物学者、化学者、系譜学者、鉱物学者であることがのぞましい」とブラッドレーに語ったという、あるタイ人高官の率直な発言の中に明瞭に示されている。

しかし彼らの伝えようとしていたキリスト教については、これを受け入れないばかりか、積極的に反論を加えているのである。興味があるのは、その反論の論拠として、西洋の近代合理主義思想が援用されているという点である。仏教は合理主義思想にいささかももとるところはない、むしろキリスト教こそ、その非合理性のゆえに批判されるべきであるというのがタイの青年知識人の基本姿勢であった。

その典型的な事例を、のちに外務・財務卿となって英国との友好通商条約の締結に貢献したチャオプラヤー・ティパコーラウォンの著書『キッチャーヌキット』の記述の中に見ることができる。1812年に生まれたティパコーラウォンは宣教師が活動を開始した1830年代には、20代前半の青年であったが、彼はギュッツラフ、ジョーンズ、カズウェルら初期の宣教師と果敢に宗教論を闘わせている。以下は同書に見える宣教師との問答の一部である。

> ギュッツラフ――エホバの神は他の宗教を信じることを許さない妬む神であるが、それでも世の人々が、それぞれに信仰を持つことを許している。これは強制によらず、自ら回心するのを待つという偉大なる神の愛によるものである。

ティパコーラウォン――もし神が万物の創造者であるならば、なにゆえにタイ人の神、バラモンの神、イスラムの神、その他の神々を創造し、多くの宗教が生まれるのを許しているのか。そのために人間がこれらの神々を信仰し、それによって地獄へ落ちるとしたらそれはどういうことなのか。ただひとつの宗教しか存在しなければ、すべての人々がこぞって天国へ行けるのであるからそのほうがよいのではないか。

カズウェル――万物は神の創造物である。自然に発生したものなどはない。料理を前にして食卓に座る者は、調理者を見ないからといって料理が自然に涌き出たと考えるだろうか。

ティパコーラウォン――もしもものみなすべて創造者があるとすれば、膀胱にたまる結石も神の創造物なのか。もしそうならば、博士がその石を患者の膀胱から摘出し、その健康を回復させることは神の意志に反する行為ではないのか。

ギュッツラフ――男女の交わりによって子孫をつくるようになったのは、人間に父母親族の関係を知らせるためである。また出産時の苦痛と危険は、女の始祖であるエバの冒した禁断の木の実を食べた罪ののろいである。

ティパコーラウォン――しかし人倫の道をわきまえぬ動物もまた雌雄交わって子孫を増やすではないか。神はなぜ畜生どもに人倫の道を教えないのか。始祖の冒した原罪はイエスキリストの信仰によってこれを償うことができるというが、そうは思えない。幼くして子を失うことは信仰の有無にかかわりあるまい。これはどう説明できるのか。

神は天地の創造に７日を要したという。この想像を絶する巨大な天体を、わずか１日で創造することができた神が、ちっぽけな地球上のもろもろを創造するのに5日を要したのはなぜなのか。

タイの青年知識人の質問に対する宣教師たちの答えは、彼を決して満足させなかった。「知恵ある人よ、よく考えて欲しい。宣教師のこのような説明は、聞くに値するであろうか」と著者は記している。宣教師の反応の多くは、「度し難い悪人と話をするのは時間の無駄であると言って立ち去った」り、「怒り、救いがたい人よ、と言って立ち去った」り、あるいは無関係な「彼らの国の文明の進歩について語るばかり」であった、とも書いている。

7 タイ人にとってのキリスト教

タイ人にとって、キリスト教は「フラン（西洋人）」の宗教として伝えられ、現在もなおタイ世界の外の存在であるという認識が存続している。仏教が「民族に内属する宗教」（sasana pracham chat）であるタイ社会において、キリスト教徒であることは、いわばタイ人たるの属性を欠いた例外的存在という意識はいまなお失われていない。ただ注意しなければいけないのは、であるからといってタイ社会に、キリスト教徒に対する積極的な差別行為は存在していないという点である。これまでの議論から、タイにおけるキリスト教は次のような過程を経て、今日にいたっているということができよう。

第1に、タイ人は、信念体系としてのキリスト教を受容しようとはしなかった。布教が最初に許されたのは、仏教徒以外の非タイ人であり、彼らの子孫は現在もなお、国籍こそタイ人であれ、キリスト教徒であるがゆえに、文化的には「ポルトガル人」であり「ベトナム人」である。

第2に、カトリックであれ、プロテスタントであれ、宣教師たちがもたらした近代西洋文明の所産は、これを積極的に取り入れようとした。西洋医学にせよ、印刷術にせよ、写真術にせよ、近くは近代教育組織にせよ、その紹介はおおいに歓迎された。近代的病院、近代教育機関、とりわけ小・中・高等学校教育におけるキリスト教の貢献は、現在もなお高く評価されている。

第3に、こうした理由から、タイ人は、プロテスタントの宣教師をまず「モー」すなわち医者として認識し、その限りにおいてその業績を評価したが、宣教師たちを宗教教師として評価しようとはしなかった。その大きな理由のひとつとして考えられるのは、彼らが妻子とともに移り住み、「聖職者」の要件である独身主義を守らなかった点である。

第4に、その意味において、独身者であるカトリックの司祭は、宗教教師としてそれなりの尊敬を受けることができた。パルゴアに対してモンクットの示した高い尊敬は、彼の学殖もさることながら、彼が聖職者の要件を満たした独身の出家修行者であったことが大きく影響しているものといえよう。

第5に、キリスト教教理に対しては、西洋近代合理主義思想の立場からの批判を行なった。これに対して初期の宣教師たちの行なった対応は必ずしも説得的ではなく、したがって本来的な意味における宗教論争には発展しなかった。

第6に、宣教師たちのシャムの現状に対する批判のひとつが、仏教に付着した俗信の部分に向けられていたことを受けた仏教側の対応として、原始仏典への復帰と厳格な持戒を目指す復古主義的仏教改革運動が起こされた。その結果、タマユット派が誕生するにいたった。

おわりに

「クワーム・ペン・タイ」(タイであること)、英語でしばしば Thainess と訳されるこの概念は、その内包が厳密に一致しないにもかかわらず、すべてのタイがその存在を疑わない概念であることが、トンチャイ・ウィニッチャクンによって指摘されている(Thongchai Winichakul, *Siam Mapped:*

A History of the Geo-Body of A Nation, 1994)。これまでの考察から知られるように、キリスト教は「クワーム・ペン・タイ」の明らかに外にある存在であったし、現在もなおあり続けている。キリスト教に対し深い理解を示したモンクットにおいてさえ、それは彼の教養の一部であるにとどまっていた。

タイはインド文化の強い影響下におかれ、タイ語語彙の7割以上はサンスクリットであるとさえいわれているが、ヒンドゥ社会を根源的に支えてきたカースト制度をついに受け入れることはなかった。宮廷儀礼はすべてバラモン僧が執行者となるにもかかわらず、タイ国王は「仏教の擁護者」であり続けている。一見「インド化」されたかに見えるタイ社会も、本質的にはヒンドゥ的ではない。それは「マヌ法典」と似て非なるタイの伝統法典の内容を仔細にしらべることによってあきらかとなる。

タイ人のキリスト教に対する態度にも、ある意味でヒンドゥ教の場合に似ているところがある。モンクットは、寺院の柱にキリスト教説話の絵を掲げて怪しむことがなかった。これを他宗教に対するモンクットの寛容さを示すものととる必要は必ずしもない。お寺なのに、なぜこのような絵を飾っているのですかと問われれば、おそらく彼は「スワイ」だからと答えたかもしれない。「スワイ」とは、タイ人の価値意識を示すことばのひとつで、ふつう「きれい、美しい」と訳されるが、要するに「見て好ましいと感じる」状態であることをさす。「キリストの絵」は、タイ人の信仰とは、無関係なのだ。

「ペン・タイ（タイ人であること）」と「ペン・プット（仏教徒であること）」は等号で結ばれている。仏教は「タイネス」の中核にあって決してゆるぐことはないであろう。こうした文化的背景を持つタイ人世界において、キリスト教は、おそらく今後ともタイ文化の周辺的存在を超えることはないであろうと私は考えている。

【参考文献】

Alabaster, Henry. 1971. *The Wheel of the Law.* Taipei（repr.）.

Costet, R. P. Robert. 1996. *L'Evangelisation de la Thailande.* Ubon.

Feltus, Geroge H. 1924. *Samuel Reynolds House of Siam, Pioneer Medical Missionary 1847-1876.* N. Y., Chicago.

Lord, Donald C. 1969. *Mo Bradley and Thailand.* Grand Rapids.

Launay, Adrien. 1846（sic）. *Siam et les missionnaires français.* Tours.

McFarland, George B. 1928. *Historical Sketch of Protestant Missions in Siam 1828-1928.* Bangkok.

Sakda Siripant. 1992. *King and Camera, Evolution of Photography in Thailand 1845-1992*（in Thai）. Bangkok.

石井米雄（編）. 1984.『差異の事件誌』. 巌南堂.

第 4 章

エーヤーワディ流域地方における王朝時代のキリスト教

伊東利勝

はじめに……113
1 バインチー……114
2 バインチー村の歴史……118
3 王室と宣教師……122
4 宣教師のビルマ認識……132
おわりに……139

はじめに

宗教とエスニシティは微妙に結びついている。年々深刻化するマイノリティ問題の多くはキリスト教やイスラームと重ね合わせて理解され、また論じられる場合が多い。エーヤーワディ流域地方では、西のバングラデシュ難民問題も、東のカレン民族問題もその根幹には宗教の違いが抜きがたく存在しているという。

1991年11月ごろから、ヤカイン州に住むベンガル系住民がバングラデシュ側に移動しはじめ、1992年2月時点で10数万人に達した。これが仏教徒ビルマ政府によるムスリムのロヒンジャ族に対する弾圧であると喧伝され、イスラーム諸国の反発を招くという事件に発展する。ミャンマー政府はロヒンジャ族を単なるベンガル系ムスリムとするが、当事者は長い歴史を持つ1個の民族としての実体を主張してやまない。

また1949年の武装蜂起に始まり1981年コートーレイ政府設立へと結実するカレン民族運動も、キリスト教との関係で語られる［根本 1991：266］。植民地時代におけるキリスト教の受容により、「カレン」がひとつの民族として覚醒し、仏教徒ビルマ族が支配する国家からの自立を求める動きであると理解されることが多い。

宗教を異にすると、その教義やこれを規定する世界観が異なるがゆえに、摩擦や争いが生じるという理解がある。また、同じ民族であると感じるのは、同じ血が流れているからであって、これは理性を超越する。同じ民族であることは何にもまして優先され、血がそうさせるのであるという、理解である。そしてこのいずれもが人間存在の基本に関わるがゆえに、集団心性の説明原理として、しばしば相互補完的に取り上げられる。

しかし宗教にしろ民族にしろ、いずれも要は考え方の問題である。人は自分の都合で宗教を変えることができるし、血そのものに意思があるわけではない。遺伝子が作動しているという考えもあるが、有史以来民族が固定されて、その境界が変化しなかったと考える人はいない。

実は民族と宗教を絡める考え方からして、この両者を流動的後天的とする見解に立脚していると言わねばならない。1995年初めにカレン民族同盟（KNU）の本拠地マナプロウを陥落に導いたのが、KNUから分離した民主カレン仏教徒機構（DKNA）であるとされることを考えると、宗教と民族は必ずしも重ならない。だから問題は、民族や宗教をもって人間を決定する重要ファクターと理解するところにある。

本稿ではエーヤーワディ流域において、仏教を統合の手段とした王朝政府が、キリスト教やキリスト教徒にどのように対応し、これをどのように遇したかを点検することにより、仏教対キリスト教という構図の生成過程、および何ゆえこれに民族問題がまとわりついてしまったのかを考える糸口を探してみたい。

1 バインチー

早朝、古都マンダレーを車で出発し、アマラプーラを通り、アヴァの廃都を左に見て、ザガインの鉄橋を渡る。これから道を西にとってひたすら進むと、昼前にはチンドウィン河畔のモンユワに着く。一休みして、今度は北に向かい英領下に拓かれた水田地帯に入るとイエウーは近い。ここで左に曲がって幹線道路を外れ、10分ほどでチャーンダーという村に着く。マンダレーから走行距離にしておよそ230km、直線距離にして120km。ずっと仏塔、僧院、人家という風景を見てきただけに、この村の景観は異様にうつる。

なにせ村の中央には天をつく白亜の教会堂がそびえ、屋根に十字架を置いた司祭館、図書館、神学校、女子修道院、十字架の立つ墓地がこれに隣接する。聖母被昇天教会（Assumption Church）堂のたたずまいもエキゾチックだが、村の中心部に墓地があるというのも、この辺りの村落では考えられない。仏教徒ビルマ人は、死体が村内に存在することを忌み嫌い、通常墓地は村の西はずれに作る。1985年2月10日現在で、この村に住むキリスト教徒は、189世帯、1167人であった(1)。村の中央を南北に道路が

チャーンダー村のたたずまい。向こうに教会の尖塔が見える。

通り、南側入り口の左手、つまり村の南西部一角は仏教徒の居住区であるが、全体の5分の1にも満たない。これはまさにキリスト教徒の村である。もちろんキリスト教徒といっても、特別の身なりをしているわけではなく、住民は言葉も純然たるビルマ語を話す。

以前は(2)教会に入ると壁に信徒団組織表なるものが貼ってあり、村には小教区司祭を団長兼財務部長とする5つの部会が存在していた。部会にはそれぞれ部会長、書記長、副書記長がおかれ、これらが各部会の実質的運営にあたることになっていた。5つの部会とは、聖母隊(3)、信心会、宗務会、聖母会、祈禱会である。組織表にはそれぞれの活動内容が記されており、例えば、宗務会は、発電機管理部、墓地管理部、聖歌隊、神の言葉を学ぶ会、それに道路整備、水利、祝祭日の用意などに際して臨時に設けられる分会をまとめ、村内の宗教、社会、教育、保健衛生、祭礼等にかかわる事柄を小教区司祭と協議し遂行する、と記されている。また聖母会は、小教区司祭と修道女の指導のもとに、日曜日ごとにお祈りや聖書の勉強、土曜日には会員の家に全員集まりロザリオを繰ること、教会の清掃など行なう、という具合である(4)。まさに村民の生活全般が、教会を中心に展開されているといえよう。

また周辺にある仏教徒の村と異なり、住民の多くが畜産に従事している。肥育した牛や豚を屠殺して近隣に出荷し、生計を立てている家庭が多い。それに金髪、碧眼、顔立ちがどことなく西欧人というのを見かける。それは彼らの祖先に西洋人がいるからに他ならない。彼ら自身、祖先がポルトガル人やフランス人というのは知ってはいるが、何かゆかりの品を持っている人とか、年寄りがポルトガル語やフランス語を話していたのを聞いたことがある人はいない。

チャーンダーと同じような村が今でもシュエボー地方(5)にはいくつかある。イエウー町の北にあるチャウンヨー村、モンフラ村、シュエボー町の北西にあるユワドウ村や郊外のマハーナンダ湖畔にあるメーグン村、そしてモンユワ町の東にあるチャウンウー町の一角およびその南にあるナペ村など。そしてそれぞれ村には立派な教会があり、住民すなわちローマ・カトリック教徒は、通常バインヂーと呼ばれる。この名は、元来ペルシャ語の ferangi に起源し、ひろくアジアでヨーロッパ人を意味する語として使用された feringhi に由来するという。この語が後にインド生まれのポルトガル人を指す用語に限定され、彼らがエーヤーワディ上流部に定住したことにより、バインヂーの名が生まれたという。

もちろん教会のない村や町にもカトリック教徒は存在する。英領下の1929年に編纂された『シュエボー誌』によると、1886年のイギリス併合以降、ローマ・カトリック宣教師の活発な活動によりバインヂー社会はそれまでより拡大し、いろいろな村に形成されという。当時キリスト教徒が多く住む町村は、カンバルー郡のモンフラ村（243人）、イエウー郡のチャーンダー（363人）、カンウン（19人）、シュエボー町（324人）であった[Williamson 1929：64]。そして、チャーンダー村、モンフラ村、チャウンヨー村にはローマ・カトリックのミッション・スクールが存在し、チャーンダー村には中等教育を行なう男子校、女子校がそれぞれ1校存在した[*ibid*：203]。

高名な郷土史家であったイエウー・ウー・タウンは、1960年代バインギーは「シュエボー一帯には、10ヵ村228世帯が存在し、明らかなものとしてはチャーンダー村、モンフラ村、チャウンヨー村、ナガーボー村、それにダバイン町、チャイティン町である」［ウー・タウン 1968］と報告している。また1973年ビルマの古文書調査で荻原弘明氏らとともにこの地を歩いた大野徹氏は、12月25日ユワドウ村を訪れている。村には当時すでに赤レンガ造りの教会が建っており、125世帯、741人全員がキリスト教徒であった。彼らは80年ばかり前、西のパヤン村からこの地に分村したキリスト教徒約40世帯の子孫だという(6)。大野氏はこの後チャーンダー村も訪れているが、当時の人口1200人中1000人がローマ・カトリック教徒であった。

今1901年のセンサス(7)を基礎にして、これらの報告にある村落名とそのクリスチャン人口をながめてみると、チャーンダー、モンフラ、ユワドウなどの村に集中する傾向にあるようである。後述の如くビガンデー司教がその著に掲載する1774年(8)と1867年のクリスチャン村落居住数対照表［Bigandet 1887：71］からも集住する傾向は確認できる。

それは彼らの通婚圏が村内か、他のバインギーの村を中心としていることにもよろう。大野氏はシュエボー郊外にあるマハーナンダ湖畔にあったカトリック教徒の村メーグンで、モンフラから嫁いで来たという婦人に出会ったことについて、「人種的には混血しても、宗教的絆だけは失わないカトリック教徒の根強さを私は垣間見たような気がした」［大野 1974：114］という感想を述べられている。筆者も、チャーンダーのみならず、チャウンヨー、ナペ、チャウンウーなどを回って村民に聞いてみたところ、通婚圏は村内にほぼ限定され、他のバインギー村民との婚姻はそれほど多くないということであった。もちろん周辺に住む仏教徒との結婚も例外的ではあるが存在する。その場合、相手がキリスト教に改宗するか、婚家に自分の祭壇を設け、キリスト教の信仰を守るという。

チャウンヨーは全村キリスト教徒で占められるが、通常バインギーの住む町村には仏教徒も存在する。ただし居住区は明確に分かれ、混在しない。

これはバインチーが隔離されているというのではなく、便宜上自然にそうなったまでである。キリスト教徒と仏教徒の関係は、誰に聞いても良好であるとのことであった。

2 バインチー村の歴史

ではこのようなバインチーの村はどのようにして形成されたのであろうか。バインチーの歴史を早い時期に書きとめ、これが広く利用されるようになったビガンデー（Bigandet）司教の著作によれば、彼らは17、18世紀に王朝の捕虜となったキリスト教徒の子孫という。彼らは、主にポルトガル人、フランス人、オランダ人、ゴア人かその混血から成っていた。16世紀末からシリアムに地歩を固めていたポルトガル人は、1613年ニャウンヤン朝（1597－1752年）アナウペッルン王（1606－28年）の侵略を被り、そこに住むポルトガル人等はアヴァ周辺に連行された。これら外国人のうち「有能な捕虜はアヴァに留め置かれ、彼らの知っている軍事上の事柄をビルマ人に教える任を与えられた。ビルマ人は砲術についての知識がほとんどなかったので、首都（アヴァ）に住むキリスト教徒は火器の操作に関する任務をおび、鉄砲隊や砲兵隊の主要メンバーとして今日にいたっている」［Bigandet 1887：7］。

この時連行された捕虜の数を、ハーヴェイは400名程度［Harvey 1967：348］としているが、アナウペッルン王の弟であるタールン王（1629-48）の頃、アヴァを訪れたアウグスティン・デ・イエズス（Augustin de Jesus）司祭は、この地に4000名以上のキリスト教徒が存在し、彼らはシリアムから捕虜として連行されてきた人たちであると、記している。またインドのイエズス会による1644年の年次書簡によれば、ムー川とエーヤーワディ川に挟まれた地域にあるイーンワ（アヴァ）にバインチー150人、ナペに300人、ラットーヤー（チャウンウー）に400人、ディーペーイーン（チュンドー）に400人、ムソーボー（シュエボー）に70人、アラン（ハリン）に60人、シーケイン（ティセイン）に200人、シングイン（シングー）に80人、合計1660人が8村落に住み、このうち教会が3ヵ所建設された［CBCM：2］。

そして1666年には王都アヴァには司祭1名と70名の教徒からなる教区と、周辺には11の村落にまたがって970名のカトリック教徒が存在した［New Catholic Encyclopedia 1967］という。その後1756年、コンバウン王朝（1752－1885年）の創始者アラウンパヤー王（1752－60年）はシリアムを攻略した時、フランス船2隻を捕獲し、その兵員をモンフラ村へ送致し、バインヂーの補充に努めた。

ニャウンヤン王朝からコンバウン王朝にかけて国王は、住民数とその管理系統を把握・確認し、同時に王室による徴税作業を円滑化ならしめるため、各地の公務隊長やダヂー（領主）からシッターンと呼ばれる調書を徴収した。ビガンデー司教は、銃火器兵把握の観点から徴収された緬暦1138（1774）年バインヂーのシッターンに記されていた数字を、その著書に引用している。それによると14ヵ村に228世帯が存在していたことがわかる。内訳を示すと、ナペ25世帯、チャーンダー55世帯、カインジョー24世帯、レッパンヂー15世帯、チャティン18世帯、ポウンニャ（アヴァの南）2世帯、イエヂーン（ケッティンの近く）1世帯、チャウンウー37世帯、ナガーボー17世帯、タインピン16世帯、チュンドー20世帯、パダーイーン12世帯、ダバイン・ミョウ18世帯、モンフラ48世帯であった［Bigandet 1887：71］。タールン王時代と比べるとシュエボー、ハリン、ティセイン、シングーなどにこの段階ではクリスチャンが居住しなくなっていることがわかる。

ともあれ、彼らは恒常的に王都に出向いたり戦時に従軍したりして、火器部隊としての役割や兵站業務を果たしていた。この頃ナペ、チャーンダー、モンフラ、チャウンウーなどの村には教会が存在しており、現地の教養ある者が、村の少年少女の教育にあたっていたという。読み書きに加えキリスト教の祈禱文、宗教に関する健全な知識やキリスト教徒としての立ち振る舞いが教えられていたのである［Kaung 1930：68-69］。

1856年フランス外国宣教会の派遣によりペナンから来緬したビガンデー司教は、ミンドン王の計らいにより、これらバインチーの村々を訪れ、1867年段階での世帯数を調査している。それによると、先に示した1774年のバインチー・シッターンに示された世帯数に比べ、ナペは25世帯で変わらず、チャーンダーが105世帯に、カインジョーも1世帯増加して25世帯に、チャウンウーが40世帯に、モンフラが64世帯にそれぞれ増加していた。これに反しレッパンチーが4世帯に、ナガーボーが2世帯に、チュンドーが3世帯に、ダバイン町が3世帯にそれぞれ減少し、チャティン、ポウンニャ、イエチーン、タインピン、パダーイーンでは消滅していた［Bigandet 1887：71］。しかし総数では、228から271世帯に増加しているので、この間2度の英緬戦争、タイ遠征の失敗等が存在したことを考慮すると、バインチー社会は再編強化されていたといってもよい。

以上の如く、バインチーはポルトガル人、フランス人等の戦争捕虜であったが、彼らが銃火器の操作や作成に長じていたため、王室に重用された。住宅地と農地を与えられ、特殊技能をもって王朝政府に伺候してきたのである。ただ住宅地と農地を与えられといっても、同じ場所に定住したのではなく、移動、分村、消滅を重ねてきた。つまりもともとは捕虜であっても、居住区が1箇所に限定され常に王朝政府の監視が及んでいたわけではない。銃火器兵として連隊長の支配を離脱しない限り、自由に居住地を変えることができたのである。とはいえ、他の住民との生活習慣の違いから、彼らが集住する傾向にあったことは否めない。

こうした支配のあり方は、何もバインチーに限ったことではない。ニャウンヤン朝以降明確になるアス・アンガン制度の典型例といえる。当時は、戦争捕虜や住民の中から中央政権を支える各種軍隊、宮廷警護隊、各種役人、宮廷内の小間使いなどを選び、これを連隊や組（アス・アンガン）として組織し、世襲とした。通常、彼らの居住地は王都から離れていたため、メンバーの一部が勤務や従軍に出かけ、村に残った者が彼らの生活を支えることになっていたのである。捕虜の場合であれば、たとえばリンジン（ラオスのヴィエンチャン）出身者をチャウセーの灌漑地帯に定着させ、

ミンドン王時代のバインヂー

近衛歩兵連隊に組み込んだ。また北シャンのモーニンやモーガウンからの捕虜は、楯兵や弓兵として、チェンマイやケンフン出身者による槍隊はカウンハンという名称の連隊に組織し、連隊長のもとに幾つかの村落を形成させていた。ザガイン周辺には、下ビルマから連行されたモン人によって構成された象の捕獲を専門とする村落が存在したことも知られている。またミェドゥー周辺に散在するムスリム（パティー）の村は、鉄砲隊として宮廷警備にあたっていたが、彼らはヤカイン戦役の捕虜であった。

アス・アンガン制度で重要なことは、王朝政府が代々彼らの民族性や信仰に関与せず、これを認めてきたことである。次節で述べるように、バインヂーの村には常に宣教師が訪れ、教会が建設され、条件さえ整えば学校教育さえ行なわれたのである。これが祖先の信仰を連綿として守ることができた最大の理由であろう。バインヂーの人口が、当初は別として、増加こそすれ減少消滅することがなかったことが、このことを裏付けている。

上図はミンドン王時代の 1865 年 5 月 16 日に挙行された仏像開眼供養の際、王都で繰り広げられたパレードの模様をイメージした彩色パラバイ

（折畳み本）の一部で［Duroiselle 1925：Pl 1］、これには当時の軍隊が余すところなく描かれていると見てよい。一瞥して、最前列から2番目に進む砲兵隊の中に、西洋人の身なりをした兵士に目がいく。絵の下にある詞書には、大砲10門を「引く砲兵隊員100人、大砲カラー（西洋人）50人、銃砲器具付属品と砲兵長官、砲兵文官、砲兵部隊長が指揮統率して従う」とあるから、彼らはバインヂーであろう。十字の旗はクリスチャンの連隊であることを示すものにちがいない。現代人の目からすれば、無統制とも見られるこの出で立ちを、特別仕立ての西洋式儀礼服を着用させ、異教徒外国人をも支配していることを誇示するねらいがあったと見ることもできよう。しかし、各地に残るニャウンヤン・コンバウン期の窟院壁画にも、同様の服装をした銃火器兵が描かれていることを考えると、いわゆる風俗・習慣・信仰は彼らの裁量に委ねられていたと見てよかろう。

3 王室と宣教師

これまでエーヤーワディ流域地方におけるキリスト教布教史については、19世紀初期に開始されるバプテスト派、しかも米国バプテスト同盟の活動が大きく取り上げられてきた。アドニラム・ジャドソン（Adoniram Judson）夫妻による布教活動が、カレンの間で大きな成功をおさめたとされ、国民国家ビルマにおけるエスニシティ問題を論じる際、必ずこれが引き合いに出されるからである。しかしエーヤーワディ流域地方でキリスト教宣教師が活動し、それが政治問題にかかわるのはこの時が初めてではない。早くも16世紀半ばにはローマ・カトリックの宣教師がこの地を訪れ、その後、ほんの数年を除き、現代に至るまで絶えることなく布教活動が展開されてきた。また1852年の第2次英緬戦争後に英国国教会が宣教活動を開始し、メソジスト教会、セブンスデー・アドベンチスト教団、長老教会などがこれに続く。だが、ローマ・カトリックやバプテスト同盟ほどには教勢を拡大することはできていない。

ローマ・カトリック宣教師の動向が等閑に付された背景には、彼らの残した史料がラテン語やイタリア語であること、またそれへのアクセスが困難であることにもよる。英語圏に属する研究者の多くが敬遠している中、ビビアン・バ（Vivian Ba）はこの問題に挑み、その成果を1962年10月から1964年5月にかけて、ヤンゴンで発行されていた『ガーディアン』誌に連載した。その後これを補足する業績がいくつか出ているが、以下の叙述は主として彼の著作によるところが多い。

そもそもカトリック宣教師の来緬は、ポルトガル人兵士がタウングー朝（1486−1599年）に雇用された時に始まる。1556年バインナウン王（1550−81年）支配のペグーにはアントニオ・フェレイーラ・デ・ブランガンザ（Antonio Ferreira de Branganza）に率いられた約1000名のポルトガル人兵士・水兵がいたと伝えられている。この時フランス・フランシスコ会の宣教師ペテル・ボンフェール（Peter Bonfer）が、チャプレンとして1554年から57年までバセインに滞在し、宣教活動にも従事していた。1598年王都ペグーが陥落し、デルタ地方はシリアムに拠点を置くポルトガル人フィッリプ・デ・ブリート（Philip de Britto）の支配下に入る。しかし、1613年アナウペッルン王の侵略を被り、前節で触れたごとく、そこに住むポルトガル人等はアヴァ周辺に連行された。この捕虜にイエズス会のデ・フォンセ（De Fonseca）司祭も従い、アヴァへ赴いて彼らを司牧することになる。彼は王宮の廷臣や捕虜にも聖人としての尊敬を受けていたという［CBCM：2］。

アナウペッルン王の弟であるタールン王は、これら宣教師に土地を与え、教会の建設を許可している。イエズス会の司祭が死亡した後は、ドミニコ会の修道士がその任に当たった。その後はマドラス司教の聖フランシス修道会からゴア人司祭が派遣され、シリアム、マルタバン、ヤカイン、ペグーのキリスト教徒、さらにはアヴァの宮廷やシュエボー、ザガインの村々にいるバインヂーを司牧していた。彼らはくずれたポルトガル語のみを話し、これで説教を行なった［Bigandet 1887：12］というから、布教活動はバインヂーのみを対象としたことを示している。

その後宣教師の中には、ビルマ語に通じ、これをもってビルマ社会に積極的に関与する者が現れる。1721年に来緬し、ペグー、アヴァ、マルタバン地区における最初の教皇代理司教に任じられた聖バーナビ派のシジスムンド・カルキ（Sigismund Calchi）司祭はビルマ語に通じ、ビルマで布教に従事する後進のために、ビルマ語簡便勉強法のついた小辞典を完成させたという［Vivian Ba 1962：19］。カルキ司祭は1728年3月6日神に召されたが、その2ヵ月後、同派のガリツィア（Gallizia）司祭がアヴァに到着した。この司祭もタニンガヌエ王（1714－33年）から宣教の許可を得て、シリアムに学校と教会を建設し、自身もビルマ語の習得に熱心であったという。

ニャウンヤン朝の滅亡とコンバウン朝勃興時の混乱により、1756年以来エーヤーワディ流域地方には、宣教師が皆無という状況になるが、1760年聖バーナビ派の司祭2人がヤンゴンに上陸する。このうちピオ・ガリツィア（Pio Gallizia）司祭はヤンゴンに留まり、セバスチャン・ドナーティ（Sebastian Donati）司祭はアヴァに赴くが、翌年浮腫によりチャウンウーで死亡する。ナウンドーヂー王（1760－63年）はガリツィア司祭をアヴァに呼び寄せ、当地のキリスト教徒を司牧させた。この司祭は王都で仏教僧からパーリ語とビルマ語を習い、ビルマ語で教理問答書を作成している。

1761年には教皇クレメント8世の大勅書により、アベナーティ（Avenati）司祭とペルコート（Percoto）司祭がヤンゴンに上陸した。前者はヤンゴンに留まり、後者はアヴァに赴いて、ガリツィア司祭の仕事を引き継ぐ。ペルコート司祭もまたビルマ語やパーリ語に長じ、ビルマ人からも一目置かれる存在となり、当時の大僧正が著した仏教問答集をイタリア語に翻訳したり、仏教僧とクリスチャンとの問答形式によるトラクトをビルマ語で書いたりしている。またペルコートはシンビューシン王（1763－76年）の治世、王都アヴァにあった王の学問所でラテン語とポルトガル語を教授している。これは王が自分の小姓たちに西洋の知識を学ばせようとしたからであるという［Kaung 1930：68］。1768年司教に叙せられたペルコートは、ジェラード・コーテノヴィス（Gerard Cortenovis）司祭と、アユタヤにあったパリ外国宣教会宣教師講習所から来た2人の修道士の助けを得て、若いビルマ人改宗者やバインチーの少年を伝道師や補助者として養成すべく、王の許可を受けモンフラに神学校を開設した。

1772年9月にはマルチェッロ・コルテノヴィス（Marcello Cortenovis）司祭が来緬してモンフラ村に、10月にはガエタノ・マンテガッツァ（Gaetano Mantegazza）司祭がチャーンダー村にそれぞれ駐在した。1774年ペルコート司教は、ビルマ語に長じていたメルキオール・カルパーニ（Melchior Carpani）司祭を、本の印刷のためローマに派遣する。カルパーニはローマでビルマ文字の活字を作成し、ビルマ語の綴りや文法を宣教師に教える教科書である『ビルマ語のイロハ Alphabetum Bramanum』を印刷した。続いてペルコート著『聖パウロ使徒書簡』（1776年刊）や同『聖マタイ福音書』（1776年刊）などビルマ語の本がローマの宣教出版で印刷された。『ビルマ語のイロハ』は、1787年にマンテガッツァ司教によって改訂版がパリで出版されている。

1778年に来緬したルイス・グロンドーナ（Luis Grondona）司祭は、時の国王ボードーパヤー（1782－1819年）の信頼をかちえ、王子や高官子弟の教育をまかされていた。この司祭は流麗なビルマ語でカトリック教についての問答集を書き、これを1810年ボードーパヤー王に奉呈していたところ、王はいたく感銘したという。

以上は上ビルマの事例であるが、下ビルマの場合も同様であった。1740年、ペグーにおいてタメイントー・ブッダケティ（1740－47年）が王として擁立され、アヴァに対立する政権が復活する。この王は元仏教僧であったが、1743年6月3名の司祭をともなってシリアムに戻ってきたガリツィア司祭にペグーの土地を下付し、教会堂や司祭館の建設を容認し、福音を説くことを許可した。しかし1744年には、司教と2人の宣教師が戦乱の巻き添えにより命を落とし、危うく難を逃れたネリーニ（Nerini）司祭と外科医のアンジェッロ・カペッロ（Angello Capello）平修士は一時国外に避難する。カペッロは1749年に戻り、新王のビンニャー・ダラ（1747－57年）とその東宮から、ペグーでのキリスト教の布教や教会建設に必要な設備の提供を受け、施薬院も開設した。ネリーニ司祭はビルマ語とモン語の祈禱文や教理問答書を作成し、後続の宣教師のためビルマ語やモン語の辞書作成に着手し、学校を建て、伝道師の養成を始める。そしてシリアムに、アルメニア商人ニコラス・デ・アグイラ（Nicholas de Aguillar）の資金提供により、壮大な煉瓦造りの教会（次ページの写真）が、宣教師館や神学校とともに再建された。ここには約40名の学童が収容され、地理、算数、航海術、その他生活に必要な科学が教えられたという。また同じ施設内には、少女のための学校も設けられていた。

1772年にペグー・アヴァ王国伝道区は2つに分けられ、その1つの中心がヤンゴンになった。18世紀末までにヤンゴンには聖バーナビ派教会が2ヵ所に建設され、キリスト教徒は3000名に達していたといわれている。教会の1つは市壁の中にあり、聖母被昇天教会と称され、木造であった。これはマルセロ・コルテノヴィス（Marcello Cortenovis）神父が司祭し、彼はこの教会のそばに、孤女児の教育施設も建て、ここには修道女も住まわしている。もう1つは市壁の外にあり、煉瓦造りで、洗礼者聖ヨハネ教会と名づけられており、教区司祭は1783年に来緬したヴィンチェンツォ・サンジェルマーノ（Vincenzo Sangermano）神父であった。このそばにはカルパーニ司祭が建てた少年のための学校があったが、これをサンジェルマーノ司祭は修復・拡張している。

これらの学校からは、3人の若い司祭や、助祭、技術者、医者、港湾水先案内人などが誕生し、さらにローマの宣教神学校に進むものも現れた。コルテノヴィス司祭やサンジェルマーノ司祭はビルマ語に通じており、教育は当時の教会用語であるポルトガル語ではなく、ビルマ語で行なわれた。またサンジェルマーノ司祭はヤンゴン知事の計らいにより、広大な教会や墓地を管理するため4家族を敷地の四隅に住まわせることを許可され、かつ彼らは免税に付されたという。

このようにカトリック宣教師とエーヤーワディ流域地方に成立した王権や地方権力との関係は極めて良好で、王朝政府がキリスト教徒を迫害した形跡は見当たらない。ただ宣教師が王室によって誅せられたという例はい

シリアムの教会跡

くつか存在する。1689年、アユタヤにあったパリ外国宣教会から来緬したジュヌー（Jenoud）とジョーレ（Joret）という2人の司祭がシリアムに来て、小病院を建てるなど活発な活動を展開した。しかしこうした成功を妬んだ者が、彼らをアユタヤのスパイとして告発したため、アヴァに連行されて拷問を受け、1693年に誅せられている。

また、先述のカルキは、ローマ教皇クレメント11世の指示で、中国布教から平修士ヨーゼフ・ヴィットーニ（Joseph Vittoni）とともに、ペグー・アヴァ王国布教に回されて、シリアムに到来した司祭であった。この新参者を排除するため、ゴア人司祭は時のタニンガヌエ王に彼らは中国の放ったスパイであると讒言した。カルキ司祭はアヴァに召喚され、取り調べを受けたが、アルメニア人のとりなしにより、先に見たごとく彼らはキリスト教の布教と教会の建設を許されている。この時国王は勅令を発し、何人といえども宣教師の活動を妨害してはならぬ、彼らは説教し、改宗を勧め、教会を建設する権利を有しているとした。その後、このアルメニア人シモンと国王の寄進を受けて、アヴァに教会が建設されることになる。

1756年シリアムがアラウンパヤー軍によって占領された時、ペグー王朝ビンニャー・ダラ王のもとでビルマ語とモン語の祈禱文、教理問答書、辞書の作成にあたっていたネリーニ司教は、コンバウン朝に敵対していたフランスに与したという嫌疑のもとに首を刎ねられた。いっぽうアンジェッロ・カペッロ平修士も砲弾にあたって死亡する。

1776年シングー王（1776－82年）が即位すると、宣教師やキリスト教徒は迫害を受けた。これは「副大臣」に操られたキリスト教崩れの親子にあらぬ噂をたてられたためである。その内容については詳らかではないが、1777年7月13日付けでマンテガッツァ司祭がローマのヴィスコンティ司祭に宛てた手紙によると、疑いが晴れたのち、国王は宣教師にキリスト教を説く特許状を新たに下したという。

グロンドーナ司祭の書いた流麗なビルマ語によるカトリック教問答集に感銘したというボードーパヤー王も、その後宣教師を王都から追放している。これは、この王が仏教浄化政策や自らを未来仏として旧来の法を廃止したことなどにより宗教界が混乱し、そのあおりを受けたものであった。南に逃れたグロンドーナ司祭はヤンゴン知事の保護のもとあったが、1819年ボードーパヤー王の孫であるバヂドー王（1818－37年）が即位するに及び、再び王都に招かれている。

1824年第1次英緬戦争が勃発するや、国内に居住するすべてのヨーロッパ人は収監された。1823年にグロンドーナ司祭が死去したあと、ただ1人の外国人司祭となっていたダマート（D'Amato）司祭(9)も投獄されたが、国王の命によりすぐ釈放された。他の現地人司祭は教会に軟禁されるか、イグナチュウス・デ・ブリトー司祭のように2年間投獄された者もいた。また当時アヴァで宣教活動に従事していた米国バプテスト派の宣教師アドニラム・ジャドソンも投獄されている。それはジャドソンが、ビルマに住む英国人を通して、本国からの送金を受けていたことにより、英国スパイの嫌疑をかけられたためである。しかしこの疑いは晴れ、戦争終結前の1826年3月解放された。

また、1852年第2次英緬戦争が勃発するや、パガン王（1846－53年）

によって宣教師を含むすべての外国人は収監され、所持品もすべて没収された。しかし宣教師たちは、ミンドン王子の計らいで牢獄より救い出され、宣教師館に匿われる。ミンドンはその後パガン王に反旗をひるがえし、王都アマラプーラは混乱を極め、大火に見舞われるが、王子の派遣した10頭の象隊に護衛されて宣教師館は事なきを得た。新王ミンドン（1853－78年）が首都を奪取するや、彼らは解放され、ふたたび宗教活動に復帰する。

以上のごとく宣教師が投獄されたり、死刑に処せられたりしたのは、いずれも国内もしくは隣国の中国やタイそれにイギリスが絡む国際政治が大きく関与していたからである。中国からは13世紀末以来たびたび侵略を受けていたし、タイ（アユタヤ）とはタニンダーイー地方の領有をめぐって絶えず争っていた。また西隣のインドを領有したイギリスとは、18世紀末コンバウン朝がマニプールやヤカインを支配下に置いた頃から、小競り合いが発生していた。こうした状況下において、油断ならぬ隣国と何らかの関係があり、かつ素性のわからぬ外国人はすべて取り調べの対象になることは、しごく当然のことであろう。その証拠に、疑念が晴れれば、彼らは大手を振って宣教活動に従事できたのである。

これまで主としてローマ・カトリック宣教師の動向[10]について見てきたが、王室がキリスト教の宣教師という理由のみによって、彼らに迫害を加えなかったのは、他の教派の事例を見ても明らかである。1807年英国バプテスト派宣教師であるリチャード・マードン（Richard Mardon）とジェームス・チャーター（James Charter）がベンガルから来緬し、宣教を開始している。マードン牧師はすぐにフェリックス・ケーリー（Felix Carey）と交代し、チャーター牧師とケーリー牧師はビルマ語を習得して、聖書の一部を翻訳したり、ビルマ語文典を作成するなど活発に活動した。チャーター牧師は4年間ビルマに滞在し、ビルマ語版「マタイによる福音書」を、セラムポールで印刷に付している。1808年には、ロンドン宣教会が2人の宣教師をヤンゴンに派遣してきたが、彼らの活動は1年も続かなかった。ケーリー牧師は現地の女性と結婚し、ボードーパヤー王の信頼厚く、地位と称号を得て、王の要請により1814年までアヴァに滞在している［Trager 1966：20-22］。

ジャドソン夫妻が1813年7月にヤンゴンに上陸し、最初に身を寄せたのはこのケーリー牧師の館であった。これ以後バプテスト派の宣教は米国バプテスト宣教会の手に移る。ジャドソン夫妻はその後城壁内に居を構え、ビルマ語の習得につとめ、1816年7月には『ビルマ語文典』とビルマ語のトラクト「キリスト教の歴史・説教・教訓についての一見解」を完成している。1816年10月には、同派のホフ牧師が家族とともにヤンゴンに到着。1816年11月7日付けのジャドソンとホフによる連名書簡には、政府による干渉やその他の妨害がまったくないことを記している。1818年9月、コールマン、ウイールロックの2宣教師が夫人をともなってヤンゴン上陸し、翌年の1819年4月にはビルマ語による第1回の公会礼拝を行ない、3名のビルマ人受洗者を得ている。1822年にはヤンゴンのビルマ人信者は18名になった。ジャドソンは1823年、首都アヴァに赴き宣教用の土地と家を獲得し、1824年1月13日には夫人とともにここに移り住む。ジャドソンは人々を集めて説教し、夫人は女学校を建て、子女の教育を始める。

1824年5月23日ヤンゴンが英軍によって占領されるや、上述のごとく、ジャドソンは英国スパイの嫌疑をかけられ、6月8日投獄される。幸い1826年3月には解放され、アヴァを離れて、1826年7月2日英領下に入っていたアマーストに移り、ここを拠点に伝道事業に従事することになった。1830年から翌年にかけてコンバウン朝下のプロームやヤンゴンに出かけ、トラクトを配付して宣教活動を推進するが、この教派の活動はイギリス植民地下に入ったタニンダーイー地方やデルタ地方に住むカレンに対する布教に重点は移っていく。

以上の如く、王室はキリスト教宣教師に対して、保護を加えることはあっても、宗教的理由によりこれを迫害した事実は見当たらない。それどころか自らの慣習にそぐわない事でも、彼らに対してはこれを認めた。ボードーパヤー王の時代、ウー・ミャチョーをという人物はヤンゴン生まれの裕福なキリスト教徒で、ナペに移り住んでここに自分の資産で教会を2堂建設し、その1つは金箔が貼られていたという。これには神学校や学校も併設され、モンフラにも教会を建設した。そして1787年にはヤンゴンに宣教師館も建設するなど、敬虔なキリスト教徒であった。彼は1833年ナペで死去するが、国王による特別の配慮により、ビルマの習慣に反し教会の中に埋葬された。また、一時ボードーパヤー王によって他の宣教師とともに王都を追放され、バジドー王によってふたたび王都に招かれたグロンドーナ司祭も、1823年に死亡した時、遺体はバジドー王のはからいにより、王都内にあった教会の敷地内に埋葬されている。

たぶん宣教師は、王室にとって進んだ西欧の科学技術の紹介者もしくは外国貿易の仲介者としての働きも期待されていたに違いない。カルキ司祭がイタリアのバーナビ派の総務に宛てた1723年3月11日付の手紙によれば、「国王（タニンガヌエ）は教皇やその他すべてのキリスト教侯国との友好的関係を保ち、貿易を行なうことを切望されている。また国王は、絵画、織物、ガラス製造、天文学、機械、地理学などの専門家から成る使節団を受け入れ、従臣の教育も切望されている。われらのうち1人は王都に留め置かれ、もう1人の者を教皇のもとに派遣され、深甚なる敬意を表するため、ルビーやサファイヤ、その他の宝石が入った赤いタフタの箱をお託しになった」[Vivian Ba 1962 (8)：19]、とある。ローマへ帰ったのはヴィットーニであり、タニンガヌエ王がカトリックの擁護を打ち出したのは、商業の取引や西欧から科学の導入を期待してのことであったと言えよう。

また当時の世界情勢も密接に関係しているが、これを最も前面に押し出し、宣教師を重用したのはミンドン王であろう。彼の治世は、下ビルマがイギリス植民地下に組み込まれ、王国の支配地として残存した上ビルマの確保も、押し寄せる植民地列強の前に、まさに風前のともし火であった。こうした状況下、とりわけアッボーナ（Abbona）司祭はミンドン王の信頼を受け、第2次英緬戦争終結条約の締結に関しての、およびその後の対英およびヨーロッパ諸国との外交政策に関わる相談役として重用された。月々の金銭的援助のみならず、1857年に始まる新都マンダレー建設時には、教会用地が希望した場所に与えられ、建物は王や高官の援助によって完成した。また1856年に来緬したビガンデー司教は、下ビルマ各地の宣教状況を視察した後、ブーヴェ司祭とともにアマラプーラに赴き、ミンドン王の歓迎を受けている。前述のごとく王の計らいにより王都の北西に散在するキリスト教徒の村々を象に乗って訪れ、次いで、雲南に駐在する宣教師との連絡網を確立する方途を模索すべく、これまた王の援助でバモーへ進んだ。バモーに15日間滞在し、再び王都に戻り、次いでタウングーに下り、1857年ヤンゴンに戻っている。

1856年10月にはフランスから3名の司祭が来緬し、1858年にはナペでも教会が再建された。その後新都マンダレーには教会や女子修道院が、モンフラには新しい教会も建設された。1859年ミンドン王はビガンデー司教にルコント（Lecomte）司教を子弟の教育係に任じたい旨依願し、1867年に開始される。ここではヨーロッパの学校と同じ方式で、英語や科学の基礎が教授された。ビガンデー司教はミンドン王のことを「1852年に即位して以来、首都に居住する宣教師に対し、心からの援助を与えられた。彼は宗教学に興味を示し、仏教の科学的発展に大きく寄与された。彼はまた改宗に大きな関心を寄せられ、外国人の信教、つまりカトリックの特徴についての話を聞くことを大いなる喜びとされた」［Bigandet 1887：72］と述べている。またミンドン王の弟であるカナウン王子もヨーロッパの学術に大きな関心を示し、宣教師を厚遇した。ヨーロッパの子供と同じような教育を受けさせるため、少女4名を英領下のヤンゴンにあった女子修道院に送り込み、この学校への援助を惜しまなかった。ミンドン王は教皇ピウス9世に書簡を送り、ビルマにおけるカトリック教団を保護することを約束している。

4 宣教師のビルマ認識

ニャウンヤン朝にしろコンバウン朝にしろ、王朝政府は支配下にある住民にひとつの宗教を強制するという考えはなかった。権力の根幹であったアス・アンガン制を成り立たせている基本原理は、その人間が王権に服従しているか否かであって、宗教や民族は二の次に考慮されるべき問題であった。これは、主として銃火器兵として王朝政府に仕えていたバインヂーのためであったキリスト教宣教師の活動を妨害しなかったことによっても裏付けられる。妨害どころか、国王の多くが、土地や教会堂を与えて積極的に保護さえしたのは、兵士としての実務面を最優先したからに他ならない。さらに 18 世紀後半になると、宣教師の有する知識を積極的に利用しようとする姿勢さえ見せ始める。このような事例から、王室が仏教思想を主権の正統化や住民統合のイデオロギーに利用し、キリスト教が異教なるが故にこれを抑圧したという理解は生まれない。

しかるにエーヤーワディ川流域に成立した王権とキリスト教の関係を論じたこれまでの著作は、まったく正反対の議論を展開している。もっとも典型的な例として、ハーヴェイによる、1689 年に起こったパリ外国伝道会の司祭 2 人の殉教描写を見てみよう。これは、アユタヤのスパイではないかとの嫌疑をかけられ、アヴァ付近で水中に投じられた事件であったが、彼によれば次のようになる。「彼らは 1689 年シリアムに到着し、小病院を建てたが、僧侶によって告発されて、宮廷に引き出され、衣服をはがされ、蚊群の中に晒され、袋の中に入れられ、水中に投じられた」[Harvey 1967：345]。つまり、仏教僧がキリスト教宣教師を陥れたというわけである。そして荻原弘明氏は、ハーヴェイの記述からさらに踏み込んで、「外国人がいかなる宗教を奉じていようと干渉せずこれを認めている。しかしながらそれが、一度一般への伝道となると、ジュヌー、ジョーレの例のように、ビルマの社会、仏教の反撃を受け失敗に終わる」[荻原 1955：64] と解釈した。結局これは「ビルマ仏教社会」がキリスト教を排撃したという理解に他ならない。

また「カチン族のバプテスト同盟牧師」ゾウ・モウは、「ビルマのキリスト教」という論文で、16 世紀に始まるローマ・カトリック宣教師の活動を概括するについて、「初期においては、この新しい宗教に対する多大な敵意が存在したが、18 世紀初頭には…」［ゾウ・モウ 1985：165］と述べられている。この「多大な敵意」がどのような史実を指したものか明らかでないが、それは王室もしくは社会に存在したことを意味している。さらにこの論文には、英緬戦争時宣教師たちをおそった苦境が記されたあと「1853 年に下ビルマがイギリスに併合され、その後は上ビルマでの宣教活動は放棄せざるをえなくなった」［ゾウ・モウ 1985：166］とある。ハーヴェイや荻原氏の段階ならいざ知らず、ゾウ・モウの時にはビビアン・バの文献が使えたはずである。にもかかわらずこうした見解に落ちつくのは、「ビルマ王朝や社会」はキリスト教を弾圧したという観念が根底にひそんでいるからであろう。

エーヤーワディ川流域地方では、「ビルマ政府や社会」によってキリスト教が排外されたという観念が形成されるひとつの要因は、サンジェルマーノ、ビガンデー、ジャドソン等キリスト教宣教師による王朝ビルマに関する概説書が早くに英語で出版され、いずれも広く利用されたことにある。サンジェルマーノは、1808 年イタリア帰国後脱稿し、その死後 1833 年に英訳された著書の中で、王朝政府がムスリムやキリスト教徒を放任しているのは、「政治的宗教的観点を超えたところ」に由来するとしている。つまり「仏教僧は仏陀の教え以外に救済の道はないと説いているから」他の宗教を認めるはずはなく、にもかかわらずキリスト教徒が「この帝国の上下流地方に約 2000 名も」存在しているのは、その数が「仏教僧や政府のねたみを買うほどではなかった」からである。「キリスト教がこの地で迫害を受けなかったのは、改宗者の数が少なかったのと、宣教師は監視の目から自分自身とその会衆を守るため、思慮分別ある態度をとったことによる」［Sangermano 1969：111］。要するに、仏教徒にとってキリスト教は邪教以外の何ものでもないが、クリスチャンの数や宣教師の活動が目立たなかったので、その命脈を保つことができたただけであるというのである。確かに王朝の統治システムを揺るがす勢力に拡大すれば、弾圧を受けたであろうことは想像に難くない。しかしこれは「政治的観点」からの理解以外の何物でもないと思われるのだが。

またビガンデーは、「ビルマの支配者たちは、宗教を口実とした抑圧は好まないが、すべての外国人に対して、いつも疑惑の念を抱いてきた」とする。すなわち、しかるべき知事から許可をとっても、途中で宣教活動はあきらめざるをえない結果となる。これは何もビルマに限ったことではなく、「専制君主の支配する半文明国」では通例のことであって、こうした所には道徳や倫理などのかけらも存在しない。また宗教は民族性の重要な一部をなしており、個人は自分の属する民族の宗教に、何の反対もなく従う権利を持っていると確信している。だからムスリムも、ヒンドゥー教徒も、クリスチャンも、外国人として自己の思うままに振る舞うことが許され、仏教儀礼に従うことを強要されない。しかし宣教師が、表立ってビルマの住民に改宗を進めると、そこには大きな妨害が加えられた［Bigandet 1887：42-44］という。つまりビガンデーは、宗教の自由は保障されているかに見えるが、ビルマ人は民族と宗教は分かちがたく結びついていると考えているので、住民の改宗はその民族性を失うこととことに結果するとして、宣教活動についてはこれを容認しているかごとき態度をとりつつも、実はさまざまな迫害を加えるというのである。

こうした宣教師の見解についてカウンは、改宗者が少なかったことを、住民の民族性や政府の妨害で説明しようとした結果、生み出されたものであるとする。ビルマ人は11世紀以来、広範な思想体系を有する仏教を取り込んだので、日常生活や社会構造のすみずみまでこの考え方が浸透している。したがって、仏教思想によって形成され、仏教思想によって構造化された生活に結びついている人は、キリスト教の宣教に対して動じるところがなく、保守的な態度をとってしまう。だから改宗者が少なく、結果としてキリスト教は広まらなかったのであって、王朝政府やビルマ社会が排撃したからではない、とカウンはいう。それはビルマ社会についての理解が進めばわかることであるのに、多くの宣教師たるや、ビルマ人は考察に値する宗教、文化、知性を持っている人々であると考える輩ではなかった。ビルマ語の能力、住民やその文学、文化に関する知識も欠如していたので、こうした浅薄な理解になったと［Kaung 1930：73-74］、手厳しい。

確かに仏教がいまだ浸透せず、精霊崇拝者の多かったカレンやカチンの間に、キリスト教が浸透したことを見れば、カウンの反論も理解できる。池端雪浦氏が、フィリピンにおいてカトリックが精霊を崇拝していた住民に浸透した理由を説明するとき用いた論理が、ここでも適用できる。すなわち、カトリシズムがタガログ人の間に受容されるについては、死と来世の観念の付与が重要な意味を有していた。旧来の信仰世界では、死後の世界が明瞭でなく、恐怖の対象でしかなかった。しかし、カトリシズムの世界観にあっては、これを完璧に説明し、「死に新たな存在論的意味づけを与えた」［池端 1991：231］とする。つまり仏教徒であれば、輪廻の法則によって合理的に説明された来世の観念をすでに把持しており、新たな死生観が入り込む余地などなかったのである(11)。

宗教は人間にとって絶対的なものであり、信仰が異なれば摩擦や軋轢が生ずると考えたのは、むしろ宣教師の方であった。これを裏付けるかのごとく、キリスト教布教の障害は、スペイン領フィリピンへのプロテスタントの流入に対し、これを徹底的に迫害したのはカトリック教会であったように、キリスト教側にあったと見られる事例がいくつかある。先述のごとく、1721年聖バーナビ派のシジスムンド・カルキ司祭と平修士ヨーゼフ・ヴィットーニを排除するため、彼らはスパイであると讒言したのは、ゴア人司祭であった。また、1787年ウー・ミャチョーによって寄進されたヤンゴンの宣教師館は2回の英緬戦争によって被害を被った。カトリック側からなされた建物の賠償要求に対し王朝政府側は応じたが、イギリス側はこれに対して好意的ではなかったという。というのも、彼らはここを英国国教会大聖堂の用地として利用したいと考えていたからである。1821年にはヤンゴンの南のビケで、バプテスト派の教義が、そこに滞在するローマ・カトリックの司祭によって否定され、住民を自分の宗派に引き込もうとする事件も発生している［Judson 1883：186］。

やや乱暴な言い方をすれば、当時の宣教師は自己の教派以外の信仰は認めていなかった、という理解がここから浮かび上がってくる。これはジャドソンの思想と行動を検討すればさらに明らかになる。彼の日記によれば、

ジャドソン夫妻の私信や報告書によって構成された伝記にわざわざ掲載されているビルマの監獄図（原画は Gouger. 1860）［Judson 1883：221］。ジャドソンはここに投獄されていたという。

1820年1月27日、バチドー王に謁見し、布教の許可と援助の請願をなした時、王はそうした請願の必要なき旨を述べ、またその時奉呈されたトラクトの内容や聖書に何の興味を示さなかった。この時王は、ポルトガル人やイギリス人やムスリムや他の宗教を信じる人々は、その信ずるところに従ってこれまで自由に行動し、かつ礼拝しているではないかと述べたという［Judson 1883：154］。

ジャドソンは国王のこの態度をもって布教の禁止ととらえ、キリスト教に改宗した信者には投獄と手枷足枷の拷問が待っていると考えたのである。ヤンゴンに帰ったジャドソンは、ビルマ人信者の懇請によりそこに留まるが、以後布教活動を異教に対する戦争ととらえ、戦々恐々の日々を送る。しかしそれ以後、ジャドソン自身が述べているように、ビルマ人受洗者は増加の一途をたどり、伝道事業は軌道に乗るも、なんら迫害が加えられることはなかった。そして前述のごとく1823年には王都アヴァに宣教用の土地と家を獲得し、1824年には夫人とともにここに移り住んで、布教活動に従事している。

被害妄想ともいえる彼の態度は、自然の摂理としてキリスト教に対しては保護と援助が与えられるべきであるという観念によるものであったことを窺わせる。不干渉主義では信仰を認めたとはいえず、手厚い保護と援助があってしかるべきであると理解されていたのである。彼はキリスト教に改宗した者が家族の者から責められることさえも、仏教徒によるキリスト教に対する迫害と受け取ったのである。

ジャドソンにこうした見解が生まれるのは、ビルマ人は「誤った」宗教を信じていると考えていたからに他ならない。ビルマ人仏教徒とは、「無明なる住民」にして、彼らは「幾世代にわたって、永遠の神をまったく知らす、またその神の与えたる救済の道のあることを知らずして、生き、そして死んでいった」という［Judson 1883：355］。少なくとも彼にとって仏教は、異教ではなく邪教であった。そしてこれがビルマ人の行動様式を規定しているとみたのである。仏教をキリスト教に並ぶひとつの宗教として評価でき、かつ民族の構成原理と宗教を弁別できていたなら、いたずらに排除・弾圧されるという恐れも抱かずに済んだであろうに。

結局、問題はここで検討した宣教師の側にあったと言わざるをえない。彼らこそが宗教は民族を形成する主要な要素と考えていたのである。つまり民族は根源的紐帯によって形成され、これは血肉にも等しいものであり人間は生来これに規定される。したがって民族や社会には性格なるものが存在し、それは彼らが信仰する宗教によってある程度知り得るとなる。しかもキリスト教以外は邪教と見ていたので、異教徒に対する蔑視意識が、その世界に入った時には迫害・弾圧への恐怖となって現れ、これが最終的に異教徒に対する敵愾心に転化していったのである。

トレージャーが早くに指摘していたように、このような宣教師は自分の身のまわりで発生したことやある階層にのみ通じる事例でもって、「ビルマ人は」とか「仏教徒ビルマ人は」として、これを全体に通用するものとして何のためらいもなく普遍化した［Trager 1966：204-205］。宗教を同じくする者は同じ種類の人間であるという考え方が根底にあるからであろう。「仏教徒ビルマ人」いや「邪教徒ビルマ人」がこうして定式化されてゆく。

おわりに

現在の研究状況のもとでは、エーヤーワディ川流域地方におけるキリスト教の宣教活動は、18 世紀になって本格化したということができる。宣教師はビルマ語やパーリ語を学び、これをもって住民の中にキリスト教の教義を広めようとした。それまでは 17 世紀はじめに捕虜として連行され、アス・アンガン制度の中に組み込まれたいわゆるバインヂーを相手としたものであった。その具体的内容を知るには、ゴアに残されているというポルトガル系キリスト教宣教師の活動記録に拠った研究の進展を待たねばならない。

王朝政府はキリスト教徒や宣教師に対して、その宗教活動を容認してきたという見解に対しては、論者の一致するところである。ただこれが「ビルマ民族」以外になされる限りにおいてであって、もし「ビルマ人仏教徒」になされることに対しては、さまざまな妨害や迫害が加えられたとされた。しかしいくつかの事例はこれと逆の理解をわれわれに促している。王室のお膝元にも、これまた王室の援助によって教会堂が建てられ、宣教師の活動は援助されたからである。

ただし、キリスト教宣教師に対する王室の援助は、キリスト教の布教を積極的に援助するというのとは、別次元の問題であった。つまり、王室は宣教師に対して、彼らがキリストの教えを信じまた広めている者として接したのではなく、自己の支配下にある銃火器兵の精神的安定に貢献し、西洋諸外国とのパイプ役を演じてくれるものとして、これを遇したと考えられる。これがよりよく果たされる限りにおいて、彼らがどのような神を信仰しまた広めようと、大した問題ではなかったのである。アス・アンガン制度にもよく現れていたように、人間を見る時、その人の人種や宗教はまず考慮されなければならない問題ではなかった。

しかしキリスト教宣教師はこのような視点に立つことはできなかった。18 世紀以前の宣教師が王朝政府や住民に、どのように対応し、これをどのように理解していたかは、彼らが残したラテン語やイタリア語の史料を精査する必要がある。とはいえ、少なくとも 19 世紀以後の著作は、現地政府や社会に対しては、これを邪教によって形成された 1 つの民族が作り上げたものとして理解かつ対応し、ステレオタイプのビルマ観を形成していった。その後、エーヤーワディ川流域地方に形成された社会や住民に関する情報が彼らの残した著作から引き出され、かつアプローチのしかたが踏襲されたことは、近代ビルマの国内・国際問題を大きく規定したと言わねばならない。

【註】

（1）英領時代1891年センサスでは、現在のチャーンダー村に相当すると考えられるチャーンダー、カンウン、ユワーハウンゴンを加えると、136戸、547人、うち仏教徒265人、クリスチャン282人、1901年のセンサスでは、175戸、707人、仏教徒289人、クリスチャン418人、でこの10年間の増加はほとんどクリスチャンによるものと言ってもよい。

（2）1986年3月に筆者がこの村を訪れた折には認められたが、2001年8月にはなかった。

（3）ここで隊と訳したものは、ビルマ語でいう軍隊、国軍を意味する語が使用されている。また、以下に使用する小教区司祭は、ビルマ語でお坊様という意味で使用されるポウン・ドー・ヂー、修道女はティラシン、祈りを捧げることもパーリ語のmetta慈悲から生まれたミッターポという語を使用する。ちなみに司教は法主を表すタータナバインの語を、神には仏を意味するパヤーを充てるし、聖母マリアも仏陀や出家、国王の母君をあらわすメードーを、祈禱も、珠数をつま繰るという意味のバディーセイと言う。司祭館は、僧院を意味するポンヂー・チャウンを用いるし、修道院は、ティラシン・チャウンと称す。カトリックの用語が仏教用語からの借用語によって構成されているのは、宣教師がさしあたり在来の宗教的枠組みの中でキリストの教えを説明しようとしたことを示している。

（4）以上の5部会はある時一度に組織されたものではない。信心会の起源がもっとも古く、1898年ドン・ジョセフ司祭が会員70名で始めたことにさかのぼる。次が1922年8月15日、ペラチェー司祭によって会員45名で組織されたマリア会で、1955年モーゼ司祭が始めて組織したマリア隊がこれに続く。祈禱会は1960年に組織され、1977年にペテロ・ウー・ミャ・アウン司祭が組織したのが宗務部会で、1980年になってその中にカトリック幼年使徒会なるものが結成されたという。

（5）ここでは便宜的に、エーヤーワディ川とチンドゥイン川に挟まれた地域の南部一帯を指す。

（6）この時同時に聞き取りを行なった荻原弘明氏によれば、緬暦1257（西暦1895）年3名のリーダーに率いられてきたという［荻原1974：138］。

（7）1901年のセンサスによりシュエボー地方でクリスチャンが10名以上居住する町村をあげれば以下の通りである。（　）内は当該地区の全人口。なおここで示す行政区画はその後大きく再編されている。また都市部のクリスチャン人口には、西洋人官吏や軍人も含まれる。シュエボー郡ニャウンヂービン村116人（116）、パウトン村12人（141）、メガウン88人（120）、タナウンウン村59人（495）、ハリン村35人（2,076）、シュエボー町270人（7,875）、チャウユワ郡モンフラ村202人（594）、セインマジャ郡ボディーゴン村26人（31）、ミェドゥー郡カンバルー町32人（1,003）、イエウー郡イエウー町99人（2,504）、マジドー南村26人（91）、チャーンダー村181人（339）、ユワーハウンゴン村85人（177）、カンウン村152人（191）、ダゼー郡チャウンヨー村122人（125）、ミンムー郡ミンムー北町20人（1,390）、チャウンウー郡チャウンウー町バインヂー区236人（236）、チャウンウー町ニャウン区18人（1,010）、チャウイ郡ナペ村349人（1,432）、モンユワ郡モンユワ町167人（7,869）。

（8）ビガンデーは緬暦1138年とするので、この調書は彼が述べるようにボードーパヤー王時代のものではなく、その前のシンビューシン王時代のものとなる。もしボードーパヤー王時代のものというのが正しければ、この年代が誤りということになる。本稿では、この本が執筆された時代における西洋人のビルマ史に関する知識を勘案して、文書に記されていたという年号を重視する。

（9）1783年に来緬し、ビルマ語とパーリ語に通じ、宗教についてビルマ僧や知識人と対等に議論できたという。彼はパーリ語字典の作成に着手し、多くのビルマ典籍の翻訳を行なった。またビルマの動植物にも造詣が深く、全4巻の図鑑を作成したが、第1次英緬戦争時すべて焼失してしまった。

（10）カトリック側の事情を示せば、当初はイエズス会の宣教師、その後ドミニコ会の修道士、そしてマドラス司教の聖フランシス修道会からのゴア人チャプレンが派遣されていた。18世紀になると聖バーナビ派からの宣教師が訪れるようになり、これが19世紀の初めまで続く。ところが聖バーナビ派の活動拠点であったイタリアのロンバルディアで、教権反対法が成立し、見習修道士が育たなくなり、ビルマへの派遣も覚束なくなった。また戦争によってヨーロッパからの資金援助も途絶え、1827年には現地人司祭のアンドリュー・コー司祭が死亡し、他の司祭達も高齢に達した。ダマート司祭は1832年4月モンフラにて76歳の生涯を閉じ、デ・ブリトー司祭も1832年6月21日に神に召され、ここに聖バーナビ派のエーヤーワディ流域地方での活動は幕をとじる。そして解散した聖バーナビ派は1830年、自己の宣教区であったエーヤーワディ流域地方を、正式に教皇ピウス8世に引き渡す。教皇ピウス8世は、フェデリコ・カオ（Federico Cao）をアヴァとペグーを統括する司教に任じ、これを宣教協会（Society of the Propagation of the Faith）のもとに置いた。次いで教皇グレゴリオ16世は1840年、それ以前の1839年からビルマに宣教師を派遣していたトリーノ（Turin）の純潔マリア献身会（the Oblates of Mary Immaculate）に、このビルマ宣教区を委ねた。第2次英緬戦争後本部の純潔マリア献身会からの援助がとだえたため、ビルマ宣教区はパリの外国宣教会（the Society of the Foreign Missions of Paris）に移管されることになる。そして1869年以来ローマの宣教協会は、ビルマをそれぞれに司教を置く3つの宣教区に分けた。南部ビルマ宣教区は下ビルマ、タニンダーイーをまとめ、本部はヤンゴンに置き、北部宣教区は本部をマンダレーとして、雲南国境まで広がる。そしてタウングーより東のいわゆるシャン山地を東部ビルマ宣教区とし、これはミラノの外国伝道協会（the Society of the Foreign Missions, Milan）に移管された。

（11）ただカレンやカチンの聖霊崇拝者に長らく仏教が浸透しなかったについて、その解明は重要な問題である。

【参考文献】

Bigadet, Paul Ambroise. 1887. *An Outline of the History of the Catholic Burmese Mission, From the year 1720 to 1887* (Compiled by the Head of the Mission). Rangoon: The Hanthawaddy Press.

CBCM : Catholic Bishops' Conference of Myanmar. 2000. *Official Catholic Church Directory of Myanmar 2000.* (Private Circulation).

Census of India, 1901. Volume XIIC. Burma. Part IV. Provincaial Tables. Upper Burma, the Shan States, and the Chin Hills. (by C. C. Lowis, of the Indian Civil Service, Superintendent, Census Operations). Rangoon: Office of the Superintendent of Government Printing, Burma. 1905.

Duroiselle, Chas. 1925. *Pagent of King Mindon leaving his Palace on a visit to the Kyauktawgyi Buddha Image at Mandalay (1865)*. Calcutta: Government of India. Central Publication Branch.

Government of India. Census of 1891. Provincial Tables. Burma Report. Volume IV. containing District, Township, Circle, and Village of Upper Burma. Rangoon. Printed by the Superintendent, Government Printing, Burma. 1892.

Harvey, G. E. 1967. *History of Burma from the Earlist Times to 10 March 1824: The Beginning of the English Conquest.* London: Frank Cass & Co. Ltd.

Judson, Edward. 1883. *The Life of Adoniram Judson.* New York: Anson D. F. Randolf & Company.

Kaung (Maung). 1930. "The Beginnings of Christian Missionary Education in Burma, 1600-1824" *JBRS.* 20 (2).

Sangermano (Father). 1969. *A Description of the Burmese Empire Compiled Chiefly from Burmese Documents.* New York: Augustus M. Kelley Publishers (First Edition. Rome 1833).

Trager, Heren. G. 1966. *Burma through Alien Eyes.* Bombay: Asia Publishing House.

Vivian Ba. 1962-64. "The Early Catholic Missionaries in Burma" *The Guardian.* 9 (8)-11 (5).

Williamson, A. 1929. *Brunma Gazatteer, Shoebo District.* Rangoon: Superintendent, Gobernment Printing and Stationary.

池端雪浦. 1991.「フィリピンにおける植民地支配とカトリシズム」石井米雄（編）『東南アジアの歴史』（講座東南アジア学第四巻）弘文堂.

根本　敬. 1991.「東南アジア・キリスト教の歴史：ビルマ」日本基督教団出版局編『アジア・キリスト教の歴史』日本基督教団出版局.

荻原弘明. 1955.「ビルマにおけるキリスト教傳導の初期の歴史について」『鹿児島大学文理学部文科報告（史学篇第1集）』第4号.

________. 1974.「ビルマ調査日誌――1973～1974年度――〔1〕」『鹿児島大学史録』第7号

大野　徹. 1974.「ビルマに残る〝キリシタン村〟」『朝日アジアレビュー』19, 113－

114.

ウー・タウン（イエウー）. 1968.「シュエボー奇談」『労働者日報』2月23日刊（緬文）.
ゾウ・モウ（荒井俊次訳）. 1985.「ビルマのキリスト教」『アジア・キリスト教史〔2〕——フィリピン、インドネシア、タイ、ビルマ——』教文館.

第5章

中国、ビルマ、タイ国境地帯の宣教活動と少数民族

豊田三佳

はじめに……147
1 植民地支配と宣教活動……147
2 山地少数民族キリスト教徒急増の要因……158
おわりに……172

はじめに

山岳少数民族へのキリスト教宣教活動は、中国南西部、ビルマ高地における豊富な資源と植民地市場を求めてイギリス・フランスの列強国が覇権争いをしていたのと同じ時期に始まる。したがって、中国、ビルマ、タイ国境の山岳地帯におけるキリスト教宣教活動と少数民族へのキリスト教化の過程と影響、そして現在の実態を考察するためには歴史的時代背景の理解が欠かせない。この章ではキリスト教に改宗させる側の立場からと改宗する側の立場の両方の見地からこの問題を論ずる。

第1節では、史料にもとづいて、植民地政府、ローマ・カトリック宗派、プロテスタントの状況を検討する。中国雲南省、ビルマに進出したイギリスの植民地支配と国境地帯で宣教活動を行なったキリスト教宣教師たちとの一枚岩ではない人間模様を探ってみようと思う。第2節では、なぜ伝道史上、宣教師自身が戸惑うほどの勢いで中国、ビルマ、タイの国境地帯に住む少数民族はキリスト教に改宗したのかを考える。キリスト教が東南アジア大陸部に伝えられた時、その信仰形態、思想はそのまま受動的に受け入れられたわけではなく、この地域特有の解釈と理解を通して受容され発達した。その過程を少数民族の視点から考察したいと思う。著者が北部タイ国境地域で1993－97年に行なったフィールドワークでの観察を含めて、キリスト教化が引き起こした「分裂」と「連帯」という矛盾する現象が現在どのように同時並行しているのかを描いてみたい。

1 植民地支配と宣教活動

19世紀に欧米の植民地勢力がアジア諸国に影響をおよぼしたが、その際、キリスト教宣教師たちの植民地支配への陰の協力があったと言われている。多くの研究者たちがポストコロニアルな研究視点から「宣教師は欧米の植民地主義的秩序を思想の側面から支えた。その意味でキリスト教宣教師は帝国主義のエージェントであり植民地支配の担い手である」と主張している。

確かに、マクロな構造から眺めると、このような力関係は否めない。しかし、最近、研究者向けに一般公開されはじめた宣教師や行政官が書き残した日記、私信、個人史の記録からは、公的文書には書かれなかった、より複雑な宣教師と行政官の関係が見えてくる。綿密に史料を分析してみると、必ずしも植民地政府と宣教師の思惑が合致していなかったことがうかがえる。

特に、中央政府から地理的に遠く離れた辺境の土地で少数民族を対象に「平等」「人道的理想主義」に基づいて行なわれた宣教活動は、地元の地主層から見て疎ましい存在であり、土豪たちは宣教師としばしば衝突した。このことはイギリス政府にとって頭痛の種となった。なぜなら、間接統治の政策上、実際の行政組織を運営していたのは地元の上層幹部だったので、外交関係への配慮から、中国やビルマの地元の行政官以上にイギリスの行政官は宣教師たちの行動範囲を慎重に制約せずにはいられない立場にあったからだ。地元政府の許可をとらずに勝手に移動したり、少数民族の代わりに地元の地主と衝突をおこす宣教師は面倒な存在であった。

この点を考慮すると、宣教師がイギリス植民地主義を思想面から推進したとは必ずしも言いきれないように思われる。この節では、ミクロな視点から実際のコンタクトゾーンにおける複雑な力関係の絡みを描写したい。

中国雲南省で生涯を終えた宣教師の個人史への考察　1864年4月20日、サム・ポラード（Sam Pollard）は労働者階級の長男として生まれた。生真面目な彼は学校の成績はいつも上位であった。公務員試験に全国で16位という高得点で合格し、堅実だが刺激の少ない生活を送っていた。熱心なキリスト教徒であった彼は、もっと人のために役立つ意味のあることをして自分の生涯を過ごしたいと考えていた。当時イギリスでは労働組合運動が広がり社会主義思想が市民に支持されていた背景がある。

1886年、22歳のポラードは所属していた教会に宣教師として中国雲南

ポラード牧師

省に派遣されることを希望し、受諾される。それ以来、彼の生活は一変した。彼はその後29年間、中国雲南省の辺境に住むモン族の宣教活動に一生を捧げることになる。

ポラードは、中国到着後初めてイ族と共に内陸貿易ルートを旅行した時の印象を次のように日記に記している。

「少数民族の居住地域は遥か遠くの桃源郷のようなところだ。私は未知の不思議な世界への好奇心と冒険心をかきたてられた」(1909年)。

この持ち前の好奇心と冒険心をエネルギーの拠り所に、彼は中国語に熟達し、新約聖書をモン語に翻訳し、宣教師のパイオニアとして後世にまで名を残した。自身の信仰に対して決して疑問を抱かない一途さ、正義感が強く理想主義的で楽観主義的な性格はカリスマ的な魅力を持っていた。イギリス人としては背が低かったが、中国ではむしろ親しみを持たれた。また、長距離の移動をこなすバイタリティーと頑強な行動力はモン族から頼りにされた。しかし、モン族の中に入り込み親しまれる一方で、自分に課するのと同じように他の宣教師たちへも多くのことを要求したため、宣教師の仲間うちでは疎んじられ、孤立化している側面もあったようだ。

宣教師の出身地や職業の内訳を調べてみると、当時の大英帝国の中で地理的には地方からの出身者、また、農家、鉱山労働者の出身者が少なくないことがわかる。彼らの多くは、当時イギリス国内で広がりつつあった労働組合運動に参加した労働者階級の出身者で、選挙法の改正とともに進められた自由主義的諸改革、平等主義思想を支持した層である。遠く離れた

ポラードが考案したモン語の表記文字

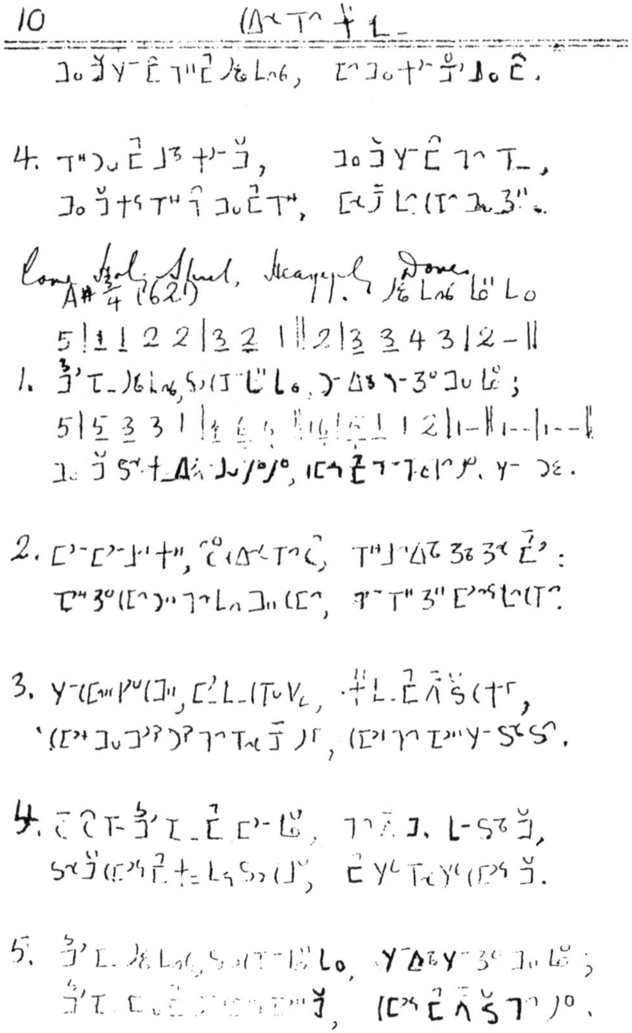

異郷の地での活動もこのような社会風潮（思想）に支えられていた。

宣教師の意識の中には、社会主義的思想に基づき「搾取から山地民を守り解放する」という使命感があった。この意識が自身の活動を正当化し意欲を持続する源であった。また、母国で宣教活動の寄付金を募る際、「より恵まれない少数民族を救おう」というアピールは平地に住む多数派民族を対象にするよりも効果的であった。

中国南西部の辺境に位置する雲南省は、行政的には中国のひとつの省ではあったが、歴史的に「蛮族の住む地」として認識されていた。1911年、新中国政府が設立されるが、中央政府の統制は及ばず、相変わらず地元の土豪が実質的権力を握って、民衆に重税、労役を課していた。その不公平な状況に対して宣教師たちは頻繁に異議を唱え、モン族に代わって減税の交渉をし、土豪と直接衝突することもあった。モン族への伝道活動のパイオニアであるアダム牧師（J. R. Adam）が、土豪にイノシシを奪われたモン族に代わって事件を直訴し、土豪に賠償させた話は有名である。

ポラードが属していた循道公会（United Methodist Mission）は中国内地会（China Inland Mission）の傘下にあった。中国内地会は、1865年の設立以来中国新政府に追放されるまで、中国へ最も熱心に宣教師を送り続けたプロテスタントの団体である。1949年の中国革命以降はＯＭＦ（Overseas Missionary Fellowship）と名称を変えて、活動拠点を南に移し、タイ、ビルマのみならず東南アジア各地で現在も盛んに活動を続けている。設立者のテイラー（James Hudson Taylor）が医者であったため、医療と教育活動に重点を置いている。宣教師を選ぶ際は、女性も含めてあらゆる階層のボランティアを募り、また宣教師には地元の生活習慣（衣・食・住）に溶け込むことが求められていた。

当時、中国雲南省にプロテスタントの宣教師として派遣されたパーソンズ（Parsons）夫妻の手記、手紙には識字学級の運営、母子保健医療・家内手工業の指導、新しい農業作物（果物、野菜、ポテトなど）の紹介の様子が描かれている。たとえば、1918年の飢饉の際は他の地域からトウモロコシを買い入れるため奔走し、村の公共道路を整備するプロジェクトでは村人を募り参加者に穀物を配給した。また、子供たちが川で溺れるのを防ぐため、公共のスイミングプールを設立し、水泳のレッスンを行なった事業は絶大な人気があった。さらには、自給自足主義に基づいた孤児院も開設している。このようなモン族を対象にした22年間にわたる活動は、宣教活動というよりも、むしろ、地元の人々にとっては今でいう地域開発ソーシャルワーカーの役割を果たしていたのではないかと思われる。

外交交渉役としてのローマ・カトリック神父　ビルマにおいては仏教は単なる宗教ではない。国家の権威を擁護する政治的イデオロギーの仕組みとして仏教の原理は位置づけられている。しかし、その一方でビルマ王権は他の宗教の存在に対して寛容の立場をとっており、キリスト教宣教師の活動を容認してきた。教会組織の運営は高地ビルマの移住型山地民を定住させ、永続的な村落組織形成を促すという点で、ビルマ王権にとって行政的に有益な側面があったからである。

ローマ・カトリック教徒の上ビルマへの移住の歴史は17世紀に遡る。ポルトガル人を先祖に持つといわれる数千人のカトリック教徒はバインヂー（bayingyi）として知られているが、彼らはもともと海岸沿いの港町シリアム（Syriam）に居住していた。しかし、1613年にビルマ人に捕えられ、上ビルマに強制移住させられたのち、多くのバインヂーはビルマ人と結婚し、現地の慣習、服装に同化した。

その後、ビルマでのカトリック宣教活動は細々と続いたにすぎない。初期の宣教師たちは、伝道活動というよりもむしろ、土地の言葉を学び、現地の習慣を理解することや仏教史、仏典の研究に力をそそいでいた。

隣の中国では1723－1844年、清朝における宣教活動は違法であったが、1842年の南京条約の後、国威の弱体化とともに規制はゆるみ、1858年の天津条約ではキリスト教布教を公認している。それに先だって1856年フランスのカトリック系宣教活動協会SME（Société des Missions Étrangères）は中国への宣教活動の地盤を固めるため、中国とビルマの国境の町バモ（Bhamo）に宣教師を送った。

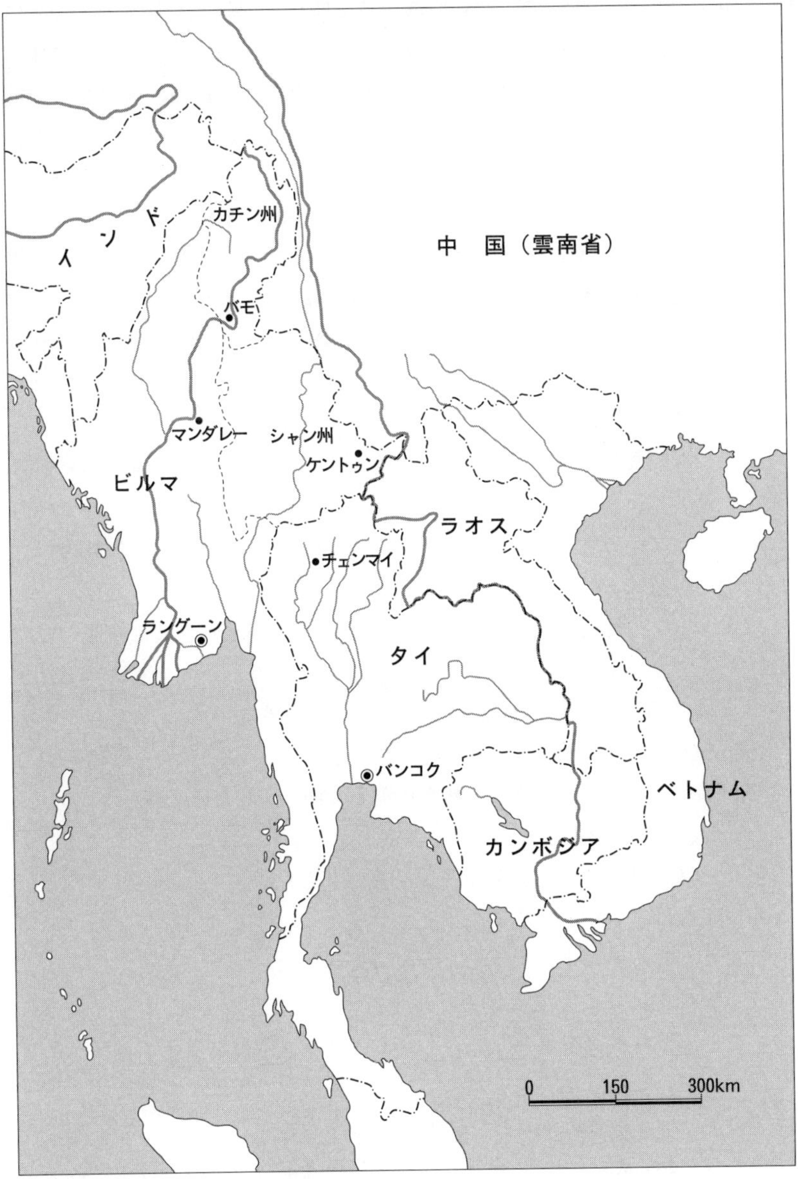
インド
カチン州
中　国（雲南省）
バモ
マンダレー
シャン州
ケントゥン
ビルマ
ラオス
チェンマイ
ラングーン
タイ
バンコク
ベトナム
カンボジア
0
150
300km

しかし、初期の活動は、新しい改宗者を開拓することよりも、ビルマにすでに住み着いていたカトリック教徒たちの要求に応えることが主な仕事であった。活動の中心は教育、社会福祉の分野で、保育園、孤児院、学校を設立し、非カトリック教徒の子供たちも受け入れた。ビルマのアラウンパヤー王朝ミンドン（Mindon）王がキリスト教宣教師の活動を容認し擁護した理由はここにある。つまり、ビルマの王権にとっても上ビルマが開発され、西洋の近代的教育が普及し、医療、社会福祉が向上することは望ましいことであった。

当時の様子をマンダレーに滞在していたあるイギリス行政官は、「ローマ・カトリック教会は改宗者を増やすことなく、黙々とあまり目立たないで活動している」と報告している。

フランス植民地政府のベトナム、中国進出においてカトリック神父が外交上、重要な役割を担ったことは知られている。この点で、上ビルマにおけるフランスのカトリック神父とイギリスのプロテスタント宣教師の対立は政治的な意味あいを持つものであった。

カトリックの神父たちは土地の言語に堪能で、現地の事情に精通していた。そこで、イギリスの行政官がビルマを訪れた際、カトリック神父はビルマ王権の通訳になり、外交仲介者として役割を担った。中でもアボナ（Abbona）神父の活躍は知られている。彼はミンドン王から信頼を得ており、ビルマとイギリス政府の外交政策上、助言をしたり交渉役を務めた。

しかし、英ビルマ抗争は、ビルマ王権とイギリス行政官、さらにカトリック教会とプロテスタント教会の関係を複雑化した。第2次英ビルマ戦争でビルマ王権はイラワジ川流域の下ビルマを失う。イギリスの下ビルマの領有により、ビルマ領土は上下ビルマに分断された。

アボナ神父はこの2度目の英ビルマ抗争後の1852－54年の平和交渉において、重要な役割を果たした。しかしイギリス政府はアボナ神父をあまり信用していなかった。なぜならビルマ王権の肩を持つのみならず、ローマ・カトリック教会の上ビルマにおける地歩を確立しようとしているように思われたからだ。ローマ・カトリック教会は上ビルマにおけるプロテスタント宣教師の進出を妬ましく思っていた。プロテスタント宣教師の進出を抑制するためには、イギリス政府よりむしろビルマ王権による支配のほうが望ましいと考えていたともいわれる。

その一方で、イギリス政府はアボナ神父なしではビルマとの交渉が進まないことも承知していた。なぜなら、アボナ神父はビルマ王宮への特権的アクセスを握っていたからだ。1853年、イギリス国教会がビルマでの宣教活動を開始するが、イギリス政府がローマ・カトリック神父を利用しようとしたことはプロテスタント宗派のイギリス国教会・メソジスト教会の宣教師たちに不審を抱かせた。

自らを独立したエージェントとみなしていた宣教師は、個人的にイギリス政府への申告なしで上ビルマを移動したので、イギリス政府がすべての伝道活動を把握するのは難しかった。そんな状況の中で、アボナ神父は自身の立場と情報を巧妙に利用し、矛盾する情報をイギリス政府とビルマ王権に流して、双方の懐疑心を助長した。

1862年の英ビルマ通商条約の交渉には、アボナ神父に代わってビガンデ（Bigandet）神父が携わった。ビガンデ神父はイギリス人行政官のバモ行きに付き添うことを自ら申し出ている。その後、彼は1866－67年の条約交渉に従事した。

ビガンデ神父にはアボナ神父と同様、王の宮廷への自由なアクセスが可能だったので、宮廷内部の力関係に関する情報を集めてイギリス人行政官に報告した。しかし、イギリス人行政官がビガンデ神父の情報を全面的に信用することはなかった。仲介者という立場を利用して個人的な利益を追求しているのではないか、（ビガンデ神父はフランス人だったため）フランス政府が有利な立場に立つよう工作しているのではないか、という疑いがあったようである。

1867年の交渉を最後に、イギリス政府はローマ・カトリック神父に頼らず、ビルマ王権と直接交渉することのできる人材を開拓した。その後、イギリスは1886年にビルマ全土をイギリス植民地インド帝国に併合するまで、1824年の第2次英ビルマ戦争以来60年以上にわたって、ローマ・

カトリックの神父のみならずプロテスタントの牧師を雇って、武力を背景にビルマ王権に圧力を加え続けた。

ビルマにおけるプロテスタント宣教師の活動　平地ビルマの人々にとって、仏教は日常の慣習に織り込まれており、社会生活を営む上で切り離せない存在である。したがって、キリスト教への改宗は日常の社会規範、礼儀、習慣から逸脱する行為であった。1813年にビルマを訪れたアメリカン・バプテストは最初の教会を1819年に設立したが、最初の1人の改宗者を出すのに7年かかったという。

聖書をビルマ語に翻訳し、英語とビルマ語の辞書を作成したジャドソン（Adoniram Judson）牧師はその当時の困難さを「虎の口から牙を抜くほうが、ビルマ人仏教徒をキリスト教に改宗させるよりも易しいだろう」と語っている。

改宗させるのは難しかったが、ビルマ王権はキリスト教の宣教師活動を虐げていたわけではない。むしろ好意的に受容していたとさえいえる。ミンドン王はマークス（Marks）牧師を北部の中心都市マンダレーに迎えて、西洋近代的な全寮制の学校の設立を推し進めた。そして、ミンドン王自身の息子たちや王室関係の官僚の息子たちをこの学校に送った。下ビルマのイギリス勢力に対抗できる富国強兵・工業化政策を推進するためには、まず西洋の科学技術を学び、人材を育成する必要があると考えたからである。さらに王室の官僚たちから非難されながらも、ミンドン王はマンダレーに住むプロテスタント教派の教会建設にも資金協力をした。また、活動内容は教育と医療事業という条件のもとに上ビルマでの宣教活動も容認した。

ミンドン王の意図はマークス牧師をイギリス政府との仲介の交渉役として利用するところにあった。マークス牧師自身当初はビルマ王室の外交上の交渉役になることを好んでいなかったようだが、王室との親密な関係上、実際問題として政治や商業の事柄に関わらざるをえなかった。

しかし、アメリカ人であるマークス牧師の言動はビルマ式の礼儀作法から見ると無作法に見え、彼と王室との親しい関係は度々ビルマの官僚を苛立たせた。また、英インド植民地政府の高等弁務官側も、彼の政治問題への介入は外交交渉を混乱させるとして、マークス牧師の公的地位を解任することを支持していたといわれる。1873年、マークス牧師はビルマの官僚のみならず王の支持さえ失い、マンダレー追放を言い渡された。

マークス牧師は「イギリスの国旗がマンダレーの地にはためくまで戻るまい！」とマンダレーを去った。このビルマ王に追放された体験から、彼はその後、ラングーンでイギリス人ビジネスマンが組織していた上ビルマ領土併合キャンペーンに参加しし、自ら、政治的、商業的活動に携わったといわれている。

1870年代、ビルマ北東部の中国雲南省との国境の街バモは上ビルマの宣教活動の中心地になった。カトリック教会と、イギリスに本部を置く中国内地会は競って宣教師をバモに送った。また、この街は中国への交易ルートの物資集散地でもあったため、イギリス政府にとってもビルマ王室にとっても重要な拠点であった。しかし、高地ビルマの国境地帯は多様な民族が混在しており、ビルマ政府と少数民族の衝突、少数民族間の対立が頻発していたので行政上は要注意区域であった。イギリス政府は外交政策上、欧米宣教師の国境移動を制約していたので、1876年と77年にカレン族の伝道師が中国内地会を通してバモに送られた。

ミンドン王が病に伏した後、ビルマは政治的混乱に陥った。1879年2月に王室の家族が多数殺された事件は、イギリスのビルマ併合を加速した。

1885年、イギリスはビルマへの最後の攻撃に向けてアメリカン・バプティストのロバーツ（Roberts）牧師を通訳として雇った。アメリカン・バプティスト教会はビルマ王権に抑圧されている少数民族を対象に宣教活動を行なっており、イギリス政府のビルマ併合に賛同していたからである。ラングーンに派遣されていたイギリス軍隊はマンダレーに進撃し、1886年上ビルマもイギリスの支配下に加えた。その後まもなく、少数民俗が居住している高地ビルマも併合した。

その後、日本軍がビルマを占領するまで、ビルマにおける宣教活動は続けられる。日本軍が捕えたイギリス人捕虜の中には宣教師たちも含まれていた。前述したポラードの同僚であるパーソンズ（Parsons）夫妻の息子ケネス・パーソンズ（Kenneth Parsons）もその1人で、彼は幼少期から青年期までモン族の間で育っており、両親を失ったのちもこの地域で宣教師として活動していた。戦後は雲南省に戻り、1949年の中華人民共和国の成立まで伝道活動に従事した。現在、ケネス・パーソンズ牧師はイギリス南端のワイト島で暮らしている。82歳だがまだ現役の牧師で、毎週日曜日の礼拝で教えを説いている。筆者が1999年11月に行なったインタビューの際は明瞭な記憶力とバイタリィーに驚かされた。

1966年、ビルマ政府はすべての外国人宣教師に国外退去の命令を出したが、外国人宣教師の退去後も高地ビルマの少数民族の間でキリスト教化が進んだ。白人宣教師が滞在していた当時から、高地ビルマにおけるキリスト教伝道の実質的な活動は地元の指導者が担っていたからである。現在、カレン族の教会はアジアの中でも人数が多く、力を持った教会の1つといわれるほど発展している。

国家のレベルでキリスト教は教育、医療分野における近代化の手段として利用されていたことを見てきたが、現地山岳少数民族の人々にとってキリスト教の受容はどのような意味があったのだろうか。

2 山地少数民族キリスト教徒急増の要因

中国雲南省において、実質的に中国内地会によるプロテスタントの宣教活動が本格化したのは1898年ごろで、1899年にモン族初のチャペルが設立され、男子学校が開校した。ほどなく宣教師たちが伝道活動に出かけていかなくても、モン族側から積極的に宣教師に会いに来るようになった。2年後の1900年には既に、宣教師の噂を聞きつけたモン族が総計250の村々から集団で訪れている。数十人のグループ単位で宣教師の自宅に押し寄せたため、宣教師が応対に困るほどの状態になった。その様子が次のように書き記されている。

「ある晩、訪問者の数を数えてみると300人を超えていた。後から後から人がやってくる。彼らはより遠方から来ているようだ。この状況が何ヵ月も続いた」

「彼らのキリスト教への関心の広がりは欧米の宣教師の手に負えない勢いだ」(1911年)

中国雲南省に見るモン族と同じような状況が、高地ビルマの少数民族(カレン、カチン、ラフ、モン、アカ族など)のあいだでも観察された。宣教師自身が驚くほどの勢いでキリスト教への改宗が広がったことは今でも語り継がれている。高地ビルマにおけるプロテスタント派の改宗活動が本格的に始まったのは1865年以降だが、1880年代には、既にキリスト教徒の地元指導者が育っていたといわれる。改宗者の急増について、教会本部の公的文書は、派遣された外国人宣教師の偉業または英雄ぶりを賞賛しがちだが、実際現場にいた宣教師の書いた日記や手紙によると、地元の指導者が重要な役割を担っていたことがわかる。

ビルマ高地におけるキリスト教宣教活動の成功の理由は地元指導者の貢献によるところが大きい。少数民族の地元指導者たちは、その後現在に至るまで、彼ら自身のネットワークを使って国境を越え、中国の雲南省やタイに住むカチン族、カレン族、モン族に働きかけている。少数民族の行動力、彼ら独自のネットワークを活用した遠距離への伝達能力は宣教師たちを感嘆させた。地元指導者の養成は宣教活動の柱ではあったが、その期待を上回って、時には自立した地元指導者が外国人宣教師と勢力対立を起こすほどであったことが報告されている。

どうして、このように、宣教師自身が対処しきれないほどの勢いで山岳少数民族のあいだでキリスト教が熱狂的に受け入れられたのだろうか。

まず歴史的に、少数民族として、有力民族から虐げられていた政治的境遇を理解する必要がある。彼らはビルマあるいは中国において直接的に行政制度に組み込まれてはいなかったものの、重い人頭税を支払わなければならず、労役に駆り立てられたり、紛争の際に徴兵されたりしていた。さらに、国境沿いでの戦争の時は、決して豊富ではない村の蓄えから物資や食料が再々取り立られた。彼らはキリスト教の到来以前から抑圧された長い歴史を背負っており、この苦境から脱出することを切望していた背景がある。

失われた本の伝承　キリスト教宣教師によって次のような伝承が記録されていることがカレン族研究者速水によって報告されている。

「ユワなる神が万物を創造した後、カレンに黄金の書物（あるいは生命の書）を与えようとした。しかしカレンは野良仕事に忙しくその書物をもらいそびれてしまい、ユワは白い弟に本を託して天国に去ってしまった。この書物を手に入れられなかったためカレンの人々は無知で悲惨な状況に陥ってしまっている」

また、別のバージョンでは次のように語られている。

「昔、ユワ（伝承上の神格）がまもなく旅に出るということになり、子供たちを自分のもとへ呼び集めた。カレンはその中で長男であり白人が末子だった。ユワは長男のカレンと末子の白人に黄金の知恵の本を授けた。カレンは黄金の知恵の本を野良仕事に持っていき、木の切り株の上においた。そして、畑を焼いた時に、黄金の知恵の本も燃えてしまった。もう1冊の知恵の本は、白人の兄弟に授けられたため、今日も白人は知識を持っている。やがて、黄金の知恵の本を携えた白人の弟が現れ、知識を再びカレンのもとにもたらしてくれる。その時カレン族はビルマの抑圧から解放されるであろう」［速水　1998］

また、ラフ族の場合は、

「白馬にまたがった白い人が神の教えを書いた本を持って現れる」「いつの日か、白い人が白い法を書いた白い本を持って現われる」「かつて狩猟の獲物の分配をめぐるトラブルから、99家族が南へ去り、33家族が残った。神は餅の上に神の教えを書いてラフに与えたが、ラフはその餅を空腹のため食べてしまった。彼らはかつて自由の民であったが異民族に征服され、いまやその奴隷となっている。しかしいつの日か、かつて別れた同胞が失われた神の書を携えて帰ってくる。そして神自身が再臨し、ラフの政治的優位を回復してくれる」という伝承があったとラフ族研究者片岡が報告している。

なんと白人宣教師にとって都合のいい言い伝えが存在していたものかと、のちの研究者に疑問を抱かせるような筋書きである。当時の伝承の記録はすべて宣教師との接触を通して語られ、宣教師による記録資料によってしか残されていないため、現在、伝承の細部を確認することは不可能である。しかし、宣教師によるある程度の脚色が含まれているとはいえ、伝承の中で「われわれ」を有力民族の「彼ら」に対置させて、劣ったものとして語り、その理由は自らの不注意であったと説明するという点ではまちがいないようだ。

興味深いことに、同じように文字や知恵の喪失を語る伝承が他の山地少数民族からも報告されている。モン族の場合は、「われわれはかつて自らの本を持っていたが、漢族に故郷の地を追われ川を渡って逃げる時に川に流されてしまった」という伝承である。

共通しているのは、文字を持ち政治組織の発達した有力民族「彼ら」と「われわれ」の相違を比較、認識していること、そして「彼ら」に対する羨望と不信感および「われわれ」に対する劣等感とプライドの混在した意識が反映されていることである。つまり、「彼ら」は隣接する文字を持つ有力な文明とその政治的権力を知っており、「われわれ」はその文明から排除されているという認識を持っている。そこで、現在自分たちが政治、社会、経済的に劣っているのは、本来は授かっていた文明（知恵、本、文字）を、歴史過程で失ってしまったからだという彼らなりの解釈をしており、「欠乏の自覚」があったことがわかる。

山地民というと、未開の地で孤立した村落共同体を中心に自給自足の社会を営んでいるように思われがちだが、実は、周囲のさまざまな民族からの政治的介入、文化的・社会的な影響を絶えず受けて変容し、その相互関係の中で生きてきたこと、そして彼らはそのことを口承の伝達を通して歴史認識していることがわかる。実際、ほかの歴史資料からも、彼らが隣接する有力民族（漢族、ビルマ族、タイ族など）への反乱と敗北、そして移動の歴史をたどってきたことが確認されている。

このような「欠乏の自覚」と「劣等認識」を源に、当時、救世主を待望するカルトが頻発していた。たとえばラフ族の場合、かなり具体的で、片岡によると「かつて人々とともにあった真の神は去ってしまっているが、まもなく再臨するという。そして外国人が真の神の知識を持って現れる」という噂が広がっていた。だから、白人宣教師の登場が「外からやってきてわれわれに力をもたらすもの」の象徴として救世主のようにとらえられたとしても不思議ではない。この意味でキリスト教への改宗は、それまでの慣習からの逸脱というよりはむしろ、彼ら自身の伝承の預言の成就として認識されたと考えられるだろう。

実際、白人の宣教師はおびただしい数の洗礼希望者の対応に追われていたため、実質的に山地での布教活動を担当していたのはキリスト教に改宗した地元の指導者たちであった。彼ら自身の言葉でキリスト教は語られ、彼ら自身の解釈を通して普及し、白人の宣教師はその象徴的存在に過ぎなかったのではないかと思われる。さらに、ラフ語で「白」は単に「神聖性」をあらわす形容詞であり、「白い人」とは必ずしも西洋人を示すわけではないことも報告されている[片岡 1998]。

福音を耳にしてからわずか数時間で改宗を申し出る群衆、聖書もキリスト教教義も何も知らないままに礼拝に出席している民衆、予想をはるかに上回る受洗者を前にして、宣教師自身が戸惑い、めざましい成果を賞賛するよりも、逆に彼らの改宗を疑問視している点が興味深い。

たとえば、ジャドソン（Adoniraam Judson）牧師は「どんな場合でもカレン族の改宗者を受け入れるには十分な注意が必要である。最良のテストは、飲酒と精霊崇拝を断ったかどうか、安息日を守っているかどうかなどであり、これを少なくとも数ヵ月にわたって本人の近隣のキリスト教徒に確かめさせるべきである。そして彼らが何度も繰り返して洗礼の希望を申し出るのを待つべきだ」と記している。

しかし、現実的には、信者の質よりも数の獲得が宣教活動の成果の指針であり、「自ら進んでキリスト教徒を名乗り、洗礼を求めるのであれば、洗礼すべしというのがひとつの傾向としてあった。キリスト者としての生活の手引きはいずれ機会があれば与えるというものであった」といわれている。

やがて、熱狂的な改宗熱が冷めた後、１度はキリスト教に改宗した者が、再び改宗前の慣習に逆戻りするという現象が顕在化する。ある宣教師の報告によると、「数千人の人々が洗礼を受け村に戻ったが、彼らを監督すべき宣教師の要員不足から、多くが異教の野蛮な習慣に戻ってしまった。村人の言葉を借りれば『私たちは〝宗教〟を求めている。しかし教えてくれる人がいない。だから昔のやり方に戻ったのだ』ということになる」。「信仰」の危機を理由にキリスト教に改宗した彼らは再び「信仰」の危機を理由に土着宗教に改宗したわけである。

このような「宗教」における「行為」と「信仰」に関する観念の宣教師側と改宗する側の相違は、現在のキリスト教化の過程でも観察されている。宣教師側は宗教を心理的次元でとらえているのに対し、改宗する側は社会的次元でとらえているため、両者にずれが生じている。具体的に筆者自身の現地調査資料からアカ族のいくつかのケースをあげてみよう。

「あるアカ族の夫婦に双子が生まれた。アカ族の慣習によれば、正常ではない双子出産は災難として受けとめられている。双子を産んだ夫婦は厄払いのためのしかるべき儀礼を家族のみならず村のためにも行なう義務があり、さもなくば村全体に不幸をもたらすと考えられていた。しかし、この夫婦には儀礼を行なえるだけの財力がなかった。そこで、夫婦はキリスト教徒の村に引っ越してキリスト教徒になった。のちに親戚からの借金によって儀礼を行なう資金のめどがたつと、この夫婦は『再改宗』して村に戻り、アカ族の慣習に従う儀礼を行なった」

このような経済的理由からキリスト教に改宗したという人は少なくない。アカ族の儀礼に生贄として供えるべき豚、牛、鶏が買えなかったからだという。

「私の家は貧しかった。だから父親が亡くなった時、本来は牛を生贄として供えるべきだったが、年老いた母親と幼い兄弟たちを抱える自分には鶏の生贄で精一杯だった。しかし、村人たちは私を親不幸者扱いした。それは耐え難いことだった。さらに、村で病気がはやった時は、自分の家族が適切な行為を行なわなかったから村全体に不幸が訪れたと責められた。村社会のしがらみから脱出する必要があった。だから私は都市に移り住んだ。キリスト教徒になった今は罪悪感も安らいだ。今日、私に子供がいるが、たとえ自分が死んでもキリスト教式の葬式はお金がかからないから、自分の子供に私が経験したような辛い思いをさせないですむのはなによりだと思っている」

その一方で、アカ族の儀礼はお金がかかり、稀にしか見られなくなったという現状から付加価値が生じている。たとえば、次のような話もある。

「結婚した当時はまだ若く貧しかった。アカ族の儀礼を行なうお金もなければ、寺に寄付するお金もなかった。だからキリスト教徒になりキリスト教式の結婚式を行なった。しかし、息子がチェンマイでトレッキングツアー・ガイドとして働いて、ある程度の貯蓄もできたから、葬式はアカ族の儀礼を行ないたいと考えている。その際は、最近はほとんどお目にかかれなくなったアカ族の葬式を盛大に行なうつもりだ。息子にはたくさん外国人の友達がいる。参加したい人をアメリカ、ドイツ、オーストラリア、日本からも招待して、ビデオを撮り、テレビで全世界に報道してもらいたいと思う。そうすれば、自分の息子も後々まで鼻が高いだろう」

アカ族の儀礼の代替としてキリスト教を選択したという話は、最近の急速な経済社会変化を体験しているタイでは、村落でも都市でも頻繁に聞かれる。次のような話も聞いた。

「ある村で年老いたピマ（アカ族の儀礼を司る役目）が亡くなった。しかし、葬式を行なおうにも、儀礼を行なうことのできる者はもはやこの村にはいない。現在、タイで市民として生きていくためには、アカ族の儀礼を学ぶよりも、義務教育を受け賃金を得られる仕事に就くことが優先されるからだ。ピマの息子はタイの義務教育を受けた後、父親死亡の知らせを出稼ぎ先の台湾で聞いた。この息子は幼い頃から平地の学校に通うため、村を離れて寄宿舎で生活していたので、村の儀礼に関してはほとんどなにも知らない。これは、現在のアカ族の村の過疎化現象から見てわかるように、他の多くの若者世代に共通していることである。しかし、ピマであった父親の葬式をキリスト教式に行なうのは、あまりに親不幸で父が悲しむと考え、台湾で稼いだ資金を使いよその村からピマを呼んでくることになった。ピマの葬式は普通の人の葬式よりも、過程が複雑だという。その全過程を知っているピマを探してくるのは大変なことだったらしい。結局、タイに住むアカ族の中にはおらず（いても謝礼金が高すぎたので）、ビルマから人を呼んだ」

筆者は葬式から数ヵ月後にこの村を訪れたが、村全体がキリスト教に改宗していた。理由は「家を新しく建てた際、厄除けの儀礼を行なわなければならないが、村にはピマが不在でこの儀礼を司る人がおらず不安に感じていたところ、ビルマからアカ族の牧師がやって来た。このことを伝えると喜んで引き受けてくれるということだったので、村全体でキリスト教に改宗した」というものだった。筆者もこのキリスト教流新築厄除け儀礼に参列したが、牧師から、最後に「アーメン」と参列者一同で言うようにとの指示に従えばあなたもキリスト教信者だと言われた。

このような事例から見て、アカ族にとって「宗教」とは何なのか、宣教師の持つ宗教観念とのずれに留意しつつ、考えてみたい。アカ語の「ザン」という言葉は、宣教師によって「宗教」と翻訳された。しかし、もともと「ザン」という言葉は「生活様式、ものごとのやり方、流儀、慣習」を示すことばである。「ザン」とはアカ語では「背負う」もので「信仰する」ものではない。アカ族の伝承によれば、「天地創造の際に、万物の創造者は各民族の代表者を集めて、それぞれの民族に『ザン』を与えた。それを持ち帰る際、アカ族以外の民族は目の粗い背負い籠に入れたため、途中で多くが隙間からこぼれ落ちた。しかし、アカ族の背負い籠は目が細かかったため、ほとんどこぼれ落ちなかった。アカ族の『ザン』が他の民族の『ザン』に比べてわずらわしいほど複雑で負担が大きいのはこのためだ」と説明されている。

つまり、人は社会的存在である以上それぞれの「ザン」を持っており、各々の「ザン」には優劣もなければ、真偽もない。どの「ザン」を行なうかは問題ではなく、大切なのはそれぞれの「ザン」に適したふるまいを正しく行なうことだということになる。この観念によれば、タイ人の「ザン」、中国人の「ザン」と並列的にキリスト教徒の「ザン」が位置づけられる。「ザン」は「民族」や「宗教」といった西洋近代的カテゴリーを超越した観念であるといえる。キリスト教徒の「ザン」は「カリザン」（ローマ・カトリック）あるいは「イエスザン」（プロテスタント）と呼ばれている。

タイでアメリカン・バプテスト教会が初めて設立されたのは1953年だが、タイに住むアカ族が最初に改宗したのは1962年といわれている。その25周年記念式典をアカ族のプロテスタントの団体が主催した。この時（1987年）次の言葉が主題として選ばれたことがアカ族研究者カメラーによって報告されている。

「すべて、疲れた人、重荷を負っている人は、私のところに来なさい。私があなたがたを休ませてあげます。私は心優しく、へりくだっているから、あなたがたも私のくびきを負って、私から学びなさい。そうすれば魂に安らぎが来ます。私のくびきは負いやすく、私の荷は軽いからです。（マタイによる福音書：11章28－30節）」

「重荷を負う」というアカ語の聖書の翻訳は「アカザンを背負う」と同じ動詞が使われている。つまり、この聖書のメッセージは具体的に、重いアカザンの負担を背負うのはやめて、もっと負担の軽い「イエスザン」はいかがですか、と呼びかけていることになる。キリスト教徒アカ族によるアカ族の「ザン」の観念に則った聖書の解釈といえる。

このように見てくると、アカ族とはアカザンを行なうものということになるが、言い換えれば、アカザンを行なえば誰でもアカ族になれるということでもある。実際、アカ族の伝承に次のような話がある。

「昔、ある漢族の家族がアカ族に『なる』決心をした。彼らはアカの村落に移住し、アカ族式の家を建てアカ族式に祖先を奉り、アカ語を話し、アカ族の民族衣装をまとった。こうして、アカに『なった』のである」

こうしたアカ族従来の流動的「民族」概念は、宣教師が抱いていた近代西洋の「人種」にもとづく「民族」概念とはずいぶん異なっていることがわかる。この民族境界のあいまいさはアカ族に限らず、西南中国と東南アジア大陸部にまたがる少数民族のあいだで共通していることが社会人類学の研究で明らかにされている。

自らをアカ族と言明する手段として代々の祖先の名前を連ねた伝承系図（父子連名系譜）が存在する。これはアカ族のアイデンティティーを探る重要な要素として、社会人類学者の関心を引き付けた。しかし、レオによる最近の研究によれば、系譜の源をたどってみると元来は漢人、シャン人という家系が含まれていることがわかったという。「ザン」という言葉の観念は「宗教」のみならず「民族」という概念を再考するにも有効であるようだ。

文字への憧れ　初期の宣教師の務めは、現地の言葉を熟知し、新約聖書をその言語に翻訳することであった。文字を持たない民族に対しては、音をアルファベットで表記するか、独自の表記文字を創作する必要があった。文字を持たない少数民族は中央権力の教育制度から疎外されていたという背景があり、文字を学ぶことに強い期待と熱意を持っていた。現地語の新約聖書翻訳任務と識字能力への要求が合致し、聖書の翻訳作業が進められた。

ポラード牧師は次のように記している。

「宣教師に求められたのは『読み書きを教えてくれ』という要求であり、『救い主イエスに関して教えてくれ』というのは二の次の要求であった」

当時、その状況を彼は次のように理解している。

「少数民族たちは貧困と依存の生活から脱するためには読み書き能力の取得が必要であることを悟っているのではないか。そこで、欧米人に助けを求めているのではないか」（1911年）

ビルマでは白人宣教師は当初ビルマ語の聖書を使って伝道活動を行なうつもりであったが、「カレン族の失われた本への強い願望の故に、どうしても彼らの言語で聖書を提供することが必要となった」と記している。宣教師は聖書を翻訳するのが目的でカレン文字を考案したが、カレン民族にとってはビルマ語ではなく自分たちの文字を持ち、識字率が向上し、カレン語の文字文化が発展していくことに、より大きな意義を見出していたようだ。さらに、「カレン族」としての民族意識の高揚に影響を与えたことはいうまでもない。

カレン族は教育に非常に熱心で、1862 年当時、ビルマで宣教師が設立した英語学校の総計 5000 人の生徒のうち、1000 人のビルマ人以外のほとんどがキリスト教のカレン族であったといわれる。さらに、1870 年には 9 人のカレン族がアメリカへ留学している。このようなキリスト教を媒介とした文字・教育の習得はカレン族のエリート層を創出した。

エリート層と「民族」イデオロギーの創出　「文字を持つ文明に疎外されてきたわれわれは本を失ったために、主権を失った」という彼らの歴史認識は、「本の回復」＝「主権の回復」＝「抑圧からの解放」へとつながっていることがわかる。同様のことが、モン語で表記された聖書についてもいえる。キリスト教教義録としての聖書にありがたみがあるのではなく、宣教師ポラードによってモンの言葉が文字化され、モン族の本を回復したことに価値が見出されたのである。識字力への渇望とは実利的な読み書き能力取得を越え、自治権への渇望とつながっていることがわかる。カレン族の民族闘争の例に見るように、教育を受けたエリート層はやがて民族結束の論理を訴えるにいたった。

カレンの分離独立闘争の政治的背景として、1886 年のイギリスのビルマ併合後、植民地政府と宣教師がカレン族の反ビルマ、親英感情を煽ったことが指摘されている。実際、ビルマでイギリス植民地支配への反乱が起こると、イギリス政府はカレン族に銃を提供してビルマ人の反乱を鎮圧し、宣教師もカレン族の帝国軍への志願を奨励したのは事実である。ここでキリスト教徒＝反ビルマという図式は成り立つ。しかし、その一方でこの分離独立闘争はキリスト教カレン族と非キリスト教カレン族を含めた運動であることも忘れてはならない。キリスト教徒ではないカレン族も民族独立闘争に関わっており、反ビルマ＝反仏教徒というわけではない。カレン族闘争の指導者層は西洋近代教育を受けたキリスト教徒であるが、実際、1963 年の時点で高地ビルマに住むカレン族のキリスト教の割合は６人に１人だったと報告されている。

つまり、この闘争はキリスト教徒対仏教徒という宗教的差異の対立ではなく、「民族」の対立ということになる。ところで、このビルマ族とカレン族という境界を明確に規定し、カレン族連帯の範囲を限定した「民族」というイデオロギーは、どこから生まれてきたのだろうか。植民地政策は、それまであいまいであった政治的権力の範囲を国境というボーダーによって地理的に規定したが、同じように植民地支配は人々を「民族」というカテゴリーに分け、支配単位のひとつとして扱い、元来あいまいであった「民族」の境界と範囲を明確に規定した。つまり宣教師たちが運営する西洋教育を受けたエリート層は、このような植民地支配を支えた「民族」概念を習得し、カレン民族闘争では「われわれカレン族」という連帯イデオロギーをもってカレン族を結束させるために行動を起こしたといえる。

キリスト教に改宗したビルマ側のカレン族が国境を越え、タイ側のカレン族へ伝道活動することを積極的に推進した理由は、タイ側カレン族に対する同胞意識だったといわれる。東の方にカレン族の起源があるという伝承は、見ず知らずの土地タイでカレン族のルーツを探りたいという情熱を刺激したという。

1990 年代に入ってもまだ、中国、ビルマ、タイ国境間の自由な移動は経済的、政治的理由から許されず、違法行為ではあるとはいえ、ビルマからタイへ人口の流れを止めることはできない。北タイのチェンマイにアカ族の牧師によって運営されている教会がある。アカ語で礼拝が行なわれているため、出席者はアカ語を理解する人のみである。そこでは中国、ビルマ、タイ出身のアカ族たちが一堂に集まっている。この意味でこのキリスト教会は「アカ族」の社交の場であり、民族連帯意識を高揚する場となっている状況は興味深い。そこで会ったビルマから来たアカ族の青年は筆者に夢を語ってくれた。

「私の父は伝道師だった。だから幼い頃から父と共にアカ族の村々を訪れてきた。父はタイへ行きたがっていたが、結局その願いが叶わないまま亡くなってしまった。私が今こうしてタイにいるのは父の守護のおかげだと思っている。私は中国、ビルマ、そしてタイの多くのアカ族の村々を見てきた。そして、年長者たちからいろいろなアカ族の歴史、伝承を聞いた。その興味深い話を書き綴ってみたい。今私が書き綴っておけばこれらの話は永遠に残る。聖書のイエスの話が何千年も後々まで残っているように。私がこの世からいなくなった後も永遠に残る。これは素晴しいことだと思わないか？」

彼は、このことを思い立って以来、アカ語で見聞録を少しずつ書きためているという。アメリカ人牧師ポール・ルイスが開発したアカ語のアルファベット表記は父親から学んだというこの青年は、現在タイ語の読み書きを学んでおり、さらに英語も勉強したいと意欲に燃えていた。

力の象徴としての本　ビルマで150年も前に翻訳された聖書は、今日の日常言語からかけ離れているためにわかりにくい。しかし、現在そのわかりにくさによってさらにこの「聖なる本」のありがたみが増しているという側面もある。実際、聖書の存在はキリスト教教義の記録というより、むしろ文明の象徴として理解されていた。ラフ族の伝道に携わったバプテスト宣教師のヤング（William Marcus Young）はビルマ・シャン州の州都ケントゥンに着任したが、福音書の配布は、文字を読めない者にとってさえ護符としての効果があると理解したことが手紙に記されている。

「われわれは冊子や福音書を村々に配布したが、彼らはただちにそれを預言の成就として受け取った。配布した福音書は数百部、冊子は数千部にのぼる。多くの人々が冊子や福音書を大事に身につけて、15日から20日の道のりをかけて集まってくるのを見るのは、ある意味で愉快なことであった」

また、キリスト教ラフ族を研究する片岡によると、確かに宣教師によってラフ語、カレン語、モン語は表記文字が作成されたが、熱狂的な集団改宗が起った初期の時点ではまだその作業は完成していなかった。つまり、彼らが歓喜して受け取った福音書は彼らを抑圧し続けてきた民族の言葉――タイ語、ビルマ語、中国語で書かれたものであったことが指摘されている。どの言語で書かれていたか、それが読めるかどうかは問題ではなく、力の象徴としての本の存在に意義があったことがわかる。

このような力の象徴としての文字は現在でも有効である。今世紀の初めに比べると今日タイに住む山地民には教育の機会が広く与えられており、もはやタイ語が読み書きできるからといって特別な力が備わっているとは誰も考えない。しかし、筆者が調査をしている時、山地民の実業家の中には漢字で名刺を作っている人がいることに気がついた。聞いてみると、漢字の読み書きができるわけではないという。また、その名刺を受け取った人の多くは漢字の読めない人だという。それではなぜわざわざアカ語の名前を漢字で表記しているのか。彼はにやりと笑って「読めない人が多いことに意味がある」と言った。だからこそ秘儀的威力があるのだろう。

タイの統合同化政策が推進されている中で、仏教徒（タイ国民）になりきれないから、アイデンティティーの選択肢としてキリスト教を選ぶ場合もある。今日タイにはありとあらゆるキリスト教の宗派、セクトが存在していて、エホバの証人、統一教会などその団体名簿は電話帳の分厚さになる。この中で興味深いのは、台湾、シンガポールから来ている中国系の教会の進出である。もはや「キリスト教化＝西洋化」という単純な図式は成り立たない。

また90年代に入り経済が自由化されるにつれ、以前は共産圏として敵対し、敬遠されていた中国の存在が大きくなりつつある。現在タイでは中国語ができるとビジネスチャンスが広がると認識されているが、これは山地民のあいだでも同様である。中国系の教会は聖書を学ぶという名のもとで中国語を学ぶ機会を提供している。これが大きな動機でキリスト教に改宗する山地民の若い世代が増えるのも不思議はない。

都市部において、若い世代にとってキリスト教は「近代性（modernity）」の象徴でもあり、「古くさい」アカザンを見下す傾向にある。本来の「ザン」の観念では存在していなかったが、現在はキリスト教とアカザンの差異に優劣の価値基準が加わって、摩擦が生じている。このキリスト教徒と非キリスト教徒の分裂は山地民対平地仏教徒（ビルマ人、タイ人、シャン人）ということもあれば、山地民のあいだでキリスト教徒と非キリスト教徒が対立していることもある。同じ村の中で数種類の教会が乱立している場合は村落内の分離を引き起こすこともある。さらに、キリスト教宗派間の競争意識が反映して、宗派の差異に固執するあまり山地民キリスト教徒間で衝突することも珍しくない。その一方で、村社会、家族から疎外された若者が都市生活の孤独と苦境の中で、「でも神に愛されている」という精神的守護としてキリスト教を選ぶこともある。

おわりに

かつて山地民のキリスト教化の現象は植民地主義に支えられた西洋近代文明の文化侵略として捉えられ、山地民を哀れな被害者として扱い、宣教師を「伝統社会」の破壊者として非難する傾向にあった。しかし、ノスタルジックな価値判断で「伝統文化」を美化するのは、むしろ、改宗した当事者の主体性を見落としているとの批判的認識から、最近の文化人類学者の研究は改宗する側とされる側の双方に焦点を当て、その相互関係が生み出すダイナミズムに関心が移っている。本章は、このような観点から、中国、ビルマ、タイ国境地帯の少数民族のキリスト教化の過程と影響、そして現状のダイナミズムを描きだすことが目的であった。

改宗させる側の状況は植民地主義を枠組みに一面的に描かれがちだが、内部の人間模様とその力関係は複雑である。また、改宗する側のキリスト教受容の動機はキリスト教的要素と非キリスト教的要素が複雑に混在している。現地の歴史、政治、社会、経済的コンテクストの中で「改宗」の意味が見出されていることがわかる。

【参考文献】

Blanford, E. Carl. 1975. *Chinese Churches in Thailand.* Bangkok: Suriyaban Publishers.

Bradley, David. 1997. "Onomastic, Orthographic, Dialectal and Dialectical Borders: the Lisu and the Lahu" *Asia Pacific Viewpoint* 38 (2).

Hayami, Yoko. 1996. "Karen Tradition according to Christ or Buddha: the Implications of Multiple Reinterpretations for Minority Ethnic Group in Thailand" *Journal of Southeast Asian Studies* 27 (2).

Hinton, Peter. 1979. "The Karen, Millennialism, and the Politics of Accommodation to Lowland States" in C.F. Keyes (ed.). *Ethnic Adaptation and Identity: the Karen on the Thai Frontier with Burma.* Philadelphia: ISHI.

Kammerer, Cornellia Ann. 1990. "Customs and Christian Conversion among Akha Highlanders of Burma and Thailand" *American Ethnologist* 17 (2).

———. 1996. "Discarding the Basket: the Reinterpretation of Tradition by Akha Christians of Northern Thailand" *Journal of Southeast Asian Studies* 27 (2).

Keyes, Charles F. 1971. "Buddhism and National Integration in Thailand" *Journal of Asian Studies* 30.

———. 1981. "Southeast Asian Tribal Religion" in Keith Crim, Roger A. Bullard, and Larry A. Shinn (eds.). *Abingdon Dictionary of Living Religion.* Nashville: Abingdon.

———. 1996. "Being Protestant Christians in Southeast Asian Worlds" *Journal of Southeast Asian Studies* 27.

Kirsch, A. Thomas. 1973. *Feasting and Social Oscillation: Religion and Society in Upland Southeast Asia.* Ithaca, N.Y.: Cornell University, Southeast Asian Program (Data Paper No. 92).

Kuhn, Isobel. 1984. *Ascent to the Tribes: Pioneering in North Thailand.* Singapore: OMF Books.

Kunstadter, Peter. 1983. "Animism, Buddhism, and Christianity: Religion in the Life of Lua People of Pa Pae, North-Western Thailand" in John McKinnon and Wanat Bhruksasri (eds.). *Highlanders of Thailand.* Kuala Lumpur: Oxford University Press.

LeBar, Frank M., Gerald C. Hickey, and John K. Musgrage. 1964. *Ethnic Groups of Mainland Southeast Asia.* New Haven: HRAF Press.

Lehman, F.R. 1967. "Ethnic Category in Burma and the Theory of Social Systems" in Peter Kunstadter (ed.). *Southeast Asian Tribes, Minorities, and Nations.* Vol. 1. Princeton: Princeton University Press.

Lewis, Alison. 1999. "The Western Protestant Missionaries and the Miao in Yunnan and Guizhou, Southwest China" Paper presented at the Seminar, Centre for South-East Asian Studies and the Institute for Pacific Asia Studies, University of Hull (25 Nov., 1999).

Lewis, Elaine T. 1957. "The Hill Peoples of Kengtung State" *Practical Anthropology* 4.

Maung Shwe Wa. 1963. *Burma Baptist Chronicle, Book I.* Rangoon: Board of Publications, Burma Baptist Convention.

McCoy, Alfred W. 1972. *The Politics of Heroin in Southeast Asia.* New York: Harper & Row.

Nishimoto, Yoichi. 1998. *Northern Thai Christian Lahu Narratives of Inferiority: A Study of Social Experience.* Unpublished M. A. thesis, Chiang Mai University.

Polland, Sam. 1928 (reprinted). *The Story of the Miao.* London: Henry Hooks.

Schendel, Jörg. 1999. "Christian Missionaries in Upper Burma, 1853-85" *South East Asian Research* 7 (1).

Sowards, Genevieve, and Erville Sowards (eds.). 1963. *Burma Baptist Chronicle, Book II.* Rangoon: Board of Publications, Burma Baptist Convention.

Stern, Theodore. 1968. "Ariya and the Golden Book" *Journal of Asian Studies* 27 (2).

Tapp, Nicholas. 1986. "Buddhism and the Hmong: A Case Study in Social Adjustment" *Journal of Developing Societies* 2.

———. 1989. "The Impact of Missionary Christianity upon Marginalized Ethnic Minorities: the Case of the Hmong" *Journal of Southeast Asian Studies* 20.

Tooker, Deborah E. 1992. "Identity Systems of Highland Burma: 'Belief', Akhazang, and a Critique of Interiorized Notions of Ethno-Religious Identity." *Man* (*N.S.*) 27.

Walker, Anthony R. 1974. "Messianic Movements among the Lahu of the Yunnan-Indochina Borderlands" *Southeast Asia* 3 (2).

Wells, Kenneth E. 1958. *History of Protestant Work in Thailand 1828-1958.* Bangkok.

Wijeyewardene, Gehan. 1991. "The Frontiers of Thailand" in Craig J. Reynolds (ed.) *National Identity and Its Defenders: Thailand 1939-1989.* Victoria: Monash University, Centre for Southeast Asian Studies, Monash Papers on Southeast Asia 25.

片岡　樹. 1994.「山地民とキリスト教」小野澤正喜（編）『暮らしがわかるアジア読本 タイ』河出書房新社.

———. 1997.「'改宗する側の論理'についての覚書：東南アジア大陸部におけるキリスト教布教への視角について、トゥッカーの所論をてがかりに」『比較社会文化研究』2.

———. 1998.「東南アジアにおける『失われた本』伝説とキリスト教への集団改宗：上ビルマのラフ布教の事例を中心に」『アジア・アフリカ言語文化研究』56.

清水昭俊. 1992.「永遠の未開文化と周辺民族：近代西欧人類学史点描」『国立民族学博物館研究報告』17 (3).

速水洋子. 1998.「黄金の本と長兄の復権：ビルマの少数民族カレンとキリスト教」(20世紀における諸民族文化の伝統と変容　シンポジウムⅧ: 宗教と文明の20世紀、国立民族博物館 (11月4-6日).

第6章

カンボジアの伝統社会とキリスト教

石澤良昭

1 受容と拒否の背景……177
2 宣教の歴史……179
3 受難の時代……188
4 シェムリアップのキリスト教会……189

1 受容と拒否の背景

福音のメッセージとカンボジア人の論理　カンボジア人にとって上座仏教というのは、日常生活における人間の生き方を明らかにすると同時に、自分の存在そのものを問う最も重要な精神的営みである。新しい異質なキリスト教の到来に際しては、種々の事由（飢餓、貧困、病気、戦乱、孤児、受刑者など）によりこれを受け入れた人々と、拒絶した人々に大別できる。

カンボジアでは、その背景には次のような本質的な問題が存在したと考えられる。

第1に、新しい信仰の受容もしくは回避・拒絶という行為は、カンボジア人自身の伝統・習慣・考え方などの精神的価値体系とその営みに大きく左右されてきた。第2に、カンボジア人には新しい信仰を選択もしくは拒絶する論理（理由）があり、その論理の背景を形成する伝統的・地域的事情があったと思われる。そこには異質なる他者に対する認識と許容範囲が潜在的にあるが、同時にそれを排除するそれなりの理屈があった。

第3に、カンボジアでは一般にこれまでの上座仏教が伝統や日常の習俗と深く絡みあい、その積み重ねが人々の行動価値基準や生活規範を形成していた。つまり、そこには時間と空間によりつくり出された地域固有の社会が存続していた。宣教師側はこの社会の中に入りこみ、福音を伝達しようと熱い布教活動を行なってきた。

カンボジアにおける宣教師たちの活動　カンボジアのキリスト教の伝道活動は、16世紀半ば頃から始まった。宣教師たちはカンボジアに到来するとすぐ、その伝道活動の媒介として地域において種々の社会・文化活動を開始した。彼らは診療所を設けたり、学校・孤児院などを建設したりしていた。そして当時の最も新しい技術や医学などを伝達した。彼らは聖書を現地の言葉に翻訳すると同時に、その地域の住民の慣行や伝統文化を勉強し、それを外国へ紹介する役割も果たしていた。その意味ではヨーロッパから派遣された当時の特派員的役割を担っていた。こうした色々な活動を通じて、住民との融合と対話に努めたのであった。

伝道活動を実施していく中で、宣教師側の期待していた信徒獲得という願いと、住民が求めていた異文化への茫漠たる憧れや物珍しさとの間には大きな差異とすれ違いが生じていた。またいざこざや反キリスト教的行動が起こっていた。宣教師側の動機と現地社会の反応がどのように展開し、結実もしくは破綻していったかの歴史事実を検証していくには、カンボジアにおいて宣教師の投げかけた福音のメッセージに対して、現地側の既存の上座仏教とそれが立脚している社会組織がどのように応答していたのか、キリスト教の受容と排斥に際してとられた個人的社会的行動とその背景的意味づけを分析しなければならない。そしてキリスト教の受容と拒否において、どのような理論の武装（信者になった村人たちの言い訳や僧侶の反キリスト教の説教など）が行なわれていたのかを考察しなければならない。

カンボジアの人の立場から見れば、伝統的な習俗を厳守して上座仏教の信仰を堅持するか、それとも異質なキリスト教に物珍しさも手伝って興味を示し、自分たちの保持してきた信仰体系を何らかの理由（飢餓、貧困、病気、戦乱、孤児、受刑者など）で放棄し、キリスト教を受け入れていくか、双方には綱引きに似たある種の混乱と軋轢が生じていた。宣教師側から見れば、伝道活動は新しい西欧の精神価値概念の付与と、新信仰による「救い」という一種の光明を宣布していく使命感に立脚していた。

カンボジアにおいてキリスト教に改宗した人たち　カンボジアにおける伝道初期の改宗者は、第1に他のアジア地域から到来し定住していた中国人やベトナム人もしくは西欧人との混血者であった。第2に宣教師たちは地域的・民族的教会を創るためにカンボジア人向けの神学校を開設したが、そこに学んでいた神学生たちはやはり混血者や他地域から来た中国・ベトナム出身者が多数を占めていた。第3に、当該地域の言語・社会・文化を深く理解し、尊重しながらて宣教活動を行なった偉大な文人宣教師がいた。フランス人ミシュ司教などは、国籍を背負った愛国的行動であると批判されているが、堪能なカンボジア語を駆使してカンボジア王にフランスとの保護条約を勧めた。彼らは流暢に現地の言葉を操り、現地の政治情勢を詳細に本国へ伝えていた。彼らの報告や著作は当時の「生」の資料として重要である。第4に、伝道活動はその初期から西欧人宣教師の手により遂行されてきたが、根強い上座仏教の反キリスト教活動があり難渋をきわめた。それに加えて社会階層や出自に敏感な感覚を持っているカンボジアでは、担当のアジア人神父・牧師にとってその布教活動に限界があった。現在でもカンボジアでは多くの外国人神父が司牧の生活を送っているが、その背景にはポルポト時代（1975－79年）の宗教弾圧により多くの聖職者が殺され、信者たちも迫害を受けた事実があった。

カンボジアの村落社会では当然のこととはいいながら、日常生活と混淆一体化した上座仏教が機能しており、村人を僧侶の手により誕生から墓場までの面倒を見ていた。そして功徳による来世をも約束していた。涅槃を目指した僧侶たちは、村人に対して経典を「具体化」した修行の現場を見せていた。つまり僧侶の修行は、村人たちに対して魂の「救い」の可能性を明示しているのである。

カンボジアではキリスト教の伝道活動がその初期より政治抗争や隣国（タイ、ベトナム）関係によっていつも左右されていた。宣教師たちは長い間安定的に村落へ入り込むことができず、都市部やその周辺的な地域での布教に終始していた。

その後キリスト教の伝道活動はそれらの村落社会の中で精力的に行なわれてきたが、村人たちは神父や牧師の持ち物や彼らが話す外国語、学校や諸施設に興味を示し、積極的に参画してきた。しかしキリスト教の福音のメッセージである「救い」には関心を示すことが少なかった。

2 宣教の歴史

カンボジアへ最初にやって来た宣教師ガスパール・ダ・クルス　ドミニコ会会士ガスパール・ダ・クルスは（生年月日不詳。1548年リスボン出発、1569年リスボンへ)、1555年にマラッカからカンボジアに赴き最初の福音を説いたが、布教は失敗に帰し、何の成果をおさめることなく、1556年に広東へ移った。ダ・クルスがカンボジアの僧侶から聞いた話として述べているが、カンボジアには極楽浄土(天国)が27あり、そこにおいては全ての生き物、それはノミやシラミでさえも輪廻転生ができるという。地上に近い第1番目の極楽浄土へ行くのは人間であって、そこには食物や飲み物があり、とりわけ魅力的な天女がいるという。その上には第2番目の極楽浄土が広がっていて、そこへ行けるのは僧侶たちである。その功績の順番にしたがって昇る段階がいくつかある。中でも「酷暑の大地で暮らした聖僧」は応酬として「風で涼をとりながら休息する至福」が与えられる。そして最上界には第3番目の極楽浄土がある。そこは全ての欲望を捨て去った者が赴くところであり、ブラフマー神の体内の生き物と同じように「毬のような丸い身体」となるという。カンボジア人は現在でもこの3種類の極楽浄土があると信じている。極楽浄土と平行して13の地獄があり、罪の深さによりどの地獄に落ちるかが決まるという 。

ダ・クルスの後に続いて1583年にドミニコ会宣教師カルドソとマデイラが宣教を試みるが、仏教僧侶たちの強い反対と妨害を受け、大した成果を収めることなく翌1584年には同地を後にしている。その後何人かのドミニコ会宣教師が派遣されているが、その中の1人アセヴェドは、1580年頃から現地に居住するシャム人、ジャワ人、中国人、日本人(日本人町)、ポルトガル商人らのキリスト者の間で不況活動を実施し、15年間に約500人を改宗させたといわれる。

1585年、ソター王(在位1579－95年)がそれまでの方針を変えキリスト教宣教を認めたことで、同年8月に2人のドミニコ会員と4、5人のフランシスコ会員がマラッカから派遣されたが、着いてみると王の変心によってアセヴェドを除いて全員が追放されてしまった。ソター王は1593年にマニラに使節を送り、宣教師などの派遣を要請しているが、これはあくまでもシャム(タイ)のアユタヤ軍との決戦に備えて武器購入の仲介を要請するための1つの方便にすぎなかった。

アユタヤ軍により1594年にロンヴェーク王都は落城した。王位を継いだポニェ・タン王（在位1598－99年）は、キリスト教宣教の自由を約束し、マラッカとゴアに存るドミニコ会、イエズス会、フランシスコ会宣教師の派遣を要請したが、その動機は不純であった。先王と同じく宣教の自由は口実であって、あくまでも武器の購入と救援軍の派遣を求めてであった。

日本人キリスト教徒たちと17世紀のカンボジア　1603年、マニラから3人のドミニコ会宣教師イニゴ・デ・サンタ・マリア、ベレム、コラールがカンボジアに到着し、王から宣教の自由と聖堂建設の許可を得ていた。この時期に多くの宣教師たちが布教に尽力するが、実際には在住ポルトガル人への司牧にとどまり、クメール人に向けての宣教には至らなかった。

カンボジアには世界文化遺産として有名なアンコール・ワットがあるが、その壁や柱の一部には、17世紀前半に朱印船に乗ってここを訪れた日本人の墨書跡が14ヵ所にわたり確認できる。その中でよく知られているのは「肥州の住人森本右近太夫一房（もりもとうこんだゆうかずふさ）」の墨書である。右近太夫は父義太夫の菩提を弔い、老母の後生を祈るためはるばる数千里の海上を渡り、寛永9年（1632年）正月にこの寺院に到来して仏像4体を奉納した旨が12行にわたり記されている。その父義太夫は加藤清正家の家臣であり、朝鮮の役で武勇を馳せた人物であったが、右近太夫がカンボジアへ渡航する前に改易間近い加藤家を辞していた。

最近その子孫にあたる森本謙三氏の調査のお陰で、右近太夫が帰国し、京都に近い山崎で父子とも蟄居し、義太夫は1654年に逝去し、右近太夫は1674年に亡くなったことが判った。右近太夫父子の蟄居は推定の域を出ないが、2人がキリシタンであった疑いが出ている。

この時代の日本は、1603年に徳川家康が江戸幕府を開いた。それ以前から朱印状が下付され、海外との往来が盛んであった。現在の東南アジア各地には日本人町がつくられていた。当時のカンボジアでは、アンコール朝の末裔チェイ・チェッタ2世（在位1618－25年）がプノンペンから北へ 35km のところにウドン王都を造営していた。

岩生成一著『南洋日本人町の研究』によれば、日本人町は現在の首都プノンペンと、ウドン王都への交通路にあたるトンレサップ湖を 26km 遡った河岸ポニャルー（Ponhealu）の 2ヵ所にあった。両町を合わせて、日本人は 300 人から 400 人であったという。

岩生氏によれば、『東埔寨オランダ商館日記』（1636 年）を引いて、在住日本人の約 100 人の中には 50 人位のローマ教徒がいて、熱心にポルトガル人を援助していたという。ここには教会堂も建っていた。日本では島原の乱（1637 年）が起こり、鎖国（1639 年）もあり、キリシタンの日本人たちが船で日本から脱出していたことが分かる。こうした在住日本人キリスト教徒に注目して、イエズス会等の諸会派は教化伝道に努めていた。1618 年に現地在住日本人代表が「我ら 70 名の吉利支丹は教父を無くし悲嘆に沈んでいる」ことをマカオへ直訴している。

1660 年頃、改革派教会のオランダ人によってインドネシアのマカッサルから追われたポルトガル人とその混血者のカトリック信徒の集団が司祭と共にカンボジアに逃れ、プノンペンとその北 25km にあるポニャルーに定住した。そこには現在もカトリック信徒の墓地跡がある。1665 年にはプノンペン対岸のメコン川東岸に迫害を逃れたベトナム人キリスト教徒が定住していた。彼らはカンボジアにおけるアジア人キリスト教徒の最初の共同体を作っていた。

1658 年、教皇アレクサンデル 7 世はインドシナの代牧としてランベール・ド・ラ・モット他 2 人を任命した。ランベール・ド・ラ・モットは、同行した司祭シェヴルイユをコーチ・シナのフェフォ（ホイアン）に派遣した（1664 年）。シェヴルイユはそこで迫害を逃れてきていた 300 余人の日本人キリシタンの司牧とコーチ・シナでの宣教にあたっていたが、迫害と住民間の抗争に巻き込まれて同地を去り、ポニャルーでカンボジア住民の間で宣教にあたった。しかしカンボジア語を話せず、よい通訳も得られなかったことから、彼は再びコーチ・シナに戻ることになる。

1682 年、代牧ラノーはパリ外国宣教会の司祭 1 人とフランシスコ会の

ウドン近隣のカトリック教会および信徒たちの拠点地図

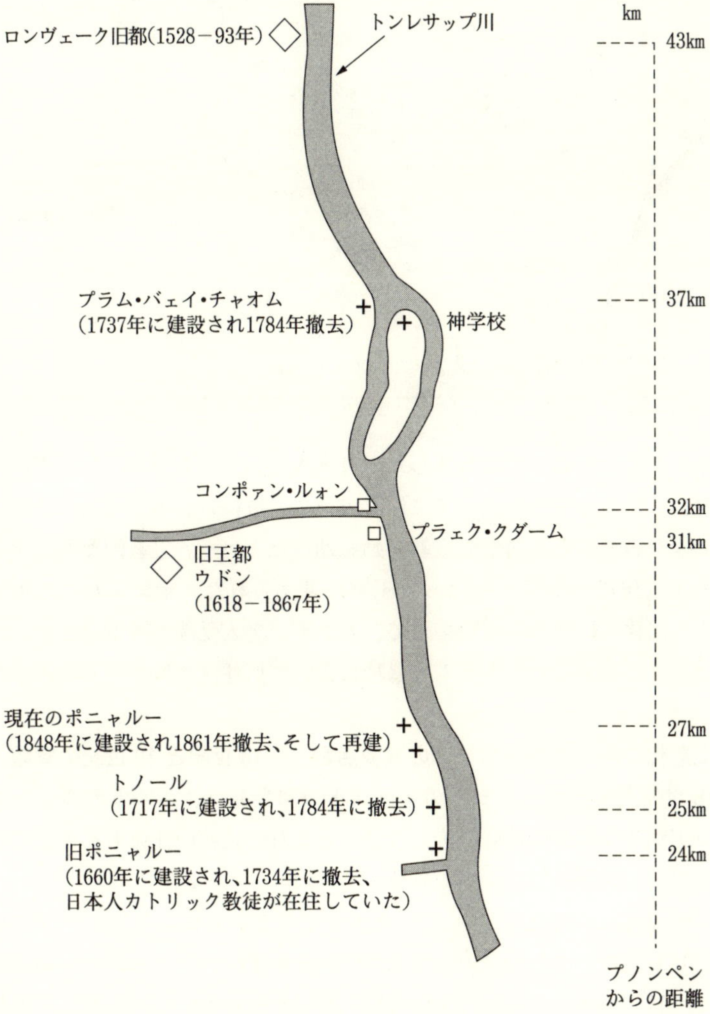

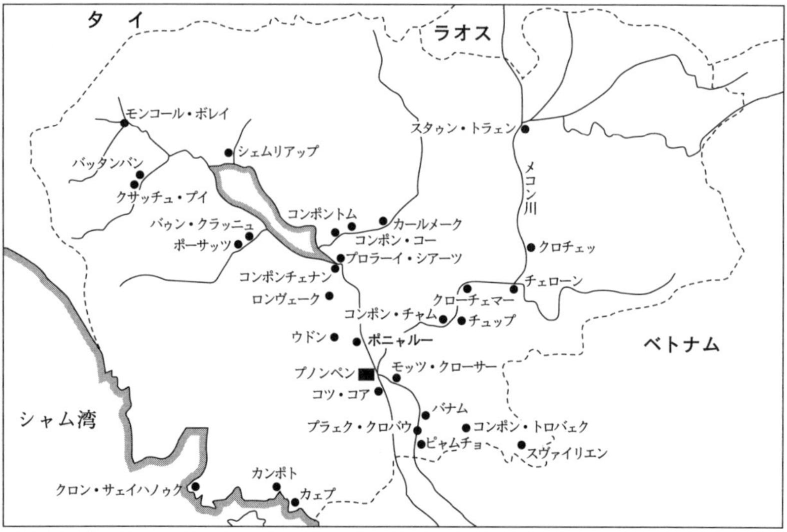

カンボジア全図

司祭1人をカンボジアに派遣した。日本人イエズス会員の三箇イグナチオが既に3年前からカンボジアに住んでいて、彼はカンボジア語の会話がよくできたので2人の司祭の宣教活動を助けたという。宣教師たちはアン・ソー王（1675－95年）によって王宮に迎えられた。ポニャルーのポルトガル人居住区に聖堂や病院を建て、カンボジア人受洗者も増えたが、カンボジア王に敵対したベトナム人暴徒によって居住区が焼き討ちにあった。

土着化に向けたカンボジアの宣教活動――18世紀と19世紀の宣教――

18世紀前半のカンボジアのキリスト教諸会派は、ポルトガル王とスペイン王が持つ教会保護権の抗争に巻き込まれ、代牧の任命もその影響を受けるなど、内部紛争によって分裂していた。

1750年頃になると、シャム（タイ）とベトナムによるカンボジア侵略の煽りを受け、ヨーロッパ人宣教師25人全員がコーチ・シナから追放された。1751年カンボジアにはフランス人宣教師ピゲルが到来し、王都近郊でキリスト教徒の司牧、現地人司祭の養成にあたる一方、1771年同地に十字架愛姉会の支部を設立し、さらにクメール語祈禱書、クメール語-ラテン語辞書を作成している。

1774年、パリ外国宣教会の神父フランス人ピニョー・ド・ベエヌ（1744－99年）がコーチ・シナおよびカンボジア代牧に任命される。この神父は義勇兵を集め、部隊を編成してグエン（阮）朝初代の皇帝嘉隆帝（阮福暎＝ザンロン帝）を援けた。この頃からシャムのカンボジア侵略は激化し、カンボジアに在住するキリスト教徒共同体は次々と破壊された。1790年に約300人のカンボジア人信徒と数人の十字架愛姉会の修道女が、1人のフランシスコ会司祭と共にバッタンバンに落ちのびている。

そして19世紀が始まり、ますます弱体化したカンボジアはアン・メイ女王（1835－47年）の治下の1841年にグエン（阮）朝に併合された。ところが、カンボジア人の反越蜂起など功を奏し、1845年にアンドゥオン王（在位1847－60年）がシャムから帰国して王位に就き、再建国された。

1850年、代牧区が二分され、ルフェーヴル（Dominique Lefebvre）神父がコーチ・シナ代牧に、ミシュ（Jean-Claude Miche）神父がカンボジア（ラオスを含む）代牧となる。ミシュはアンドゥオン王の宮廷で重用された。しかし王の真意はミシュを利用してフランスとの通商を開くことにあったが、神父は政治的仲介を拒んだ。

1863年、ノロドム王（在位1860－1904年）はフランスとの保護条約に署名するが、その中にはカトリック宣教師の活動の自由と、神学校、学校、病院、修道院の建設を認めることが含まれていた。

1866年プノンペンが首都になることが準備されると併行して、ポニャルーのカトリック教徒はプレクルオンに土地を得て、同地にホーランドあるいはプレアメアダ（「神聖な母」の意味）と呼ばれる小教区がつくられた。またバッタンバンにも信者が復帰している。信徒の大部分はポルトガル系クメール人およびコーチ・シナから来たベトナム系の人々であった。代牧ミシュと数人の宣教師はクメール人の改宗者が増えないことを心配していた。1857年に現地からやってきたバロー神父（Jean-Bte Bareau）の活躍でカンボジア人信徒も増え、プノンペン南部のメコン川沿いにモー

ポニャルーにあるキリスト教徒の墓地（2000年12月筆者撮影）

トクラサス小教区がつくられた。さらに1861－65年にはベトナムでの迫害を逃れてコーチ・シナのキリスト教徒が多数到来し、プノンペン近郊に3つの共同体を形成している。

1867年はウドンからプノンペンへ遷都された年である。同年7月に結ばれたフランス・シャム新条約調印によりシャム（タイ）がバッタンバン、シソポンの諸州を占拠する。ところが1865年から67年にかけてカンボジア国内では反フランスの暴動が生じ、フランス人の保護権がキリスト教保護とも結びついていたため、キリスト教会への攻撃となって拡がった。

1870年代のキリスト教徒数はカンボジアでは約2800人で、その大多数はベトナム系の人々であった。他方、フランス保護領となる前からカンボジアには少数ながら中国人キリスト教徒が存在していたことが知られている。記録の上では、1850年にバッタンバンで5人の中国人が受洗し、1860年のカンポト州の小教区民200人のうちに数人の中国人信徒がいたこと、さらにコンポンチャム付近に8～10人の中国人信徒が居住していたことが知られている。

諸会派の活動が活発となる――最初のクメール人司祭叙階――　第1次世界大戦直前、カンボジア国内のキリスト教徒数はおよそ3万6000人であった。そのうちカンボジア人は3000人ほどで、ベトナム人が3万2500人、中国人が500人であった。彼らの司牧にあたっていたのは13人の外国人宣教師と、ほぼ同数のベトナム人司祭であった。

1850年、ミシュは十字架愛姉会の再興を図り、4人の修道女をコーチ・シナに送る。同地で修練を終えた彼女らによってポニャルーに修道院が設立されたが、1867年反フランスの暴動によって焼かれ、プノンペン北のベトナム人小教区内に移った。1906年キリスト教教育修士会がバッタンバンに学校を開設したが、1910年法律によって余儀なく閉校し、プノンペンに移転した。翌1911年には2番目の学校を開設し、1922年には約1000人の生徒を擁するまでになった。1919年にはカルメル会修道女（ベトナム人8人、ヨーロッパ人2人）がプノンペンに到来した。同会は急速に発展し、東南アジア各地に進出した。特にプノンペンでは同会の病院が現在も機能し、多くの市民が利用している。1952年フランスからの4人のベネディクト修道会会員がプノンペンの南75kmのケップに修道院を設立し、間もなくベトナム人、中国人、カンボジア人の誓願者を受け入れるようになった。

1957年11月、プノンペンの司教座聖堂で最初のクメール人司祭が叙階される。その後も少数ではあるが、クメール人を含むカンボジア出身者の司祭叙階が続いている。1964年、第2バチカン公会議の指針に沿ってラオス・カンボジア司教協議会が組織され、1966年からは典礼においてクメール語が用いられるようになる。

1968年カンボジア代牧区はプノンペン代牧区（信徒数3万2000、司祭数20)、バッタンバン知牧区（信徒数1万、司祭数8)、コンポンチャム知牧区（信徒数2万、司祭数15）に三分された。翌1969年、3教区長は教書を出し、人種的、地理的、文化的に存在感が希薄であった従来の教会の在り方を反省し、カンボジアの習慣、習俗を尊重しつつ孤立存在からの脱出を目指すよう信徒に訴えた。

3 受難の時代

カンボジア内戦中のキリスト教　1970年3月に右派のロンノルがクーデターを起こして政権を獲得すると、シハヌーク元首を解任した。シハヌークは北京でカンプチア民族統一戦線を結成した。アメリカ・南ベトナムと組んだロンノル政権はベトナム戦争に巻き込まれることになる。カンボジア在住のベトナム人もベトコンの支援者とみなされ、ベトナム人キリスト教徒も襲撃された。聖堂は焼かれ、略奪され、宣教師も殺害された。

この時にシェムリアップ市内にあったカトリック教会も焼き討ちにあった。トマ・リン神父をはじめ数十人のベトナム系信徒も南ベトナムへ逃げ帰った。特にベトナムと国境を接するコンポンチャム教区では、司祭全員が次々と殺害された。1970年9月には、教会組織はほとんど解体された。3月には6万5000人いた信徒は2万人弱に激減し、カンボジアに残った司祭は19人（クメール人3、外国人16）で、200人以上いた修道女の多くが追放され、カンボジアに残ったのは41人である。

またベネディクト修道会でもベトナム人と中国人会員全員が退去し、クメール人1人とフランス人7人の司祭が残った。キリスト教教育修士会の学校は閉鎖され、会員は全員国外に追放された。1973年現在の統計では、カトリック信者数1万3835人、代牧区1、高位聖職者区1であった。

ポルポト政権の宗教弾圧　1975年ポルポト政権によるプノンペン陥落の直前の4月14日、初めてのクメール人司教サラスがプノンペン代牧区の補佐司教に叙階されたた。4月15日にプノンペンに入ってきたポルポト軍は3日後には市民全員を強制的に農村へ移動させ、同時に上座仏教、イスラーム教（チャム人)、キリスト教に対して弾圧を開始した。カラス司教は捕らえられ、収容所を転々とし、1977年餓死させられた。またバッタンバン知牧のイムも、ベネディクト会司祭のバドレと共に1975年4月30日に処刑された。

ポルポト撤退以降のキリスト教　1979年1月に親ベトナムのヘンサムリン政権が樹立されると、ポルポト派によって強制移住させられた人々が帰村しはじめ、生き残ったキリスト教徒も村へ戻った。ヘンサムリン政権において信徒たちは小さな共同体を形成し、カテキスタ等の指導のもとに祈りの集会をもち、子供の受洗も行なってきた。

1989年5月、フンセン首相によって新憲法が発布され宗教活動の自由が認められたが、閣僚会議はキリスト教の宣教活動に時期尚早と待ったをかけた。しかし徐々に自由化の気運が見られ、1990年4月には当局監視のもとではあるがプノンペンの映画館で1500人の信徒が出席し、復活祭のミサがクメール語で捧げられた。

4 シェムリアップのキリスト教会

カンボジア奥地のカトリック教会——下宿先が神父館であった——　多少打ち明け話めいて恐縮であるが個人的な体験を申し上げたい。私は上智大学フランス語学科を1961年に卒業し、すぐにアンコール遺跡研究のためカンボジアの南西部にあるシェムリアップ市に赴いた。フランス語学科の教授で神父のP. リーチ先生の紹介で、アンコール遺跡研究の第一人者B. Ph. グロリエ博士（フランス極東学院教授）が受け入れてくださることになっていた。横浜港からフランス国郵船（メサジュリ・マリティム）に乗り、サイゴン（現在のホーチミン市）で下船、そこから乗合タクシーでプノンペンに向かい、1泊の後別の乗合タクシーで313kmの道のりを6時間で走り、シェムリアップ市に無事にたどり着いた。このシェムリアップ市の郊外には世界的な文化遺産として有名な石造伽藍アンコール・ワットを含むアンコール遺跡群があった。この遺跡の保存・修復・研究を担当するアンコール遺跡保存事務所（旧フランス極東学院の機関）があり、カンボジア政府文化省付属の研究機関となっていたのである。私にはこの保存事務所の顧問のグロリエ教授の許で、研究生としての生活が待っていたのであった。

私の下宿先は市内のカトリック教会であった。リーチ神父がその前年にアンコール遺跡を訪れた折、この教会に宿泊したことが縁で、私も同教会の神父館の一隅を借りて寝泊まりすることが許された。その教会ではベトナム人神父トマ・リン師が司牧の任にあたっており、同じ敷地内にはリン神父の兄夫妻一家が住み、神父の身の回りの世話をしていた。この教会のミサで見かける人たちは、ほとんどが近隣在住のベトナム人や中国人であった。アンコール遺跡観光にやって来た欧米人が時々ミサに出席していた。

カンボジアにあるベトナム人のカトリック教会　当時のカンボジアの社会におけるカトリック教徒の話を進めるには、この 40 年前の統計表が雄弁にその実状を語っている。この大枠は、増減があるものの、現在も大きく変わってはいない。

1961 年当時のカンボジア人口総計から民族別人口を見ると、別表の通りベトナム人は 20 万 6100 人であって、全人口の 3.6%にすぎなかった。彼らはほとんど都市周辺部に在住し、中国人（2.2%）と同様に、他のアジア地域から到来してカンボジアに定住した少数民族であった。さらに当時のシェムリアップ市の人口比率を見ると、ベトナム人は全人口の 1 割強であった。

私がその神父館に滞在していたのは、保存事務所の施設に間借りするまでの 1 ヵ月間であった。当時、教会では日曜日の午前中 2 回のミサがたてられ、出席していたベトナム人教徒たちは 180 人ほどであった。この小さな教会は、いつも色とりどりの民族衣装アオザイで着飾った人たちであふれていた。彼らの晴れがましい生き生きした顔が、今も忘れることができない。写真を撮ってあげたり、ベトナム語を習ったり、徐々に交際も親密

カンボジア人口（1961年）

	人　口	対総人口比
総　人　口	573万7000人	
カンボジア人	525万6900	91.4%
ベトナム人	20万6100	3.6%
中国人	16万6000	3.2%
チャム人など	10万8000	1.8%

シェムリアップ地域の人口（1961年）

	人　口	比　率
シェムリアップ州	37万1000人	
シェムリアップ市	1万5200	（市人口比）
同市ベトナム人	1661	11%
同市中国人	1411	9%

カンボジア・カトリック教徒人口（1970年）

総　人　口		699万3000人	
カトリック教徒数		6万1000	0.9%
内訳	カンボジア人	3000	4.9%
	ベトナム人	5万6600	92.6%
	中国人	1500	2.5%

出典：Prod'homme, Remy: *L'Eumonie du Cambodge*, PUF, Paris, 1975

になってきた。彼らのほとんどは路上と河川の運搬業に従事している人たちであった。特にトンレサップ湖からメコン川を通じて、現在のホーチミン市まで川船のダルマ船により穀物や乾魚などを運んでいた。

また、一部の人たちは市場での小商いやトンレサップ湖上での漁業に携わっていた。この教会がこれらベトナム人社会の交際の場の1つであり、彼らは圧倒的に優越なカンボジア人社会の中にあっても平穏な日々を送っていた。彼らの子供たちは近くのカンボジア人小学校に通い、家庭ではベトナム語を使い、教会の日曜学校では神父がベトナムの歴史や文化などを教えていた。毎朝5時30分にミサがたてられ、ベトナム語の讃美歌が近隣に大きくこだまし、すぐ前を流れるシェムリアップ川の川面に響きわたっていた。

政変に連動するカトリック教会の焼き討ち　カンボジアは1954年に完全独立を果たした。その時の中立政策は東西両陣営の対立の火種を振り払い、ベトナム戦争に巻き込まれない平和維持のための政策であった。だが、経済政策の失敗から矛盾が噴出し、政変が起こりシハヌーク元首の失脚につながった。その政変は、カンボジア奥地のベトナム人カトリック教徒たちの平安な日々を奪ってしまうことになるのであった。

1970年3月8日カンボジア南部スヴァイリエン州に端を発した官製の反ベトナム暴動は瞬く間に全土に広がり、その10日後、アメリカに支援されたロンノル首相とカンボジア国会はシハヌーク元首を解任し、今日まで続く政治混乱の端緒を開いたのであった。

その直後に、ベトナム戦争に連動したカンボジア内戦の幕が切って落とされた。この政治的激変の中で、カンボジア社会の中に飛び地的に存続してきたベトナム人集落は反ベトナム政治扇動により近隣のカンボジア人から攻撃を受け、抵抗した者は殺され、彼らの大部分は持つものも持たずに難民同様にベトナムへ逃げ帰ったのであった。リン神父からホーチミン市郊外に戻ってきたとの手紙をもらったのは、1971年の秋であった。

カンボジア内戦の後、1975年4月からクメール・ルージュのポルポト政権が成立したが、映画「キリング・フィールド」で見られたような大虐殺で知られる政府であった。同政権は宗教厳禁をもって臨み、国内各地の仏教寺院、チャム人のイスラームのモスク、キリスト教徒の教会などを国家にとって有害な施設として徹底的に破壊してしまった。

伝統社会の矛盾と葛藤——異質なる他者の受け入れをめぐって——　混迷を深めたカンボジアには、やがて1979年に親ベトナム派のヘンサムリン政権が成立して比較的平穏な日々が戻ってきた。私は1980年8月に12年ぶりにアンコール遺跡破壊調査のためカンボジアを訪れた。以後今日までアンコール遺跡の保存修復と調査研究の活動を実施している。1980年はポルポト政権のすぐ後であったので、プノンペン市内の無人化による廃虚跡や、旧国立銀行の前で風に舞う旧政権の紙幣や、サハコー（集団農場）から帰途につく一団の人たちを見てきた。プノンペン市内では駅舎の近くにあったカトリック教会が跡形もなく撤去されていた。

シェムリアップ市に赴き、かつてリン神父が住んでいた教会を訪れることができた。だが、教会は柱が傾き、床は落ち、壁は剝がされ、無残な姿で放置されていた。私はそこに茫然と立ちすくんでしまった。その後ホーチミン市でリン神父の消息を尋ねたが、ベトナム解放後の混乱もあり、1971年の住所では探しようもなかった。

民族感情の爆発——結論に代えて——　東南アジアの歴史の中では、近隣同士の武力抗争などで村々が一夜にして廃村になることがしばしばあった。キリスト教伝道の初期の頃には、キリスト教村が種々の原因で消えてしまうことがあったと報告されている。

シェムリアップ市内のキリスト教会に関わりを持ち、同時にその焼き討ちを目撃した私は、この光景は決して特殊で異例な事件ではなく、むしろ東南アジアにおいて自他との葛藤の過程に生じる異変の1つであると考えはじめたのであった。とりわけカンボジアのように植民地支配を受けてきた国では、種々の異質な他者が流入し、外から持ち込まれた普遍的な（と称される）価値体系の存続を許してきた。

だが、そうした日頃の文化摩擦と固有文化に対する回帰、絶えざる外からの圧力への反発などは静かに集積されてゆき、ある日、何らかの契機で眼前の異質な他者を排除しようとする民族感情とエネルギーを爆発させてしまう。

温和でおとなしく泰然自若としたカンボジア人が突如として粗暴短慮な行動に出ることは知られているが、日頃の反ベトナム感情のエネルギーが吹き出し、火柱となったのだと考えられる。私は教会の廃虚をこの眼で見てから、東南アジアの社会と宗教関係こそ東南アジアの人々や暮らしを理解するために最も重要な課題の1つであると考えてきたのであった。

【参考文献】

Boxer, C. R. 1958. *South China in the Sixteenth Century, Being the Narratives of Galeote Pereira, Fr. Gaspar da Cruz, O. P., Martin de Rada O. E. S. A*（*1550-1557*）. Works issued by the Hakluyt Society, Second Series, vol. 106, London.（邦訳『16 世紀華南事物誌』日埜博司訳. 明石書店. 1978 年）

Groslier, B. P. 1958. *Angkor et le Cambodge au* ⅩⅥ*e siecle.* Paris: P. U. F.（邦訳『西欧が見たアンコール――水利都市アンコールの繁栄と没落』石澤良昭・中島節子訳. 連合出版. 1992 年）

Porchaud, François. 1977. *Cambodge Année Zéro* Paris: Julliard.（邦訳『カンボジア・ゼロ年』北畠霞訳. 連合出版. 1979 年）

――――. 1990. *La Cathédrale de la Rizière－450 ans d'histoire de l'Eglise au Cambodge.* Paris: Le Sarment Fayard.

Rollin, Vincent. 1968. *Histoire de la Mission du Cambodge, 1555-1907.* Phnom Pehn: deuxfascioules roreotes.

石澤良昭. 1987.「キリスト教とアジア社会――日仏学術セミナー開催までの軌跡――」『ソフィア』（上智大学）第 36 号（143 号）. pp.430-442.

――――. 1986.「上座仏教圏における初期のキリスト教伝道活動――その方法論的アプローチ」『慶応義塾大学言語文化研究所紀要』8.

石澤良昭. ネブレタ, A. 1998.「カンボジア」『新カトリック大事典（Ⅱ）』研究社.

岩生成一. 1994.『南洋日本人町の研究』(4 版) 岩波書店.

第7章

ベトナムのカトリック：政治的状況と民衆の生活の形

萩原修子

はじめに……197

1 政治的状況とカトリック……198

2 南部村落の事例……204

3 政治的状況と民衆の生活の形……216

おわりに……219

はじめに

ベトナム社会主義共和国の人口の大半は、祖先祭祀を基調とする大乗仏教徒であるとみなされる。しかし、儒教や道教や民間宗教と習合しており、仏教徒を厳密な意味で同定するのは困難である。次に多いのは、カオダイ教、ホアハオ教と呼ばれる新宗教徒約11.4%で、そのあとに約7.4%のキリスト教徒が続く［世界キリスト教事典 1986：777. 以下事典と略す］。本稿で取りあげるカトリック教会はそのうち約7.0%を占めている。大半が祖先祭祀を行なう伝統的社会の中で、カトリックは16世紀に布教が開始された。

キリスト教の布教は、東南アジアに限らず、オセアニア、アフリカにおいても、その多くがヨーロッパ列強の植民地主義と何らかの形で結びついていた。ベトナムもその例外ではない。ベトナムにおいては、カトリックがフランス植民地主義と結びつきながら発展し、さらにアメリカとの関係が加わって、カトリックの政治的色彩を濃厚にしてきた。そのため、カトリックの受容に関しては政治的側面から語られることが多かったのが現状である(1)。

しかし、実際、民衆レベルではどのように受容されてきたのだろうか。政治的側面からのみ語られるカトリックの受容は、私たちの知識を極めて限定してきたのではないか。これまで、民衆レベルでの受容についてはそれほど多く語られていなかった。語られたとしても、民衆の状況は政治的状況の反映として、あるいは悲惨な植民地状況の従属者として、ステレオタイプの一面的な表現になりがちであった(2)。

そこで、本稿では、具体的な民衆レベルの受容の事例を扱いたい。私が調査対象としている村落は、ベトナム南部では比較的早い時期から布教の拠点とされた教会のある村落で、大きな対立もなく非カトリックも居住している地域である。私は、カトリックの民衆レベルでの受容を示す際に、この非カトリックとの共生に注目し、両者の関係性の構築をたどることによって、カトリックの受容のあり方を示したいと考えている。単に「受容」

という側面だけで捉えると、そこには外来宗教と伝統社会の二極化された静的な対立構造しかないようなニュアンスがあり、植民地状況という非対称的な力関係が極端に単純化されるか、まったく見えなくなってしまう恐れがある。それに対して、非カトリックとカトリックの関係性の構築によって受容を捉える方法は、二極間に生じる抵抗や服従や葛藤など、ダイナミックな「受容」の形を描きだすことを可能にするのではないか。それを通じて、政治的側面からのみ語られがちなカトリックに対する一面的な見方を乗り越えることも可能になると思われる。

両者の具体的な関係性の構築を理解するためには、文字資料の限界ゆえに村民の語りが不可欠である。彼らの語りから遡れるのは1940年前後までであるため、本稿では、1940年前後から現在までを中心的な議論の対象とする。布教当初から1940年前後までの歴史は、前史として文字資料によって通観するにとどめている。

以下、まず政治的状況とカトリックがいかに結びついてきたか、南部を中心にした歴史を概観する。つづいて、カトリックの民衆レベルでの受容の具体的な形を南部村落の事例によって示したのち、カトリックの政治的状況が、民衆レベルでいかなる連関を持ってきたかを考察したい。結論を先取りするようであるが、約50年にわたって彼らは大きな対立もない共生関係を築いてきた。この原理あるいはそれを可能にした民衆の力について、1つの試論として展望を添えたいと考えている。

1 政治的状況とカトリック

現在にいたるまでの著しい政治的状況の変転を、以下のような時代区分によって叙述したい。布教開始から第1次インドシナ戦争勃発前夜の1940年以前を「前史」とし、1940年前後から1954年までの南北分割以前を「混乱期」、1955年から1975年までのベトナム共和国ゴ・ディン・ジエム（Ngo Dien Diem）およびグエン・ヴァン・ティエウ（Nguyen

Van Thieu）らの政権を「親米政権」、1976年の南北統一を果たしてから「社会主義政権」としており、第3章の村落の事例と対応させている。

前史：布教開始～第1次インドシナ戦争前夜　ベトナムにカトリックがもたらされたのは16世紀であるが、本格的に布教が開始されたのは17世紀になってからである。イエズス会、フランシスコ会、ドミニコ会などのさまざまな宣教会の中でも、特に17世紀初頭にはイエズス会、後にはパリ外国宣教会によって中心的に布教が進められた。17世紀初頭のベトナムは北部ハノイの鄭氏と中部クアンナムの阮氏の対立が熾烈化しており、宣教師たちは西洋の知識人としてそれぞれの宮廷に取り込まれたり、あるいは伝統的社会への脅威として迫害されながら布教を進めていた(3)。

フランスがベトナム政府に介入する決定的な機会を得たのは、阮朝成立においてである。当時、鄭氏と阮氏の争いの末、1789年に農民出身の西山兄弟が阮氏の末裔である阮福映を破り、西山朝を開いていた。政権奪取を願う阮福映は、外国勢力に軍事的支援を願った結果、フランス人宣教師であるピニョー・ド・ベーヌ（アドラン司教）の支援を得ることになる。司教はフランスに有利な条約を締結することを条件に、阮福映に軍事的援助を行なうことを約束した。条約が実現することはなかったが、司教の尽力により集められた軍隊によって、阮福映は西山朝を破り、1802年に阮朝を開くことになる［坪井 1991; Louvet 1900］。

初代の皇帝嘉隆帝（阮福映）はキリスト教を認めていたが、2代目の明命帝は嘉定（現ホーチミン市）で起きたカトリック信徒の反乱をきっかけに、1833年に厳しい禁教令を発布する［The 1978］。これ以後、弾圧された宣教師の救済や信仰の自由の保障を求めて、フランス側のベトナム政府への介入と政府によるカトリック迫害の応酬が繰り返される［Vo 1969］。

1847年、フランスの海軍少佐がダナン港を砲撃する。政府のカトリックに対する迫害は進み、嗣徳帝によって1857年から1861年には当時の司祭3分の1以上にあたる115人が殺害される［Nguyen, H.T. 1959: 15］。坪井は、この頃から迫害の性質が変わってきたことをLouvetによって指摘している。当初は伝統社会の離反者に対するものであったのが、徐々に、侵略者と結びつく裏切り者への政治性を帯びたものになったのである［坪井 1991：37; Louvet 1885］。

1858 年にはフランスのベトナム侵略が始まり、1862 年には南部村落の事例で紹介するビエンホアを含む東部 3 省が奪取される。1861 年には、ルトール司教が新帝として黎維鳳をたて、カトリック信徒とともに北部で反乱を起こす。さらに 1882 年、フランス人がハノイ城塞を奪取したリヴィエール事件では、カトリック信徒が兵用されたため、激昂した北部の官僚・知識人層によってカトリック信徒が大量虐殺される文紳の乱が起こる。そんな中にも、フランスは 1882 年に信教の自由を認めさせ、1887 年にはとうとうフランス領インドシナ連邦を成立させた。このように、カトリックは徐々に植民地主義とのかかわりを深めていき、伝統的祭祀を奉じつつ国家の安全保障を危惧する人々との対立を深めていくのである。

全国の信徒数は 1885 年 60 万、1890 年 70 万 8000 人と急激な増大を見せる［事典 1986：777－778］。これには、長引く南北の対立や封建社会、植民地支配の絶望的な状態にとって教会が新しい支えとなったこと、また、改宗して教会に土地を寄進し、その保護下に入ることは、地方の権力者の搾取から逃れる有効な手段であったことなどが考えられる［The 1978：41; 46－47］。また、信徒は貧農や漂泊民が多かったことも、このことの証左であろう［Gheddo 1968: 43］。

教会の勢いは、植民地統治機構の完成とともに増大する。1931 年で全国の 5.5%もの土地を教会が所有していたことはそのことを示している［事典 1986：780; The 1978］。

混乱期：1940 年前後～1954 年　1939 年には第 2 次世界大戦が始まり、日本軍の進駐・敗戦ののち、1945 年の 8 月革命によってホー・チ・ミン（Ho Chi Minh）はベトナム民主共和国の独立を宣言する。しかし、翌月にはフランス支配が復活して第 1 次インドシナ戦争が始まると、ジュネーブ協定によって南北が分割される 54 年まで戦乱は続く。

その中で、カトリックの政治的立場へのさまざまな分裂が表面化しはじめていた。8月革命には一部のカトリック信徒も参加し、北部の4人の司教もローマ教皇にベトナムの独立を支持するように書簡を送った[Gheddo 1968：48－50]。また、植民地政権を排した真のベトナム人教会の形成を呼びかけたカトリック・グループも登場した［Tong Cuc Chinh Tri 1993：157－158]。これらの背景には、植民地支配の矛盾とともに、カトリック教会内部において西洋人/ベトナム人聖職者の差別があり、それが彼らをナショナリズムへかきたてたという［The 1978]。

しかし、もちろんカトリックの大多数が革命に傾いたわけではない。北部のファットジエムの司教であるレ・フー・トゥーは、50万人を超える信徒ともに自治区を作り、反共・独立を掲げ、のちに革命政府によって弾圧される［Gheddo 1968：66－73]。こうした中、1950年末にラトル・ド・タッシーニ将軍が総督に任命されると、ローマ教皇ピウス12世に共産主義を断罪するように求め、教皇は「ベトナムにおけるキリスト教文明を保護するフランス軍」に祝福を与えた［事典 1986：780]。さらに、1951年には、教皇使節ドゥーレイがハノイに着任後、カトリックであることと共産主義であることは両立できないことを主張し、カトリック教会側として反共色を明確にしてきた［The 1978：59; 同 Annexe 235－237]。

一方で、北部のカトリック人口の過密地帯ハーナムニンでは1946年から1954年に4104人が革命に参加したという動きもあるが［Tong Cuc Chinh Tri 1993：157－158]、こうした革命への参与は個人としての立場からであり、カトリック教会としての動きではない［Phong 1978b: 138]。

親米政権：1955年～1975年　第1次インドシナ戦争終結後、1954年のジュネーブ協定によって南北が分割されると、北部のカトリック信徒の40%、司祭の71%（1133人中808人)、司教の10人中6人、全体で約56万人もの信徒が南部へ移住した［事典 1986：780]。アメリカの支援によって南部に成立したベトナム共和国ゴー・ディン・ジエム政権は反共色を強め、北部から移住してきたカトリック信徒の絶大な支持を得た。ジエム政権はカトリック優遇政策を実施し、カトリックの政治的権力は増大した。全体としてジエムの軍隊の30%がカトリックであった。ダラットの士官養成センターでは神学と宗教教育に授業の4分の1が充てられ、軍の学校においては反共の砦の精神を鼓舞する政治教育が行なわれた。ほとんどすべてのカトリック知識人が国家機関で重要な役割を果たしていた［Phong 1978a: 107－109］。

教育、公衆衛生や第1次産業においても、国家の援助とアメリカの指導によって近代化が果たされた(4)。その主力となったのは、やはり北部から移住してきたカトリックで、政府は彼らを全国の要所に配置し、数百の農業開発センターを設置した［Gheddo 1968：166－167］。そこにはカトリックの自警団が組織され［Phong 1978a: 109］、反共の砦とされていた。

一方、その他の宗教活動への弾圧は厳しく、抗議としての仏教徒の焼身自殺が増加したように、反政府運動は高まり、ジエム政権は63年にクーデターで崩壊する。しかし、その後を継いだグエン・ヴァン・ティエウもカトリック優遇政策をとり、カトリックの勢力は社会のあらゆる領域で拡大していた。

ティエウ政権においても、政治と宗教の緊密な結びつきがあった。省の知事の大部分が司教や司祭に従属していたことや、正規軍の30%がカトリックであり、国会では上院の60議席のうち40を、下院の135議席のうち40をカトリックが占めていたことなどにあらわれている。また、通訳、秘密警察のような重要な役職はカトリックに委託されていた［Bui 1978：117］。

教育機関への影響も大きい。学校の実人員の半分を擁する中等学校と初等学校の3分の2は、カトリック系の学校だった。カトリック知識人は、人文社会科学において25%、自然科学においては5%を占めていた［Bui 1978: 117－118］。また、プロテスタントとともに、カトリックは全国、地方のラジオ、テレビの放送時間が割り当てられており、メディア伝道も特権的に行なわれていた［Gheddo 1968：188］。

教会の勢いは増大し、1973年の統計によると、大司教2、司教18、司祭2036人で、1955年の2倍の数値となっている。信徒数は184万9252人で、1953年の約3倍である。アメリカの公的私的援助で、1400の教会が再建、建設された。教会は経済的にも豊かで、広大なプランテーションを所有していた［Bui 1978: 117－118］。

このようなカトリック教会の反共、親米政権への結びつきが際立つ一方で、反政府運動も高まっていく。1960年、南ベトナム民族解放戦線が結成され、本格的な革命運動が始まった。アメリカの北爆も始まり、戦争が長期化するにつれ、アメリカの援助依存による経済の崩壊、政権の腐敗が露呈されてきた。その中で、たとえばチャン・ティンは、第2バチカン公会議（1962年～1965年）の流れに乗り、「ベトナム平和運動カトリック委員会」を組織してカトリック雑誌『ドイ・ジエン』（Doi Dien）を発行し、親米政権への論陣を張る［今井 1994：137－138］など、しだいに、カトリック内部においても反対派が現れ、親米政権が崩壊に導かれていった。

社会主義政権：1976年～　1975年に親米政権が崩壊すると、400人の司祭と他の宗教者は5万6000人の信徒をつれて外国に逃げたが、教階制度はそのまま残り、フエとサイゴン大司教は革命新政権を喜びを持って迎える声明を出した。また、サイゴン大司教は自主的に教会の学校を国家の管理に委ねた［Phong 1978b：155－157］。当初、カトリック教会は社会主義政権と良好な関係であったが、1976年には活動の自由が制限され、多くのベトナム人司祭が逮捕された［事典 1986：782］。

この中で、1980年には、民族的根源に戻る、福音の精神に戻る、反共的態度を改める教会宣言が出される。このスローガンは、「同胞の幸福のために、民族の中で福音を生きる（Song phuc am giua long dan toc de phuc vu hanh phuc dong bao）」であり、信徒は「主を敬い、国を愛す（kinh chua yeu nuoc）」ことが求められ、宗教的忠誠と祖国への忠誠の両立を強調するものである。そして、カトリックのありかたを問いなおす研究において、カトリックが植民地主義に結びついたことを断罪するが、カトリック信徒そのものは祖国を一にする同胞との認識が示された

[Do 1990: 75 ; Tong Cuc Chinh Tri 1993: 162－165; Mac 1988]。

1983年には全国組織である「ベトナム愛国的カトリック団結委員会」（司祭142名、修道士11名、信徒146名の参加）がハノイで結成される[Dai Hoi 1983: 17]。これは政府のカトリック組織の全国版であるが、全国にこの委員会が浸透したわけではない。また、これはバチカンにはベトナムを代表するものではなく、この組織に反対したフエの大司教は政府によって厳しい処置を受けた［今井 1994：126］。

現在では、1986年以降のドイモイ政策によって宗教政策も緩和の方向に向かっており、1988年までに、再教育キャンプに収容されていた司祭が全て解放された［今井 1994：130］。しかし、一方では117名のベトナムにおける殉教者（うちベトナム人96人）の列聖問題が政治問題化し、緊張が高まった(5)。カトリックのモラルの高さ、経済活動のレベルの高さなどが取りあげられ、宗教評価の動きも見られるが［今井 1994：133－136］、依然として緊張状態は続いている。

2 南部村落の事例

旧タンチウ村 Xa Tan Trieu（現ドンナイ省ヴィンクー県タンビン村 Xa Tan Binh、Huyen Vinh Cuu、Tinh Dong Nai内の2区）は、ホーチミン市から北東約40キロに位置している。ここには1954年以降移民のために作られた教会ではなく、古くから南部ベトナムの東部布教の中心として機能していたタンチウ教会がある。現在はタンビン村のタンチウ区、ヴィンヒエップ区として再編成されている。現在、この2区を構成する旧タンチウ村は、タンチウ教会を中心にカトリック信徒が全508世帯のうち57世帯（約11％）を占めており、残る村民は、プロテスタント、カオダイ教の1、2世帯を除いて、伝統的な祖先祭祀を行なう非カトリックが占めている(6)（**地図1**参照、地名は旧名）。

ここで簡単に非カトリックの伝統的祭祀について触れておきたい。私は、

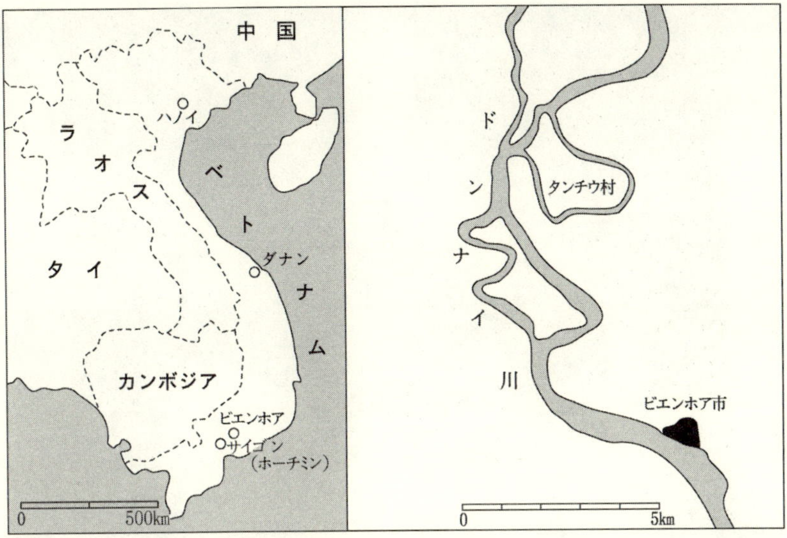

地図1

この非カトリックの風土の中でカトリックがいかに受容されたか、そして、いかなる関係性を築いてきたかに焦点をあてている。そのために、非カトリックの複雑な伝統的祭祀も、両者の交流という面から必要な点を略述したい［Nguyen, V.K. 1930; 萩原 1997b］。

ベトナムには、廟（Mieu）や寺院（Chua）、英雄を祀るデン（Den）、村落の守護神を祀るディン（Dinh）、それぞれの家には祖先を祀る祭壇（Ban Tho To Tien）や土地神、竈神など多くの祭壇があり、祭祀が行なわれている。特に、村落の守護神を祀るディン、寺院における祭祀と家族祭祀である祖先祭祀に注目しよう。

ディンは、村の守護神を祀り、その正当性を証明する勅神（Sac Than；神勅 Than Sac ともいう）という皇帝から下賜された巻物を保持している。村落行政における主要な問題は、ディンを組織する有力者である長老たちによって扱われていた。タンチウ村では、南北分割以前には、村落行政の実質的な権力はこのディンの長老たちによって支配されていたが、親米政権のもとで行政組織とディンは分離され、長老たちの権限は、儀礼と

カトリックの祭壇

非カトリックの祭壇

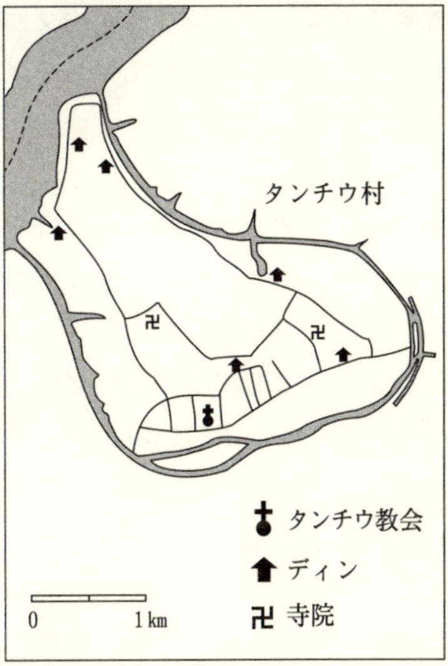

地図２

村民の葬祭儀礼を司る機能にのみ限定された。キリスト教徒以外はディンの組織に加入し、彼らは拠出金を支払いつつ儀礼を維持している。1945年以前には、加入は18歳以上の男性のみで、拠出金も社会階層に応じて３段階に異なっていたというが、現在では年齢に応じた３段階に変わっている。また、現在では緩和されているものの、女性の儀礼への立ち入りは禁止であったように、男女の区別が濃厚に残っている。

寺院における儀礼には、定期的に信者が集まる。信者ではない一般的な非カトリックにとっても、喪明けまでの葬祭儀礼に仏僧は必要だという。また、ディンと寺院は相補的な関係にあり、勅神を寺院が預かっていたり、儀礼が同時期に行なわれたり、寺院をディンとみなすなど村民における語彙も錯綜している。

祖先祭祀はどうだろうか。これは、加地によると儒教の中核をなす「孝」の理念の表現と考えられるが［加地 1990; 萩原 1997b］、その祖先の祭壇の前ではさまざまな儀礼が行なわれる。祖先の忌日祭りは3〜4代に遡るので、年に数回は行なわれる上、出生から死にいたる通過儀礼においても、血縁・地縁者が招かれて財力に応じた祝宴が催される。これらの儀礼的交換は頻繁で、そこで作り出されるネットワークは濃密である。

信徒は教会周辺に居住し、非カトリックとは住み分けがなされてはいる。信徒は、もちろんディン、寺院には集わなかったし、祖先祭祀を放棄してきたので、頻繁な家族祭祀の儀礼的交換にも参与しなかった。彼らは、独自の教会暦に従い、教会の儀礼にそって生活を行なうために(7)、非カトリックの伝統的な祭祀との接合点は見出せないのである。しかし、約１割を占めるカトリックは、6ディン、2寺院が近隣に位置し、頻繁な儀礼的交換を行なう非カトリックの中で、彼らとどのような関係を構築していたのだろうか［**地図2、写真1・2**参照］。

前史：布教開始〜第1次インドシナ戦争前夜(8)　タンチウ村の教会は、1995年に教会創立100年の記念式を挙行したが、その基盤はかなり古くからあり、ドンナイ省宗教委員会の資料によると1662年とされている［Ban Ton Giao 1995: 223］。おそらくは、南進とともに中部より移住してきた人々が多かったようである［A資料］。その名は出ないが、タンチウ教会と思しき記載によると、1740年ころには、既におよそ4000人のよく統率された信徒がいたが、18世紀末の西山朝と阮氏の争いや迫害でかなりの痛手を受けた［Louvet 1885t1: 350−351］。1781年には、南部の布教のためのシャム（タイ）の神学校（1675年設立）が、タンチウにその基盤を据えていたが［B、C資料］、1798年に南部で2番目の神学校として設立された。また、この地は、当時、阮朝をたてるために尽力していたアドラン司教が避難した場所でもあった［Nguyen, N. 1994: 193−194］。

1830年には修道院も創設されていたが、1833年の明命帝の禁教令によって、弾圧の対象になった。それ以降も断続的に弾圧は続くが、1850年に教会は再建され、ビンロウ樹、キンマなどの商品作物栽培の指導も行なわれ、発展を続けた。フランスの侵略が始まり、この地域を含むビエンホアなど東部3省がフランスの植民地になる前年には、官僚・知識人層やそのほかの非カトリックがタンチウ教会を破壊し、信徒の投獄、焼き討ちなどの暴挙に出る。その後数年は、非カトリックによる信徒への攻撃から自衛するために、信徒は神父とともにフランス行政府から銃を手に入れるまでに対立を深めていた。そんな中にも、カトリックは、1870年以後には教会を現在の形に再建し、学校も開設したり、小島のように孤立しがちだった村を取りかこむ堀に橋をかけ、周辺の信徒とともに市場を作るなどの新しい生活の形を作っている。この時、信徒数も1000人と現在の2倍ほどの勢いとなり、また、彼らは商品作物であるビンロウ樹栽培によって周辺の非カトリックよりも高い生活水準であったという［A資料］。

学校、橋、市場、農業指導と、これまでとは異なる新しい生活の形(9)をもたらしたカトリック教会の勢いは、タンチウ教会の受洗者数の伸びにも表れている。フランス植民地前夜の1865年から85年には、年間平均受洗数は、93.2人と高い。以後1885年から仏領期の比較的安定した時代である1940年までででは、25.7人と低い。これらは、ビンロウ樹やキンマ栽培に必要な肥料による水質汚染と蚊の大発生によって、マラリアや肝炎による新生児死亡率が急増したからである。そのために、1910年には信徒数が300人まで自然減少し、教会の神父も次々に交代している。しかし、仏領期と親米政権時代における教会は、寺院やディンをはるかに凌駕するほど土地を所有していることから（村の約6.3%）、順調な発展がうかがえる。

混乱期：1940年前後～1954年　このころの両者の関係性はいかなるものであろうか。経済的地盤は、引き続きカトリックが商品作物のみ、非カトリックが主に稲作と分かれていたし、また、儀礼実践も共有されてはいなかったという。そのため、一見、19世紀の文字資料にあるとおり両者は対立を続けているかのように見える。しかし、だからといって、対立や断絶をしていたわけではないようだ。

当時の語りによると、フランス統治時代の圧政は非カトリック・カトリックを問わず、過酷な生活を強いるものであった。村の中でも1、2の親族集団が、教会についで広大な土地を所有していたが、そのほかは教会の土地を安く借り受けて生活するカトリックが大半を占めていた。大土地所有制が整い、その底辺に組み込まれた多数のカトリックが、非カトリックとともに圧政に喘いでいたのである。それは、第1次インドシナ戦争で村内のカトリックにも革命参加者が現れたことからもわかる。カトリックの村落残留信徒80人のうちに、革命に従った人間が8人いたし、親族が革命の烈士であることを証する賞状を持つカトリックは4人いた。全国的な状況がそうであったように、村内のカトリックも多様化していたのである。

また、革命軍とフランス政府の二重支配による混乱のため、フランス政府軍は革命軍かと疑えば、村民を射殺していたようで、村民は非カトリック・カトリックを問わず、臨機応変に態度を変えていたという。

このように、政治的態度からもカトリック・非カトリックの区別は顕著でなくなっていた。非カトリックが教会の所有する田を低利で賃借していたことや、婚姻による改宗からもそれは理解できる。1939年から1954年までの間、カトリックにおける婚姻総数7件（年間平均0.44件）のうち、異宗間婚姻は非カトリックの男性とカトリックの女性が1件、カトリックの男性と非カトリックの女性が1件の計2件（28.6%）である。1940年代には、改宗は行なわずに夫婦で別々に宗教実践を行ない、子どももそれぞれカトリック、非カトリックに分かれている例がある。また、チョロンという中国人街から移入してきた華人家族がカトリックに改宗し、その娘が非カトリックの男性の妾となって出産している例もあることから、先の文字資料で見るような明瞭な対立とはいえない関係性が築かれていたと思われる。

また、1945年ころから、教会の学校で非カトリックもともに初等教育を受けていたことからも、両者の分離や対立は希薄化していることがわかる。ただし、教育環境はカトリックの方が良かったようである。30年代以前生まれのカトリックにおいては、大学教育・外国語習得の割合が非カトリック6.8%に対して、約20%と高い。彼らが都市で通訳や秘書、獣医などの職業に従事していた点は、大部分が農業に専念していた非カトリックと異なっていた。

親米政権：1955年～1975年　1955年に親米政権であるベトナム共和国が樹立されてから、タンチウ村は比較的安定を取りもどす。このころになると、非カトリック・カトリックともに革命参加者はほとんどいなくなる。カトリックの場合、教会で強制的に政府軍への徴兵が行なわれており、また、非カトリックにおいても、「生活のために」政府軍に参加して高給を得る者もいた。革命参加者は非カトリックでは2人で、第1次インドシナ戦争の時に比べて少なくなっており、非カトリックの中にも、経済的な保証を得やすいアメリカ側で仕事をする人々が増えていた。

非カトリックの多くは引き続き教会より貸しだされた田で米作に従事し、カトリックは、1945年、1952年の大洪水で枯れはてたキンマやビンロウ樹に代わって、ザボンやバナナなどの商品作物栽培を生業としていた。田が非カトリックに貸し出されていたのは、前述のようにカトリックが非カトリックに比べて高学歴で、都市での仕事が多かったためであろう。

教育水準は、生年が30年代以前の先述の例も加えた全体で見ると、学校教育をまったく受けていない者が非カトリックでは約17%、カトリックでは0%、大学教育・外国語習得者は非カトリック13.6%、カトリック18.9%とカトリックの方が高い。ただし、40年代、50年代以降生まれの村民では、その格差は少なくなり、親米政権においては学歴が一様に上がっている。これは国家レベルでの教育機関の充実を反映している。

両者の婚姻はこの時期から増加する。55年から75年の婚姻総数が18件（年間平均0.86件）と、前代よりも増加しているのは、村内が戦乱から解放され、比較的安定していたことを示すだろう。そのうち異宗間婚姻は、非カトリックの男性とカトリックの女性の婚姻が6件、カトリックの男性と非カトリックの女性1件の計7件（約38.8%）で、増加している。中でも、非カトリック男性がカトリック女性と結婚するケースが目立つ。これは、この時代のカトリック優遇政策によって、村民はカトリックであることを積極的に受け入れたことの証左であろうか[10]。

個々の事例を見てみよう。多いのが、従軍によりこの村に来た非カトリック男性が、カトリック女性のもとにそのまま婚入するというケースである。これは、カトリック男性が従軍で村内にいない上に、残されたカトリック女性の多くは、水質・土壌の悪化した環境ゆえにきょうだいが少なかったことが重なって、従軍で村に来た非カトリック男性の婚入によって家・土地を相続したのである。

さらに、改宗時期を見てみよう。祖先祭祀を認可するなど大改革がなされた第2バチカン公会議（1962－65年）以降に婚姻を行なった非カトリック男性は、1人を除いて数年から10年以上のちにならないと改宗をしていない。つまり、婚姻がただちにカトリックとなることを選択した結果ではないということである。カトリックに改宗することで何らかの恩恵に預かれるということはあまりなかったのではないか。教会から安く土地を借り受けることはできたが、カトリックとして優遇されるのは、都市の国家機関に従事する人々が多かったのではないか。都市で働くことのできた高学歴のカトリックは村内でも少数であったし、1940、50年代以降生まれの村民は、学歴においてそれほど格差は見られない。上述のとおり、アメリカのカトリック教会への援助は膨大なものであったとしても、それが村落の信徒にどのくらい利を与えていたかは、はっきりわからない。こうしたことから、カトリックの政治的性格が彼らの関係性の構築に直接的に反映してはいないことがわかる。

このころから、非カトリックの行なう忌日祭りにカトリックも招待されるという形の交流が生まれている。これは、上述の第2バチカン公会議によって祖先祭祀が認可されたことによるのであろう［Do 1990: 25－30; Ban Ton Giao 1995: 225］。それ以前には、非カトリックの忌日祭りに招待されても、供物として祭壇に捧げられたものを口にすることが罪になるといわれていたらしい［The 1978：25］。それが婚家の増大とともに、伝統的祖先祭祀にも参加しはじめるようになったのである。

社会主義政権：1976年～　1976年、社会主義政権が樹立されると、教会の財産は没収され、非カトリック・カトリックともに親米政権側に従軍していた者は再教育キャンプに収容されたり、公民権を剝奪されたりと厳しい処遇を受ける。タンチウ村でも、1975年のサイゴン陥落以前、あるいは1975年以降、アメリカに逃れたカトリックが数世帯いる。非カトリックでも1世帯確認できた。

この時期になってはじめて、両者の経済的基盤における共有が合作社によって果たされた。カトリックは稲作に従事したことがなかったので、大半の農業経営は失敗したといわれるが、以後、カトリックでも稲作に従事する世帯が出てきたのである。また、その結果、非カトリックの伝統的村落祭祀の拠点であるディンの儀礼にもカトリックが参与するようになった。これは、政府の政策によりディンが宗教色を薄め、相互扶助的な性格を強めた結果でもある。カトリックは非カトリックの祖先祭祀の儀礼実践にも引き続き招かれ、その交流は増してきた。

1976年から97年時点まで婚姻件数は19件（年間平均0.86件）と前代と変わらない。そのうち婚姻による改宗は、非カトリック男性とカトリック女性が5件、カトリック男性と非カトリック女性が5件の計10件（約52.6%）で、前代より増加している。カトリック優遇時代が終わり、社会主義によってカトリックに対する厳しい処遇が行なわれた結果、村内でも改宗は減少したかと想像したが、そうではなかった。カトリック優遇時代以上に、婚姻によってカトリックに改宗する者が増えている。改宗年は、婚姻後やはり数年から10年かかっているが、この改宗数は、カトリックの政治的性格の変化にもかかわらず、村落レベルでは連続的な交流が引き続き行なわれているということを表している。カトリック男性と非カトリック女性との婚姻が増えたのは、カトリック男性が従軍から多く帰村してきたことによるだろう。

現在：市場経済とその影響　1986年にドイモイ政策が採択されてから、合作社も解体し、市場経済化が進んできた。1994年には近隣の村に韓国資本の工場が設立され、タンビン村も712人（1997年時）が工員として勤務している。工員として働きに出ることが、一家にかなりの物質的潤いをもたらすようになった。また、ビエンホアやサイゴンなどの都市の生活水準が向上し、村の商品作物であるザボンやトウモロコシの価値が上がり、輸送機関の発達やバイクの普及で都市への移動が容易になったことでも、現金収入の増加をもたらした。さらに、政府の奨励により越僑（海外在住ベトナム人）の帰国が容易になったため、外貨が村にももたらされてきた。これらは、ドイモイ以降の市場開放によって変化した一側面である。

こうした側面とともに、注目したいのは1990年代になってから儀礼実践に生じた変化である。1つは、非カトリックの祖先祭祀や結婚式、葬式などの儀礼実践の大規模化が進んでいることである。これは、ドイモイ政策による宗教の規制緩和で、儀礼実践への規制が減少し、同時に現金収入の増加がそれを可能にしているためであろう。しかし、もっと注目したいのは、カトリックにおける変化であり、非カトリックに類似した実践が増えてきていることである。

たとえば、ディンについては、合作社を契機に70年代後半からカトリック50世帯中3世帯が加入しており、未加入だが儀礼に招かれるのが8世帯にも及ぶ。寺院の儀礼に招かれて参加するのは50世帯中6世帯である。また、忌日祭りに招待されるカトリックは、100%に達する。その出席回数も年間平均20回である（非カトリックは年間平均35回）。自ら忌日祭りを主催したことがある、またはしているカトリックも、50世帯中10世帯にも及ぶ。

中でも、90年代以降に積極的になった忌日祭りの主催は目を引く現象である。これまでも、カトリックは非カトリックの忌日祭りに招待されて参加することはあったが、数は多くなかったし、自ら主催することはなかった。

ただし、カトリックの忌日祭りは非カトリックのそれとは異なる。忌日といっても、父母、あるいは子までで、非カトリックのように3代、4代それ以上には遡らない。年に数度も行なわないし、定期的でもない。私が指摘したいのは、忌日に非カトリックのような祝宴形態で、親族のみならず近隣の人々をも招いて食事をもてなすありかたである。この忌日祭りにおける祝宴形態の取りこみを、非カトリックの祖先祭祀に類似した儀礼実践と捉えたいのである。というのは、以下のように、非カトリックにおいては、この祝宴形態の儀礼実践に村落生活の多くの時間を割き、多大な出費をもたらしているからであり、それをしなかったカトリックとの違いは際立っていたからである。

非カトリックにおいて、忌日祭り、結婚、葬式といった宴形態の儀礼実践、それによる贈与交換が村落生活に占める財と時間の割合は大きい。非カトリックの各世帯の主催する忌日祭りが年に数回、かなりの財を消費する。頻繁に招かれる近隣の忌日祭りには、日雇いの日当（約2万ドン＝約200円）の半額から3分の2程度の果物やお菓子を持参しなければならないし、結婚式には日雇いの日当の2.5倍以上の祝儀金を持参する。葬式も日当程度は必要である。結婚式の数は年間平均19回、多い人では50回近くである。カトリックも年間平均16回なので、結婚式においてはそれほど格差はないが、主に忌日祭りの主催、参加によって、財と時間の消費の格差が生じている［萩原 1997b］。

このように両者の違いを際立たせている祖先祭祀に対する態度が、非カトリックにおいていかに重要な位置を占めているか。それは、カトリックへの違和感として語られる内容の中で「祖先祭祀をしない」ことがもっとも多いことからもわかる。これはカトリックの特徴である伝統的祭祀の否定への言及であるが、中でもディンなどの村落祭祀への不参加ではなく、祖先祭祀をしないことへの違和感である。現在も、それへの批判やトラブルは非常に多い。

ある非カトリックはカトリックに対して「カトリックは忌日祭りをしないからお金がたまる」「祖先を拝まないとか、祖父母の命日も覚えていないなんて考えられない」と言う。こう語る非カトリックは少なくない。さらに、カトリック女性と結婚したものの、親族の反対で改宗を遅らせている非カトリック男性の例や、息子の恋人であったカトリック女性の妊娠ゆえにやむなく婚姻を承認した非カトリック家族が、カトリック女性が祖先祭祀をしないことを不愉快に思ってトラブルが絶えないなどの語りがある。また、1930年代後半の事例であるが、非カトリックの息子にカトリック女性と結婚する意志を告げられた時、その母は、夫にも既に先立たれ、ほかに息子もいないために、自分の死後、息子がカトリックとなれば祭祀をしてもらえないことを憂えて、息子の改宗とともに自らも改宗したという。これらの事例は、非カトリックにおいて祖先祭祀を行なうことがいかに重要な位置を占めているかのあらわれであろう。

それが現在では、非カトリックの祖先祭祀に類似した儀礼実践にも参与するカトリックが出てきたのである。また、他方で、非カトリックでも、儀礼実践にかける財と時間を浪費と考えて、その分を子どもの教育に向けたり、仕事に向けている例が出てきている。ドイモイ以降の市場経済の浸透によるこのような慣習行動の変化は、結果的に、両者を特徴づけていた差異を希薄にしているのである。

3 政治的状況と民衆の生活の形

政治的状況と結びついたカトリックの位置と、村落におけるカトリックと非カトリックとの関係性を見てきた。ここで明らかになったのは次のことである。

フランス植民地時代から、親米政権時代、社会主義政権の現在にいたるまで、カトリックの政治的性格は次々とその社会的位置を変えてきた。しかし、村落生活における彼らの関係性は、そうした状況を反映するものではなかった。異宗間婚姻の数は、カトリックが優遇されようと、厳しい処遇にあおうと、あまり変化がない。政治的参与も、たとえば親米政権時代において、ドンナイ省宗教委員会資料［Ban Ton Giao 1995］には、カトリックのみが農作業をやめてアメリカ側で従軍や仕事をしていたとあるが、両者のあり方にそれほど大きな差異は見られず、両者の態度はもっぱら「生活のため」の選択の結果である。儀礼実践における交流も、現在にいたるまでますます拡大しており、特に現在はカトリックによる非カトリックのそれへの参与が顕著である。

このように約50年あまりにわたって、カトリックと非カトリックは、重層的な関係を結びながら、激変する状況の中で大きな対立もなく共生してきた。これは何ゆえであろうか。そこに何らかの原理はあるのか。あるとすれば、それは何か。非常に大きな問題であり、もっと詳細な検討を行なうべきであるが、本稿では、最後に試論として、あえて考察の展望を述べておきたい。特に、近年のカトリックの儀礼実践の変化を例にして考察しよう。彼らは、何ゆえ忌日祭りに積極的に参与しはじめたのだろうか。

彼らの説明によれば、「亡くなった父母への情感によって」「大勢で楽しいから」「非カトリックへの返礼として」という。しかし、そうであれば、1962年から65年に第2バチカン公会議によって祖先祭祀が認可されてすぐに、始めてもよかったものであろう。公会議の影響が南部で現れはじめたのが1966年頃としても［今井 1994：128］、なにゆえそれが1990年代になってから増加しだしたのか。ディンへのかかわりは、合作社を契機に社会主義政権樹立後すぐに増えていることから、政府レベルの影響が考えられる。しかし、忌日祭りは、こうした政府による直接的な関与とはかかわりなく、過去から交流があったし、そして、90年代になってより積極的な交流が始まっているのである。

儀礼実践を行ないはじめたカトリックに特徴的なことは何だろうか。たとえば、非カトリックとの婚家を持っていること、1〜2代前が非カトリックであること、商売上、非カトリックとの関係が深いことなどがある。つまり、既に非カトリックとのネットワークの中に組みこまれていることが特徴である。彼らは、おもに父母の死を契機にそれぞれの「情感（tinh cam)」にもとづいて、宴形態の忌日祭りを主催し、多くの人々を招いているのである。

この点は、儀礼改革の観点から北部の村落調査を行ない、党・国家の指導による非カトリックの儀礼実践の変容を考察したマラーニーの研究が参考になる。党・国家は、ディンの儀礼や結婚、葬式、祖先祭祀における忌日祭りなどの過剰な時間と財の浪費をなくし、また、そこで示される社会的経済的差異や不平等性を撤廃しようとした。党・国家の強制により、多くの儀礼実践や迷信が廃止されたが、一方で、民衆の抵抗にあい根強く残る儀礼実践があった。その根強く残った儀礼実践が、宴をともなう葬式、結婚式、忌日祭りなどである。ここで、村民において生産/再生産される社会的結合と相互扶助の関係を「情感関係」(tinh cam relation) とマラーニーは呼んでいるが、これらが国家の圧力にもかかわらず根強く残ったのである［Malarney 1993］。

マラーニーが示した、国家の強制力に抵抗し、情感関係によって道徳的義務を果たし、社会的結合や平等性を生産/再生産させる儀礼実践は、松田の指摘する民衆固有の慣習文化の存在を想定させる。それは、民衆固有の論理にもとづくさまざまな変革の可能性を示すものである。民衆は支配権力に服従するだけではなく、一方で、自律的な力を鍛えていた。その力を生みだすメカニズムは、意識的でない自生的な秩序を持つ日常的な慣習や行動と密接に関係している。このような民衆固有の論理において、さまざまな変革の可能性を生みだす力が醸成されるのである(11)。

つまり、さまざまな大状況に屈しない民衆の自生的な秩序の中に、社会への何らかの変革力が潜んでいるのである。その変革力には、当然、さまざまな形がある。その中に、たとえば、社会の危機的状況を回避しようとする力や、それによって社会の中の対立しがちな関係性を共生に向かわせる力が含まれているとすれば、カトリックの儀礼実践の変化も、この力のあらわれといえよう。カトリックにおいて始まった儀礼実践は、北部で復活したこの祝宴形態であり、マラーニーに従えば、社会的結合と平等性を生産/再生産させる儀礼である。これらが1990年代になって盛んになったこと、それは、市場経済の影響で、儀礼を行なえる経済力が備わってきたことに加えて、村民間の社会的経済的差異が著しくなったことに関係しているのではないか。もともと非カトリックとのネットワークを備えていた彼らは、非カトリックの慣習文化の取りこみによって「情感」を強調しつつ行なう儀礼を実践し、社会的結合を生産/再生産させることによって、新たな差違を生み出す社会変動に対応しているのだと考えられよう。

もちろん、マラーニーも指摘しているが、大規模な儀礼実践によって、逆に、社会的経済的差異を強調する結果を生みだしている例もある[Malarney 1993]。したがって、一概に社会的結合のみを生産/再生産させているとはいえない。しかし、「情感関係」の強調といまだ小規模の実践が社会的経済的差異を解消する一面を持つことは否定できないし、現在、彼らがそれを選択しはじめていることを新たな社会変動に伴う危機的状況への対応として考えることは可能であろう。

こうしたカトリックの選択は、全体として見れば依然少数派にすぎないし、非カトリックでも、市場開放にともなう合理的な対応で儀礼実践を縮小させていく場合も多い。これまでの政治的状況の変化においても村民の多様な選択があったように、慣習行動に関しても、カトリック・非カトリックそれぞれに多様な対応がある。しかし、民衆が自律的に選択する実践の中に、危機的状況を回避しようとする実践もまた、確実に、しかも柔軟に選択されていることに、民衆固有の論理にもとづく関係性構築の力、あるいは共生の原理が見出せるのである。

ふりかえれば、1960年前後から非カトリックが忌日祭りにカトリックを招待していたことも、これに通じるのではないか。儀礼実践において等価関係にないカトリックを、それにもかかわらず招待しつづけていたことも、変転する政治的状況の中で瓦解しかねない関係性を構築しつづけようとする何らかの力のあらわれであったと考えられる。大状況への多様なかかわりの中で、こうして脈々と関係性を持続させていく力が、日々の生活の選択と実践において根太く醸成されていることがうかがえるのである。

おわりに

東南アジアにおけるキリスト教の布教は、少なからず植民地支配と結びついていた。したがって、当然のことながら政治的性格を濃厚に付与されて、社会の中で受容されてきた。それは、ベトナムにおいても同様であり、そのために、研究者の視点がカトリックにおける政治的側面に注がれることになりがちだったのである。

しかし、南部の一村落の事例において見てきたように、カトリックという、ある面で政治的な性格を持った表象に対して、非カトリックは一面的な関係を築くのではなくて、村落生活の中で政治的、経済的、宗教的などさまざまな形で重層的な関係性を築いてきた。その結果、政治的状況にただちに還元されない彼ら独自の関係性が脈々と築かれてきたのである。おそらくは、文字資料に対立のみのごとく描かれていた1940年以前さえ、何らかの共生関係が築かれていたことは想像に難くない。

カトリックという政治的に表象された言説によって一面的な見方を排すること、それは研究者の限定的な視点を排することもである。私も調査において、文字資料で得ていた知識と村落におけるカトリックの位置との乖離が大きく、とまどうことが何度もあった。「非カトリックとはずっと前から和合していた」「貧しい時に助けてくれたのは、近くに住む非カトリックだった。教会ではない」などと語るカトリックの数は、決して少なくない。カトリックと対立していたのではと驚く私に、非カトリックも「ここのカトリックはおとなしくて優しい人たちだ」と笑い、両者から「カトリック・非カトリックの区別はなかった」と語る声が多く聞こえた。この乖離はむしろ当然のことで、驚くべきものでもなかったはずだが、私にとってそれこそがカトリックの民衆レベルでの受容についての問いを形作っていくものとなった。カトリック・非カトリックの関係性を通した民衆レベルでのカトリックの受容のあり方と、政治的言説に結びつきがちなカトリックの大状況との間には、いかなる連関あるいは断絶や屈折が存在するのか。本稿では、それをできるだけ詳細に示すことに努めたつもりである。

カトリックと非カトリックとの弾力に満ちた関係性は、政治的状況のただ中で、個々の村民が日常の生活における多様な選択をなしつつ、柔軟に構築されてきたものである。その構築する力が何であり、いわゆる共生の原理が何であるのか、ここでは展望を述べるにすぎなかったが、この日常性の中の多様な実践にその答えが見出されるのではないか。研究者の固定した見方を相対化させていく変革力も、この日常の生活の中にあるのである。

【註】

（１）宣教史、迫害史［Louvet 1885; Launy 1894; Phan 1958; Nguyen, H.T. 1959; Nguyen, H. 1959］以外には、植民地主義との関係をあとづける研究［Vo 1969; The 1978; Phong 1978a 1978b; Bui 1978; Autour de … 1988; Mac 1988; Do 1990; Tong Cuc Chinh Tri 1993］が主流を占めている。その中で、党・国家のカトリック政策を丹念にあとづけた今井 1994 は、新しい成果である。本稿も第２章２節〜4 節は今井 1994 によるところが大きい。

（２）語られる対象や語る側の位置や権力関係をさまざまな角度から検証するニューヒストリーの一連の成果やオリエンタリズム批判は、これらを問い直すものである。その中で、これまで植民地状況における語りには、均質化の語りがほとんどであったが、それを切り開く異質化の語りの可能性を検討している松田 1997 が参考になる。

（３）The 1978、および、特に Louvet 1885 に詳しい。宣教師の中でもイエズス会士のアレクサンドル・ド・ロード（Alexandle de Rhodes）は有名である。彼はベトナム語のローマ字体への転写（現在の国語クォック・グー quoc ngu）によって、布教に重要な貢献を為したベトナム語＝ラテン語＝ポルトガル語辞典を作った。また、現地人聖職者を養成し、パリ外国宣教会の設立（1658 年）に尽力した［The 1978：14－18; Louvet 1885t.1：247－257］。

（４）1955 年段階から 62 年とを比べると、初等・中等学校の数は２倍以上、大学進学者は約３倍になり、海外留学も増加している。また、マラリア、トラコーマ撲滅などの公衆衛生の啓蒙も進み、病院や無料診療所、産院などの医療施設も多くの村に設置された。農業分野でも、米の急速な生産増大とコーヒー、ゴム、茶などの商品作物の増大が実現された［Buttinger 1967：928－929］。

（５）ベトナムにおける殉教者の中には、植民地主義者に加担した、聖人としてふさわしくない人物がいることなどが政府で問題化された［Do 1990: 70－77］。ベトナムで行なわれた議論、Autour de l'affare de canonisation des 117 bienheureux martyrs du vietnam 1988、Van de phong thanh tu dao va lich su dan toc Viet Nam 1988 参照。南部ではわずか４人の列聖者の中に村落の事例でふれるタンチウ出身の人物も含まれている。

（６）詳しくは、萩原 1997a を参照。この調査は、ホーチミン市人文社会科学センターのドー・タイ・ドン（Do Thai Dong）教授とタンビン村のウィン・ヴァン・ロン（Huynh Van Long）主席とグエン・タイン・サン（Nguyen Thanh Son）祖国戦線主席の尽力によって、1995 年から 1997 年にわたって約７ヵ月間行なったものである。本稿で示す数値は、現地で得られた未公刊資料［A〜D］とカトリック・非カトリック 50 世帯ずつに行なった聞き取り調査の統計である。

（７）The によると、ホ・ダオ（ho dao）と呼ばれる閉鎖的なコミュニティーが作られ、それが教会組織の基礎となっており、そこで結婚、埋葬などのさまざまな儀式が挙行される。内部は封建的に地位や役職が決められている［The 1978: 50］。しかし、Nguyen によると、彼らも祖先を軽んじていたわけではなく、教理に合ったやり方で祖先を祀っていたとして、祖先祭祀の可能性が指摘されている［Nguyen, N. 1994: 204－205］。

（8）フランス人神父が記した文字資料［A 資料］とその近隣のライティウ教会（ソンベ省）の現神父による文字資料［B 資料］、サイゴンの神学校の資料［C 資料］、チョクワン修道院の資料［D 資料］、さらに 19 世紀の宣教師による文字資料 Louvet 1885 によって叙述している。

（9）ほかに、焼畑の禁止や西洋の薬剤の使用、聖水による病気治しの奇跡など、伝統社会に革新をもたらしている。中でも 1850 年から 51 年にコレラが全国的に蔓延したさいには迫害が一時中断されて、だれもがカトリック信徒になったようだったとルヴェ神父は皮肉をこめて述べている［Louvet 1885t.2：181－182］

（10）私は以前の論文で、優遇政策の証左であると述べていたが［萩原 1997a］、その後の調査と資料分析によってニュアンスをつける必要性を感じている。したがって、本稿の婚姻による改宗数に関する分析も、萩原 1997a の結論と異なっている。

（11）松田は、アルチュセールのイデオロギー論が主体―服従の閉じられた円環であり、そこには歴史の変革を説明できないことを批判し、その閉じられた円環から抜け出るための変革力を、日常的な慣習や行動と関連した自生的な秩序に求めている。その例として、17 世紀から 19 世紀にかけてイギリスのシャリバリ儀礼の意味の非連続性の中に、時代の権力支配に従属しない慣習文化の存在を指摘したトンプソンの成果を挙げている。松田は、これらから、大状況への変革力の源泉を日常生活における「生活知」「生活の便宜性」としている（のちにこれらの民衆の抵抗の形を「生活戦略」［松田 1992］とよんでいる）［松田 1989］。私が用いている「生活の形」ということばも松田によってヒントを得ている。

【参考文献】

Autour de l'affare de canonisation des 117 bienheureux martyrs du vietnam,（Comité national des sciences sociales du vietnam, 1988）.

Ban Ton Giao Tinh Dong Nai. 1995. *Tai Lieu Huan Luyen Can Bo Cong Tac Ton Giao: Luu Hanh Noi Bo*（ドンナイ省宗教委員会『宗教対策幹部訓練資料』）.

Buttinger, J. 1967. *Vietnam: A Small Dragon Embattled.* London: Pall Mall Press.

Bui, T. K. Q. 1978. "Le catholicisme sous Nguyen Van Thieu" *Étude Vietnamiennes No. 53, Les catholiques et le mouvement national.*

Dai Hoi toan quoc nhung nguoi cong giao Viet Nam xay dung bao ve to quoc, bao ve hoa binh, ngay 8, 9, 10, thang11, 1983,（Ban thu ky Uy Ban Doan Ket Cong Giao Yeu Nuoc Viet Nam Xuat Ban, 1983）（『祖国と平和を守るベトナム・カトリックの全国大会－1983年11月8・9・10日』ベトナム愛国的カトリック団結委員会出版）.

Do, Q.H. 1990. *Mot so Van de Lich Su Thien Chua Giao o Viet Nam*（Ha Noi, Truong Dai Hoc Tong Hop Ha Noi - Khoa Lich Su）（『ベトナムのカトリック史における問題点』ハノイ総合大学歴史学科）.

Gheddo, P. 1968. *Catholiques et boudhistes au vietnam.* Paris: Alsatia.

Launy, A. 1894. *Histoire général de la Société des Missions Étrangères.* 3 vols. Paris: Téqui.

Louvet, L.E. 1885. *La Cochichine religieuse.* tome1, 2.（Librarie de la société asiatique de l'École des langues orientales vivantes de l'École du Louvre, ETC, Paris: Challamel）.

———. 1990. *Mgr. d'Adran.* Paris: Librairie Delhomme & Briguet, 1900.

Mac, D. 1988. "Nguoi Viet Nam Thien Chua Giao o Mien Nam Nuoc Ta tu the ky 17 den 19",（Uy Ban Khoa Hoc Xa Hoi Viet Nam・Ban Ton Giao cua Chinh Phu, *Mot So van de lich su dao Thien chua trong dan toc Viet Nam,* TP. Ho Chi Minh, NXB. Vien Khoa Hoc Xa Hoi va Ban Ton Giao TP. Ho Chi Minh）（「17世紀から19世紀のわが国南部におけるカトリックのベトナム人」『ベトナム民族のなかのカトリック史にかんする問題点』ホーチミン市社会科学院・宗教委員会）.

Malarney, S.K. 1993. *Ritual and Revolution in Vietnam.* Ph.D. Dissertation, University of Michigan.

Mot so bai tham luan tai Hoi nghi khoa hoc toan quoc ve van de phong thanh tu dao va lich su dan toc Viet Nam, ngay 8, 9, 10 thang 6, 1988（ベトナム民族の歴史と殉教列聖問題にかんする全国科学会議における討論　1988年6月8・9・10日）

Nguyen, H. 1959. *Lich Su Truyen Giao o Viet Nam.* Cho Lon, NXB. Hien Tai（『ベトナム宣教史』現代出版）.

Nguyen, H. T. 1959. *Les origines du clergé vietnamien.* Saigon: Section historique,

Groupe Litteraire Tinh-Viet.

Nguyen, N. 1994. "Thien Chua Giao tai Nam Bo" PTS. Phan An, *Nhung Van De Dan Toc, Ton Giao o Mien Nam.* Trung Tam Nghien Cuu Dan Toc Hoc va Ton Giao, NXB. Thanh Pho Ho Chi Minh（「南部のカトリック」『南部における宗教、民族の諸問題』民族学・宗教研究センター）.

Nguyen, V. K. 1930. "Essai sur le Dinh et le cult du génie tutelaire des village au Tonkin", *Bulletin et l'École Française d'Extrême -Orient* t.XXX.

Phan, P. H. 1958. *Viet Nam Giao Su.* Saigon: Nha Tuyen-Uy（『ベトナム教会史』）.

Phong, H. 1978a. "Le catholicisme sous Ngo Dien Diem" *Études Vietnamiennes, no.53, Les catholiques et le mouvement national.*

———. 1978b. "La réintégration des catholiques dans la communauté nationale," *Études Vietnamiennes, no. 53, Les catholiques et le mouvement national.*

The, H. 1978. L'église catholique et la colonisation francaise," *Études Vietnamiennes, no. 53, Les catholiques et le mouvement national.*

Tong Cuc Chinh Tri. 1993. *Mot so hieu biet ve ton giao —— Ton Giao Viet Nam.* Ha Noi, NXB. Quan Doi Nhan Dan Ha Noi（政治総局『宗教にかんする考察：ベトナムの宗教』ハノイ人民軍出版）

Vo, D. H. 1969. *La place du catholicisme dans les relations entre la France et le Vietnam de 1851 à 1870.* tome 1. 2. Leiden: E.J. Brill.

今井昭夫. 1994.「社会主義ベトナムとカトリック：社会主義下の国民意識統合と宗教」『地域学を求めて：田中忠治先生退官記念論文集』田中忠治先生退官記念論文集刊行委員会.

加地伸行. 1990.『儒教とは何か』（中公新書）中央公論社.

竹中正夫（編）. 1986.『世界キリスト教百科事典』教文館（Barrett, D. B. 1982. *World Christian Encyclopedia.* Nairobi: Oxford University Press）.

坪井善明. 1991.『近代ヴェトナムの政治社会史：阮朝嗣徳帝統治下のヴェトナム 1847-1883』東京大学出版会.

萩原修子. 1997a.「南部村落におけるカトリック教会：タンチウ村の事例から」『宗教と社会』第 3 号.

———. 1997b.「ベトナム南部村落における近代化の経験：ドイモイ以降の儀礼的交換と金融講」『西日本宗教学雑誌』第 19 号.

松田素二. 1989.「語りの意味から操りの力へ：西ケニアのフィールドワークから」田辺繁治（編著）『人類学的認識の冒険：イデオロギーとプラクティス』同文館.

———. 1992.「民族再考：近代の人間分節の魔法」『インパクション』75 号.

———. 1997.「植民地文化における主体性と暴力：西アフリカ、マラゴリ社会の経験から」山下晋司・山本真鳥（編）『植民地主義と文化：人類学のパースペクティヴ』新曜社.

【未公刊資料】

Chrétienté de Tan Trieu（タンチウ教会資料　1850-1910 年頃）
Nha Tho Lai Thieu（ライティウ教会資料）
Chung Vien Thanh GUISE Saigon 1863-1963（サイゴン神学校資料）
Lich Su Dong Men Thanh Gia Cho Quan 1852-1970（チョクワン十字架会の歴史資料）

第8章

マレーシア・カトリック教会におけるポスト・コロニアリズム

奥村みさ

はじめに……229
1 儀礼に見るポスト・コロニアリズム……230
2 修道会の活動の変化……240
3 イスラームとの対話……248
おわりに……251

はじめに

マレーシアのカトリック教会におけるポスト・コロニアリズム、すなわちマレーシア独立後のカトリック・アイデンティティ確立への道は、イスラームとの関係をぬきにしては語ることはできない。

1998年4月19日から1ヵ月にわたり、バチカンで「アジア特別代表司教会議（シノドス）」が開催された。アジア各地域からの司教以上の聖職者とバチカン側関係者を含め、260人が一堂に会し、意見を交換するという初めての会議であった。

特筆すべきは司教たちの率直な発言である。日本の司教たちからも、欧州型の宣教の問題点、東西文化の違いなどについてかなり掘り下げた発言があった。中でも分科会で注目された発言のひとつに、マレーシアの大司教の発言がある。「アジアの諸宗教から学べること」と題した報告は、他の諸宗教とのエキュメニカル運動に対する今までにありがちな「敬意は示すが距離は保つ」といった形式的な内容ではなく、教義内容にまで踏み込んだ発言であった。カトリック教会が他宗教に学ぶべき教義や祈り方などを具体的な例をあげながら、他の諸宗教との共存が単に相互の教義を理解する段階から、共に祈り、働く段階に来ていることを示唆した(1)。

なぜ、マレーシアの大司教はこのような思い切った発言をしたのか。その背景には、マレーシアのキリスト教が置かれている多宗教的現状がある。特に、イスラームの存在は重要である。マレーシアのキリスト教徒は自分たちの宗教的アイデンティティの境界を自力で決定するのではなく、常に「国教」であるイスラームとの関係で決定される、という状況に置かれている。

マレーシア政府は、イギリスから政治的独立を遂げた後、文化的にはマレー・イスラーム文化を標榜することにより脱植民地化を図ってきた。その渦中にあって、マレーシアのカトリック・コミュニティは、学校の閉鎖、布教の制限など政府から活動の制限を受けてきた。では、カトリック教会はこのような状況で、どのように脱植民地化を図ろうとしているのか。活動の制限を受ければ受けるほど、かえって彼らは自分たちの置かれている状況について深く理解することとなり、むしろ「マレーシア人の」カトリックとしてのアイデンティティが強化されていくように見受けられる。この現象は、マレーシアにおけるカトリックのポスト・コロニアルな信仰のあり方への模索とも考えられよう。

本論では、具体的な事例として、まず儀礼におけるポスト・コロニアリズムを紹介する。そして、そのポスト・コロニアリズムを生んだ歴史的・社会的背景を顧みたのち、現在のイスラームとの対話そしてエキュメニカルな活動について言及する。

1 儀礼に見るポスト・コロニアリズム

現在のカトリック・コミュニティが置かれている環境　マレーシアが独立したのは1957年であった。独立と同時に制定された憲法によれば、「イスラームが連邦の宗教である」（第3条第1項）。第11条第1項では「誰でも自分の宗教を告白し、実践し、第4節の規定の範囲内でそれを広める権利を有する」として宗教の自由を認めてはいるものの、第4節では他宗教からのムスリムに対する布教を禁止している(2)。つまり、イスラームと他宗教との間にはっきりと境界線を引いているのである。

マレーシアがイギリスの植民地支配から脱し、マレー・イスラーム文化を中心に据えたナショナル・アイデンティティを形成し始めた頃、カトリック教会では第2バチカン公会議（1962－65年）が開催された。それ以降、カトリック教会は世界の各地域の共同体における内発的発展を促すようになった。その方針に従い、さまざまな地域や国家では地元文化に根ざしたキリスト教のあり方が模索されてきた。

偶然にも、マレーシアのカトリック・コミュニティはバチカンが地域主義を提唱し始めたのとほぼ時を同じくして、自分たちのアイデンティティ模索への道を歩みはじめたのである。しかし、マレーシアのような多文化国家であり、しかもイスラームを国教に定める国家におけるカトリック・コミュニティでは、まず彼らにとっての「国民文化」とはなにか、を具体的な形で象徴させる作業から始めなくてはならなかった。

マレーシア政府は1970年以降、ブミプトラ政策というマレー系優先政策を実施している(3)。この政策はそれまで曖昧であった「マレー系」と「非マレー系」との境界を明確化することとなった。そして、皮肉なことにマレーシア政府のイスラーム化政策が、それまで自分たちのアイデンティティをあまり意識していなかったカトリックの人々に危機感をもたらし、かえって自分たちが拠って立つことのできる基盤をなんとか築き上げようとするように仕向けた結果となってしまった。

マレーシア・カトリックのポスト・コロニアリズムは、イギリス植民地文化というよりも、実は独立後のマレーシア政府のブミプトラ政策によって喚起されてきたと考えられる。ポスト・コロニアリズムの重要な使命のひとつが被植民者の自己表現、あるいは固有の文化創造であるならば、「表現する対象はだれか」という方向性が常に問われることとなろう。多くの場合は旧宗主国文化に対する「独立宣言」という形をとるのであろうが、マレーシアのカトリック・コミュニティのポスト・コロニアリズムを論じる場合、それはイギリス文化というよりも独立後にマジョリティとなったマレー・イスラーム文化に対する「信仰宣言」となったのである。

しかしながら、マレーシアのカトリックは、文化的に一様ではない。非マレー系で形成される他の集団と同様に、複雑な多文化的背景を背負っている。華人系は中国文化的背景を、インド系はヒンドゥー文化的背景を持つ。各々のエスニック文化の伝統に加えて、郊外に住むミドルクラスのほとんどは英語教育を受けており、西洋的ライフ・スタイルにもなじみが深い。しかし、イスラームの圧力と闘うには、異なる諸民族を統合しカトリックとして団結するための共通の文化基盤の創造が死活問題として浮上してくる。

イスラームがマレー系にとってのアイデンティティの象徴となったことで、非マレー系にとっても宗教はアイデンティティの象徴としての重要な

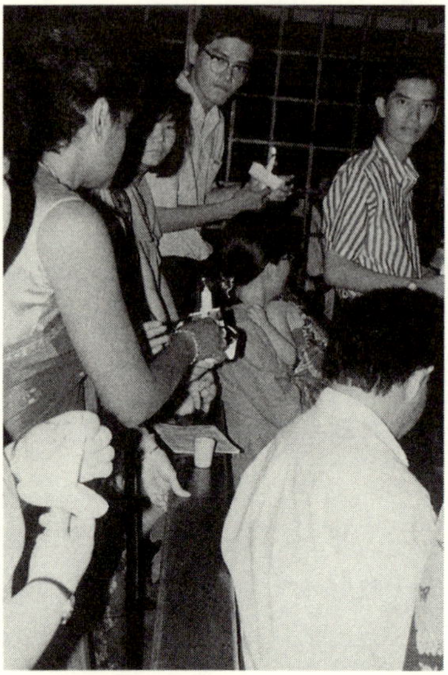

マレーシアのカトリックの大部分は華人系かインド系である（復活祭の光の典礼）。

要素を構成することとなった。

現在のマレーシアにおける非マレー系を取りまく宗教的環境について、R. L. M.リー（Raymond L. M. Lee）は以下のように指摘している。

> イスラーム市場はイスラームの独占である。…それはマレー系の政治構造と直接つながっている。…それに対して非イスラーム市場は本質的に多様である。…ゆえに非イスラーム教徒はさまざまな宗派のキリスト教、ヒンドゥー教、仏教、そしてさまざまな「エキゾチック」な供物（新興宗教のこと＝著者注）の中から、自由に自分の信仰の需要に見合ったものを選ぶことができる。[Lee 1993: 40]

マレーシアの教会は現在転換期に来ている。最近のマレーシア宗教界においては、新興宗教の伸長が著しい。インドの霊能者のひとりであるサイババを崇拝する集団や、華人系の間では霊媒師であるタンキー(童乩)に心酔する者、キリスト教ペンテコステ派など、さまざまな宗派が勢力を競っている。

S. E. アッカーマン（Susan E. Acherman）は、この競争の激しい「宗教アリーナ」の中で、カトリックと仏教は各々の聖なる空間を維持し、少しでもその聖域を押し広げようと格闘しているが、改革が信徒主導型の仏教界に比べて、カトリックの場合は聖職者主導であることが特徴的である、としている［Acherman 1993: 128-129]。

だが、マレーシアにおいてもカトリックと民俗宗教との「下からの」混

伝統衣装に身を包み、伝統的装飾をほどこした祭壇を囲むババ、ニョニャたち。
（*Catholic Asian News* 1991年11月号表紙）

淆例を見ることはできる。たとえば、マラッカのババ（Baba＝海峡華人）の血をひくカトリックの人々が家庭ミサを行なう場合には、祭壇のしつらえにババの伝統的な螺鈿細工を用いたテーブルや家具を使用したり、華人系の葬式の場合には、カトリックのミサにもかかわらず、遺族が中国の伝統に則り、喪に服する意味で白いずきんを被って参列したりすることもある。

あるインド系の50歳代のカトリック女性から筆者が聞いたのは、彼女が婦人科系の病気になった時の話である。彼女が言うには、病気になったのは、彼女を嫉妬する女性が下着を盗み黒魔術の呪詛をかけたからで、カトリックの司祭に家のまわりを祝福してもらったところ、呪詛が解け、病気が直ったという。

W. ショー（William Shaw）によれば、この黒魔術とそれを解く方法は、セランゴール州に住む南インド出身のタミル人カトリックの間で多く実施されているという［Shaw 1976:95-96］。この女性はまさしくセランゴール州ペタリン・ジャヤ市の出身であった。

これらのような個々の混淆例は散発的に見られるが、フィリピンのように体系化され民俗文化の伝統に組み込まれているわけではない。マレーシアのカトリック教会では植民地時代、外国の宣教師が直接に指導してきたことから、一般的には西洋型カトリシズムをそのまま移植、あるいは温存してきた形となった。それゆえ、独立後は「マレーシア」のカトリックとしての独自性を打ち出そうと努力しているのである。

したがって、以下では、アジアのキリスト教研究においてはしばしば議論される、キリスト教の受容過程におけるその土地の民俗宗教との混淆の歴史について論じるというよりも、植民地からの独立後に政府がイスラーム化政策をとる中での、カトリック側からの意識的なポスト・コロニアリズム活動の一環としての新たなる「伝統」の創造に焦点を当てた。

サロン、シナトラ、ライオン・ダンス　信仰の表現としての典礼の改革は、カトリック共通の可視的文化基盤の創造として最もわかりやすく、かつ聖職者主導の改革の顕著な例であろう。

現在のカトリック・コミュニティには2つの傾向があるように見受けられる。「伝統主義派」と「改革派」とである。この場合の「伝統主義派」とは文化的には親西洋派の人々である。彼らにとって「伝統」とは、植民地時代の「伝統」にもとづいた倫理観・儀礼のスタイルである。当時のミッション・スクールは主に西洋人によって運営されており、西洋人のヴィクトリア朝風のマナー、慣習、儀礼、そして「母語」としての英語の使用などは、伝統主義派が「相続」してきた「伝統」の大きな部分を形成している。伝統主義派は、西洋ミドルクラス倫理を彼らのライフ・スタイルの準拠枠組みとみなしてきた。西洋的な礼拝方法に執着することにより、他宗教との差異化を図ろうとしているのである。たとえば、聖堂の中ではヴェールを被る、イエス像の足にキスをする、主禱文をはじめ主な祈りを英語あるいはラテン語で唱えることなどの慣習を変えようとはしない。むしろ、植民地時代の文化的要素を継承することで、独立後のイスラーム側の姿勢に対するカトリックとしてのポスト・コロニアルなアイデンティティを保持しようとしているのではないか。

「改革派」とは、積極的に自分たちのエスニック文化にキリスト教を融合させようと考えている人々である。40〜50歳代の改革派指導者の多くは、実は国内では最も西洋的な教育を英語で受けた、いわばエリートである。エリートであるがゆえに欧米へ留学することができ、留学先で学生運動を経験し、その影響を受けた第三世界のナショナリズムの勃興を目の当たりにしてきた人々が多い。彼らは欧米でこのような動きに晒されることにより、かえって自分たちのナショナル・アイデンティティの拠り所について再考を迫られた人々である。

改革派は自らのマレーシアン・カトリック・アイデンティティを示すシンボルとして、地域文化の要素を儀礼・儀式に積極的に取り込んでいる。特に、地域文化としてのマレー文化の要素を取り入れているのは注目に値する。

たとえば、海外向けクリスマス・カードの図案として好んで選ばれるのが、聖母マリアが大樹の枝にサロンを巻いてハンモックにし、その中に入っているイエスを木陰であやしている聖母子像である。日本でもキリスト教が伝来した当時の室町時代の小袖姿の聖母子像のクリスマス・カードなどを海外向けに使うことがある。それは異文化を背景に持つ人々に対して日本文化を顕示する意味あいを持つ。だが、マレーシアの場合、注意したいのはカトリックの大部分は非マレー系であるにもかかわらず、このようなマレー的図像を自分たちの文化的シンボルとして選択している点である。

さらに例をあげると、ラ・サール修道院の院長の書斎に掲げてあるのは、聖書の有名な聖句「汝を人を漁るものとしよう」をマレー漁村を舞台にして描かれた聖画である。カトリック教徒はほとんどが非マレー系であるにもかかわらず、絵の中の漁師（12使徒）はマレー系として描かれており、あえて華人系やインド系の容貌にはなっていない。

マレーシアのカトリックの多くがこれらの聖画を違和感なく受け入れられるのはなぜか。それはおそらく、彼らの生活世界の中では、サロンをゆりかごにして子どもをあやすことは日常生活でよく目にする光景であり、また漁師の多くはマレー系であるからだろう。聖画の中にリアリズムを追求し、自分の身のまわりに展開する生活世界を肯定的に認知することで、マレーシアという地域に根ざした自分たちの存在というものを主張しているのではないか。

マレー系は「マレーシア文化＝マレー・イスラーム文化」として、マレー文化という民俗文化とイスラーム文化という宗教文化をひとつの統合された、不可分な複合体として扱う傾向にある。しかし、カトリック改革派は、両者を切り放して考えている。彼らにとって、イスラーム文化は異文化であるが、マレー文化は自分たちを育んできた「マレーシア文化」の一部であり、自分たちの文化的アイデンティティを代表する要素のひとつである、と考えている。

「私たちは、ナシ・ラマ（nasi lemak マレーの混ぜご飯）だって食べるし、家でくつろぐ時はTシャツにサロンを巻いている。民謡といえばラサ・サヤン（Rasa Sayang 代表的なマレー民謡）を歌う。そしてこのライフスタイルとカトリックであることとは矛盾しない」とある信徒は述べている。

次に、典礼の改革として、ある教会の復活祭と司祭叙階式を例にとる。これら2つの事例は、教会がどのようにカトリックの伝統的儀礼に地域の世俗的要素を取り入れているのかを示す適切な事例であると考える。

ここで取り上げるのは、クアラ・ルンプール郊外のペタリン・ジャヤ市にある聖フランシスコ・ザビエル教会である。この地域は1950年代から開発された住宅地であり、主として英語を話すミドルクラスが多く居住する地域である。

復活祭のミサは、通常「光の典礼」から始まる。聖フランシスコ・ザビエル教会の1992年の復活祭のミサでは、前半に創世記が朗読されている間に、祭壇横の白壁に8ミリビデオが映写されていた。さまざまな美しい自然を映し出す画像にはワーグナーの「ワルキューレの騎行」、ベートーベンの「交響曲第5番」と「第9番」が流されている。「栄光唱」、「憐み

復活祭のミサで最後に電飾でライトアップされた十字架上のキリスト。

の賛歌」、「主禱文」はマレー語で唱えられた。説教の冒頭では司祭が「復活祭おめでとうございます」を、英語、マレー語、カダザン語、タガログ語、客家語で挨拶した。

この若いイエズス会の主任司祭は、信徒に自分をいつも愛称で呼ばせる親しみやすい司祭であった。サバ州出身のカダザン族で、40歳代後半の年齢だが、自身の文化的アイデンティティを非常に意識している。常に、カダザン族のお守りを身につけ、普段はバティック・シャツを着ており、髪は肩よりも長い長髪である（ミサの時は束ねて祭服の襟に入れている）。彼はのちにインドへ文化人類学を勉強しに行くこととなり、その壮行会で司会者は彼を次のように紹介した。いわく「UK（United Kingdom＝イギリス）ではなくKK（Kota Kinabaru＝コタ・キナバル、サバ州の州都）で教育を受けた真のマレーシア人である」と。その表現に彼らのナショナリズム意識が垣間見られる。

この司祭を含め若手の司祭は、若者を教区活動に参加させることに熱心である。ミサの音楽は（クラシック音楽を除いて）若者たちによって演奏されている。以前は男子しか許されなかった侍者の仕事を女子にもさせたり、自由な雰囲気作りを心がけている。復活祭のミサの最後には、ろうそくをひとつずつ消していき、暗闇の中で電飾で飾ったキリスト像のみをライトアップで浮かび上がらせるというブロードウェー舞台並みの凝った演出もあった。

もうひとつの例は、同じ教会で行なわれた華人系司祭の叙階式である。司祭たちの行列は外庭から聖堂入口まで、ライオン・ダンサーたちが率いた。華人の旧正月や祝い事にはライオン・ダンスは欠かせない。このライオンは日本の獅子舞の獅子とは異なり、大変派手な装いをしている。日本でも中華街の春節祭などでおなじみだが、体の色はピンク、黄色、緑などの蛍光色で、長い付けまつげの大きな目は電飾で飾られ、ウィンクもできるようになっている。このライオンを先頭に、銅鑼やシンバルをたたきながら、黒装束に赤い帯、黒いかかとのない布靴姿の軽業師がアクロバットを見せながら続く。マレーシア・シンガポール全土から来た36名の司祭たちはバティックのストラ（stola　祭服の首にかけるストール）をかけていた。案内係（ミサの進行を手伝う信徒）たちもバティックの帯を占めている。華人の女性たちの中には、バジュ・クルン（baju kurung　マレーの民族衣装）を着ている人がいたり、ニョニャ（Nyonya　海峡華人の女性）の老婦人たちは伝統的な盛装であるクバヤ（kebaya　上はレース刺繍の上着、下はサロン）を着ていた（233ページの写真参照）。

復活祭の時と同様に「栄光唱」、「憐みの賛歌」、「主禱文」はマレー語で唱えられた。アメリカのイエズス会士作曲のフォーク・ソング調の聖歌、マレーシアで歌われてきたマレー語の聖歌も歌われた。だが、もっとも興味深かったのは、叙階の儀式が終了した後、神に感謝を捧げる典礼に移った時で、それまで聖堂の後ろの方で歌っていた聖歌隊がマイク片手に祭壇にあがってポピュラー・ソングの替え歌の聖歌を歌ったことだ。

はじめに、インド人の女性が「オー・マイ・パパ」の替え歌で、新司祭の両親に感謝を捧げた。次の曲は「マイ・ウェイ」であった。新司祭が

「世俗の弁護士としての成功を捨て、神の牧者となった」ことをたたえた。そして次もシナトラの曲で本来ならラブソングである「レット・ミー・トライ・アゲン」を2人が向き合いながらのデュエットで「われわれの罪を許し、もう一度機会を与えてください」と歌った。ミサの最後には聖歌隊のリードで会衆全員で「エンジョイ・ヨアセルフ・イツ・レイター・ザン・ユー・シンク」を合唱した。いずれも50年代のアメリカのポピュラー・ソングだが、この教区の人々にとっては身近な愛唱歌となっている。

ミサは大変な盛り上がりを見せ、ある華人の中年紳士は感に堪えないといった様子で言った。「すばらしいミサだった。1700人もの人々が3時間もの間、とても集中してミサに参加していた。みんなとても感動していたね」

このコメントはフィリピンの教会での現状を想起させる。先にもあげたが、フィリピンではカトリックが地域の土着文化と混交し、独自の民俗文化を形成していることはよく知られている。

N. ムルダー（Niels Mulder）はフィリピンのカトリック教会における聖母生誕2000年祭を次のように報告している。

> この時2000本のろうそくを立てた巨大なバースデー・ケーキが用意され、人々は一斉に「お誕生日おめでとう、マリアかあさん！ Happy Birthday, Dear Mama Mary!」を合唱した。

ムルダーは「フィリピンでは宗教はエンターテーメントも提供し、人々を引きつける」としている［Mulder 1993: 191］。

これらの例は、主に英語を話すミドルクラス居住地域の信徒を引きつけるためのより魅力ある教会づくりの努力を示す興味深い例といえる。地域文化を典礼に導入することでハイ・カルチャーとしての地位に引き上げ、かつ英語文化で育った人々にとってはなじみの深いシナトラの曲などを使用した。

問題はどのレベルまで許容するのか、である。以上に挙げた例には、宗教儀礼と芸能ショーとの境界線をどこで引くのか、という微妙な問題が残る。地元の文化的要素を儀礼に取り入れるということは、教区の人々の日常生活にカトリシズムをより近づけることとなるが、それは儀礼の世俗化という問題に行き当たる。ムルダーはこの件に関して、以下のようなシニカルな見方をしている。

> 多くの信徒は熱心に宗教的義務を果たし、近代的・物質主義的な現世において何とか自分の信仰を貫こうと闘っている。それに対して他の人々は、もはや今までの古い愛着のあるやり方が当たり前ではなくなってしまった社会の中で、ただ自分のアイデンティティを強化するためだけに、流行の儀式や儀礼に従うのである。[Mulder 1993: 191]

しかし、マレーシアのカトリックが自己表現をする対象をここで思い出せば、これをただ「世俗化」とのみ捉えることはできまい。マレー・イスラーム文化は、マレー系の人々の生活文化を代表している。それに対抗する形で、カトリック側も自分たちのエスニック文化、「伝統文化」としての英語圏文化、そしてマレー文化を取り入れることにより、「われわれもまた歴史を共に歩んできたマレーシア人だ」ということを強調したいのではないか。つまり、「マレーシアのカトリック」としての正統性を表明しているのだと解釈できよう。

2 修道会の活動の変化

マレーシアへのカトリック伝播略史　マレーシアにおけるキリスト教徒は1988年度においては全人口の6.8%（115万1000人）に過ぎないが、彼らの社会におけるプレゼンスは都市部において特に大きいものがある。そして全人口の3.0%（50万8000人）、キリスト教徒全体の44%を占めるカトリックはその中で最大の宗派である。

1996年度にはカトリック人口は全人口の3.5%（66万8094人）と、0.5%増加している。地域的に見ると、首都クアラ・ルンプールにおけるカトリックの人口比は1.2%と変化がなく、半島部の西マレーシアにおける人口比も首都での割合と同様に1.2%で変化はない。しかし、島嶼部の東マレーシアでの人口比は4.7%から11.3%と増加している。これは、先住民に対する布教が早くから行なわれたため、イバン族・ダヤク族などに何世代にもわたる幼児洗礼が多いこと、そして東マレーシアにはマレー系人口の割合が少なく、布教に関する規制が比較的緩いことなどが要因として上げられる(4)。最近、東マレーシアにおける先住民への布教に対する政府の規制強化問題なども起きているが、本論文ではイスラームとの関係がより緊張している西マレーシア都市部でのカトリックの現状を中心に論じている。

マレー半島への最初の宣教団は1511年、アルフォンソ・デ・アルブケルケ（Alfonso de Albuquerque）の艦隊とともにマラッカに到着した。その後、ポルトガルがマラッカに城塞を築き、1521年には初めての教会、「丘の上のマリア教会」が建堂された。日本にキリスト教を伝えたザビエル（Francisco de Javier）もマラッカを拠点としていた。16世紀には7400人もの華人系・インド系の信徒を数えた。しかしその後、マラッカが1641年にオランダ人の手に落ちてからは、しばらくカトリック教会にとっては不遇の時代が続く。最初のシンガポール人（華人）の公教要理受講者は潮州出身であった。1885−1905年に華人系信徒数は3倍になったという［Roxborough 1992: 2-8; 荒川 1991: 361］。

1874年に英国がマレーシアを植民地化したことが、マレーシアの民族構成を大きく変えた。植民地政府は、錫鉱山には中国から、ゴム農園にはインドから労働者をマレーシアに移住させ、急激に華人系・インド系人口が増加した。植民地時代、華人系は改宗によって、またインド系は出生率の増加によって、キリスト教徒人口は増加していった［Roxborough 1992: 15］。

マレーシアにおいて、キリスト教徒はほとんどが非マレー系である。マレー系からの改宗者はいつの時代にも少なかった。その原因としては第1に宣教師たちは主として海峡植民地で活動していたため、そこでの居住者の多くは華人系・インド系であったことである。第2に、マレー系の多くは農村でイスラームの習慣に従って生活しているため、キリスト教徒になるということは村の共同体から村八分にされてしまう、ということと同義であったからである。

植民地下の教育分野における修道会の活躍　マレーシアにおけるカトリック宣教師の活動史を振り返ると、彼らの活動が最も活発だったのは教育の分野においてであった。事実、現在のカトリックのうち成人してから改宗した人々の多くは学生時代に受洗している。あるいは修道院の孤児院で洗礼を受けた人もいる。

ポルトガルの植民地時代、いくつかの学校が宣教師によって設立されたが、学校数が急増したのは、1852年、ともにフランスに本部を持つラ・サール会（男子修道会）と幼きイエス会（通称サン・モール会、女子修道会）が各地に学校の設立を開始してからであった。1662年に設立された幼きイエス会のフランスでの活動は、当初は孤児の世話から始まった。両会とも初めは同様に貧しい子どもたちへの教育に着手したが、彼らの学校は質の高い教育を提供するということで志願者が増加し、次第にエリートを養成する進学校となっていった。

このようにマレーシアにおけるカトリック教育の歴史を振り返ってみると、ひとつの素朴な疑問が湧いてくる。なぜ、プロテスタントの国教会を戴くイギリスの植民地下でフランス系のミッション・スクールがかくも多く設立されたのか、ということである。

このことは2つの点で興味深い。ひとつには植民地下におけるカトリック共同体の歴史的形成過程という点で、もうひとつには現代の同時代的問題である宗教とマイノリティ問題という点で、である。つまり、マレーシア・イスラーム社会におけるマイノリティとしてのカトリック共同体と、フランス・キリスト教社会におけるマイノリティとしてのムスリム共同体の問題である。一見無関係に見えるこれら2つの問題を繋ぐものが、実はフランスのライシテ（Laicite　政教分離）政策なのである。

ライシテという言葉は、昨今フランスのムスリム問題との関連で論じられることが多い。1980年代頃から、フランス教育界はムスリムの少女が学校にスカーフをしてくることの是非を巡り、さまざまな論議を繰りひろげてきた。学校側がライシテを盾にムスリムを差別しているとの非難もあるが、ライシテは本来はフランス革命後の共和国でのカトリック教会との確執を象徴する言葉である。

ここで、マレーシアのカトリック史を理解するひとつの手がかりとして、フランスの修道会がマレーシアへやってきた経緯について簡単に振り返ってみよう。まず、そこにはフランスの修道会がフランスからマレーシアへ送り出された要因がある。

現在、マレーシア政府はキリスト教布教制限策をとり、修道会が設立したミッションスクールも次々と政府によって公立化されてきた。実はフランスの修道会が政府により教育の現場から排除されるのはこれが初めてではない。そもそも、彼らをマレーシアへの宣教に駆り立てた理由のひとつが、フランス革命後の共和国政府によって教育界から排除された結果なのである。

フランスはかつて「教会の長女」と呼ばれるほど人々の生活がキリスト教を中心に回っていた。特にフランス革命が勃発する直前、17世紀後半から18世紀はガリカニズム（gallicanisme　フランス国教主義）と呼ばれるほど、キリスト教が行政機構に取り込まれ、民法、社会福祉、そして教育に関与していた。だが、フランス革命の勃発で教会のヒエラルキー、財産は解体され、司祭たちは共和国憲法への宣誓をするか否かで、宣誓僧と否宣誓僧とに分裂してしまう。

その後、政府と教会の関係は一時改善されるが、教育問題をめぐり対立が深刻となる。1881－82年、初等教育に「無償・義務・世俗化」3原則を導入したフェリー法に続き、1905年の政教分離法により、教育における非宗教制は明確に法制化された。

1900年代初頭、エミール・コンブ首相は、修道会は「国家内国家」であり、「近代社会の敵」と糾弾した。1902年6月－7月には3000校が閉鎖され、300の修道会が解散させられた。そして、2万人の修道士、修道女が追われた。そして1904年には教育界から排除されたのである(5)。ただし、この排除は完全ではなく、私立校に聖職者を教師として雇う、という形で、カトリック教会の教育への関与は継続されてきた。しかし、修道会側のダメージは大きかった。フランス革命後、パリ外国宣教会はアジアでの宣教活動を活発化していく(6)。

マレーシアへ、他の東南アジア地域へ、そしてはるばる日本へとフランスの修道会が宣教に来たのは、このようなフランスの国内事情もあったからであった。

その一方、フランスの修道会をマレーシアへ引き寄せた要因もあった。当時、植民地宗主国のイギリスはマレー系に対してはマレー語による初等教育を農村で優先的に施し、一部のエリート官吏養成のためのマレー語と英語による高等教育も実施していった。たとえば、ペラ州に設立されたマレー・カレッジ・オブ・クアラ・カングサ（The Malay College of Kuala Kangsar）などは「東のイートン（Eaton of the East)」と呼ばれ、現在まで続くエリート校である。

だが、華人系、インド系に対しては、直接学校教育を行なうことはなく、各々のエスニック・グループに教育の責任を委ねた。そこで非マレー系はそれぞれ独自の民族学校を整備していった。特に教育を重視する華人系は中国語教育に力を入れた。しかし、イギリスの分割統治政策が採られる中、社会的階梯を上昇しようとするならば英語修得が不可欠であり、非マレー系の間にも英語による高等教育の必要性が高まってきた。キリスト教のミッション・スクールはその需要に応じるべく、英語教育の私立学校としてスタートしたのである。

植民地時代以後、シンガポール、マレーシアにおける英語教育に多大な貢献をしてきたミッション・スクールは、イギリスの植民地統治開始とともに開校している。最初の学校は1819年シンガポールにおいて、ロンドン宣教協会によって始められた。最初の生徒が男女6名ずつという小さな学校であった。その後、1829年にはさらに5校が、1839年には全寮制の女子校も設立された。ただし、どの学校も希望者が少なく、生徒数も10名をこえることはなかった。事実、8名の生徒で始まった全寮制の女子校は1840年には2名の生徒しかのこらなかった。

そのようにほそぼそと始まったミッション・スクールだったが、1847年にはロンドン宣教協会はすべての学校を閉校にしてしまった。それというのも、ロンドン宣教協会はもともと、海峡植民地よりも中国本土での宣教を目標としており、中国が宣教師の入国を許可したことで、活動の拠点を一気に中国に移してしまったからである。その教育の空白を埋めたのが、フランス革命によって打撃を受け、海外に活路を開こうとしていたフランスのカトリック修道会であった。19世紀後半、ミッション・スクール教育の中心はパリ外国宣教会の手に委ねられることとなった。

このように修道会側と受け入れ側の双方の思惑が一致したところで、宣教師たちは次々と学校を設立していった。

植民地時代、ほとんどの教員は西洋人（主としてアイルランド人）で、教授媒体は英語であり、生徒たちは西洋流の考え方、ライフ・スタイル、倫理観に大きく影響を受けた。西洋文化に親しんだ彼らは、独立後もマレーシアの政治・経済・社会構造形成に大きな影響を与えた。

以下はメソジスト派のミッション・スクールに対する叙述だが、カトリック学校についても同様のことがいえる。

> クリスチャン・スクールは学校としては決して多数派になったことはなかったが、マレーシアの政治・経済・社会構造に対する考え方の西洋化に与えた影響は大きい。これらの学校は英語を話すエリート層を形成し、マレーシア国民の生活形成に多大な貢献を果たした。［Yung and Hunt 1992: 329］

修道会の教育現場からの撤退　だが現在、カトリックのミッション・スクールは厳しい状況に置かれている。まず、第1に学校での教授媒体が英語からマレー語になったことで、英語で教育を受けた教師たちの一部は生徒に教える前に、マレー語を再学習しなくてはならなくなった。

第2に、ミッション・スクールが次第に政府によって公立化されていることである。現在、修道士、修道女で55歳以上になると、教育に携わる管理職（校長も含む）には就けないことになっている。教職そのものに就けるのも、60歳までである。新たな外国人聖職者の入国を政府は認可しないため、外国人聖職者の高齢化が進んでいる。そのため、現在では、ほとんど外国人聖職者の教師は見かけなくなってしまった。公立化された元ミッション・スクールでは、多くのカトリックの教師が、解雇か他学校への転勤となり、代わってマレー系ムスリムの先生が着任し、学長もキリスト教の聖職者から、教育委員会より派遣されたマレー系の学長に取って代わられた。

これらの学校では、もはや入学する生徒を選抜することもできなくなってしまい、地域に開かれた学校となり、その学区ごとにクォータ制に従って生徒を受け入れるようになった。その結果、多くの学校で初めてマレー系の生徒を受け入れることになり、いまやマレー系の生徒の方がマジョリティである。現在、元ミッション・スクールにおけるカトリックの生徒数は、全生徒数のわずか8％であるという。

ただ、おもしろいのは、国立となっても多くの元ミッション・スクールでラ・サール校（フランスの修道士の名前）とか、ヘンリー5世校（イギリス国王の名前）といった植民地時代からの名前を「伝統あるエリート校」の名前だからという名目で踏襲していることである。

第3に、公立化に伴い、これらの学校はもはや「ミッション」校ではなくなってしまった。名のみ残っても、イスラームが国教である現在、公立校という公の場での布教活動は禁止されている。どの学校でもムスリムの生徒のためにアガマ（Ugama　イスラームの教え）を教えるのが必修科目となっている。そして特別に祈りのための小部屋が設けられている。しかし、カトリックのカテキズム（catechism　公教要理）は学校のカリキュラムの中では一切教えることが禁止されてしまっている［Wong 1991: 1］。

学校の外観もイスラーム化によって変化した。フランス革命当時は、フランス各地で教会が襲われ、イコノクラスム（iconoclasm　聖像破壊）が行なわれたというが、ここでも既視的状況が繰り返された。元ミッション・スクールのマリア像やイエズス像は撤去され、天井の天使のレリーフなどは目立たぬように白く塗りつぶされた。イスラームでは偶像崇拝は禁じられているからである。幼きイエス会が経営していた学校では、それまでの校章とほぼ同じものが使われているのだが、十字架の部分が星に置き換えられ、聖書にかけられたロザリオが取り除かれているといった微妙な修正が施されている。

正規の学校教育の場から閉め出されつつある宣教師たちは、新しい活路を見出そうと模索状態にある。ラ・サール会は1994年に語学校を設立した。生徒の多くは非マレー系で、英語力の向上のために通学している。現実問題として、マレーシアのビジネス界においては、独立後も英語がリンガ・フランカである。そして非マレー人は公務員への道を制限されているため、卒業後は私企業に職を求める場合が圧倒的に多い。故に、非マレー系の間では私立の語学校などで英語の補習を受けている学生が増えている。また、そのような生徒や海外留学を望む学生を対象とした語学校も急増している。

外国人が英語を習いに来るケースもある。日本からのある留学生は「欧米だといかにも外国で外人に英語を習っているという感じで萎縮してしまいそうだけど、ここならアジア人の先生だし、リラックスして勉強できる」と言っている。

幼きイエス会は、当初の設立目的に立ち返り、貧しい人々、傷害のある人々に対する教育活動に力を注いでいる。ベトナム難民のキャンプ、工場労働者、ゴム園などで働き始めた。

マレーシアでは、従来の教育界での活動が制限された修道士、修道女らは、社会活動に割く時間を増やしつつある。マレーシアにおける諸修道会の教育界からの撤退は、現在もなお教育の場で活発に活動しているシンガポールにおける諸修道会の現状とは対照的である[7]。

このように、修道会をはじめとして、マレーシアのカトリック教会は次第に社会問題へと活動を移しつつある。その理由として考えられるのは、以上に紹介してきたような教育界からの排除というだけでなく、マレーシアという地域で生き残るためには、教会の門戸を広く社会に開き、他宗教、特にムスリムとの共存に向けて積極的に活動していくことが、不可欠となってきたからである。

3 イスラームとの対話

社会問題に関心が強い改革派の多くの司祭・信徒は、欧米・フィリピンで高等教育を受けたり、仕事をした経験がある。その結果、世界規模で広がりつつある解放の神学の流れに強く影響を受けている。

ここでは人間開発国民組織（National Organization of Human Development＝NOHD）の所長であるA.ロジャース（Anthony Rogers）ラ・サール会修道士（インド系）への筆者のインタビュー（1998年2月）を中心に、現在のカトリック教会とイスラームとの関係を紹介する。50歳代のロジャース士は、フィリピンの大学院時代に解放の神学と出会い、以後さまざまな社会問題とかかわってきた。

NOHDはマレーシア・カトリック教会の中で、もっとも社会的に活動している団体である。NOHDの職員の中で聖職者は所長のみであり、他の職員はすべて一般信徒である。四旬節のキャンペーン（貧しい人々への募金と祈り）、組織づくり（若者、信徒指導者、農村コミュニティなどのグループ）、各地で活動をする人々と募金者との連絡係、フィリピン人労働者へのコンサルティング、アジアの他の国際組織との交流、出版業務など幅広い分野で活動している。

NOHDは貧しい人々への援助、マレーシアに蔓延する麻薬の撲滅運動やAIDSなどに特に力を入れて活動しており、この分野では積極的に非カトリック組織（イスラーム組織を含む）と交流している。

このようにイスラームのNGOと接触する機会の多いロジャース士は、カトリック側から見たマレーシアのイスラーム共同体を次の4つに分類している。第1に、「現状維持派」。これは国家宗教としてのイスラームを標榜するグループである。具体的には統一マレー人国民組織（UMNO）がその推進者である。第2に、「進歩主義派」で、これは国際的なイスラームをめざす。国際経験豊かなムスリム知識人によって指導されている。第3は、「保守派」であり、イスラーム党（PAS）が主導している。以上の三者は政治的活動をしているが、最後のグループは、基本的には非政治団体であり、農村部の「大衆派」ともいうべき復興主義者である。

カトリックはこれらすべての団体と対立しているわけではない。現状維持派とは、リベラルなマレー系政治家を通して対話を欠かさない。もっとも協力態勢が進んでいるのは進歩主義派とであり、社会問題、環境問題などについてともに活動を進めている。たとえば、全女性活動運動（All Women Action Movement＝AWAN）は諸宗教を横断する組織であり、女性の権利や環境問題についてイスラーム、キリスト教、仏教の別なく共同で活動している。

環境問題に関しては、どの宗派のNGOも関心が高い。これには、第三世界ネットワークのイドリス（Idoris）氏、マレーシア消費者組織（CAP）のマーティン・コー（Martin Khoo）氏、さまざまな社会問題について論じている『アリラン』誌のチャンドラ・ムザファー（Chandra Muzaffar）氏といった著名な社会運動家もかかわっている。興味深いのは、これらの人々は、エスニック・グループや宗教は異なっても、ともにペナン出身か、ペナンで仕事をしていた50歳代の人々であり、同郷のネットワークという色彩が強いことである。ペナンは華人系がマジョリティでマレー系がマイノリティの地域であり、マレーシアでは特異な人口構成を持つ地域である。また、大航海時代からの商業都市であったので、多文化社会の土壌が培われてきた。

政治的利害関係なども絡み、もっとも対話が難しいのが保守派である。

「西洋植民者の手先」とイスラーム保守派がカトリックを非難すれば、カトリック側も脅威であると感じ、「融通のきかない頑固な原理主義者」とレッテルを貼りがちである。

4番目の大衆派は、ロジャース士によれば「素朴な隣人」である。彼らはベーシック・ヒューマン・ニーズが満たされていれば、宗教を争いの種にはしない。つまり、セクト化やカルト化するのは、経済的な理由が一番大きいといえる。いくつかの原理主義的集団の活動などが新聞紙上ではセンセーショナルに取り上げられたりするが、ロジャース士は政治的脅威は少ないと見ている。彼は基本的には多宗教の共存に対して楽観的である。彼の楽観的な予測には、彼の生い立ちもあながち無関係とはいえまい。出身地のペナンでは、異なる宗教的背景を持つ人々がともに遊んだり、食事をしたり、訪問しあったり、時にはディスコにも一緒に行ったりしてごく自然に交流している状況を事例としてあげていた。

それでは、なぜ一部の集団はセクト化するのか。それは、「恐れ」と「不安」が原因としている。老人たちが若年層の行動に違和感を感じ、「若者がなぜモスクに行かないか、断食しないのか」と、自分たちの価値観に不安を抱くようになり、その原因を西洋化のせいと考え、キリスト教徒を敵対視し、原理主義に傾倒していくことが多い。

だが、この場合は原理主義といっても、政治化したセクトというよりも、伝統的儀礼や慣習を維持しようとする復興主義といった方が正確かもしれない。近代化に対するイスラーム内部からの反動、という傾向が強い。

ロジャース士は、イスラームかカトリックかが問題なのではなく、憎むべきは物質主義と偏狭な原理主義だとまとめている。

しかし、「共存」のためには双方の歩み寄りがなくてはならない。つまりイスラーム側からも、社会の構成員としての共存意識が高まってこなくてはならない。そこにこの問題の難しさがある。

カトリックの社会活動は、他諸宗教との共存への道を模索する過程で、政治的・社会的問題に巻き込まれ、微妙な立場に追い込まれることも多い。1987年10月28日、UMNO分裂の危機のただ中、「マレーシアの安全保障を脅かす活動をした」という曖昧な理由で、106名が突如逮捕され、60日から2年間にわたり拘束された。これは「オペレーション・ラランン(Operation Lalang)」と呼ばれ、野党議員とともに、教会活動家やマレー系キリスト教徒も、リベラル・ムスリム、大学講師、フェミニスト、ソーシャル・ワーカーたちとともに逮捕された［Saravanamuttu et. al. 1997: 2-9］［Rogers 1997: 2-9］。

ロジャース士も1年以上拘束されたひとりである。その時何人かのリベラル・ムスリムも同じ場所に拘束されていた。10年が経過し振り返ってみると、拘束されたおかげで、キリスト教徒とムスリムとが1年以上にわたってじっくりと対話する時間が持てたとも考えられる、とロジャース士は言う。

歴史的に見ると、イスラーム原理主義者からは、NOHDの活動は「経済的植民地主義・帝国主義エージェントと手を組んだ親西洋派」とみなされがちであった［Rogers 1993: 8］。このような猜疑的傾向は、キリスト教徒のボランティアやNGOが、ムスリムのそれと共同して働くことを難しくしてきた。

しかし、リベラル派の拘束を解かれたあと、ムスリム側からも積極的にキリスト教徒に働きかけ、環境汚染問題、人権問題などの社会問題に関してエキュメニカルな活動が展開されつつある。

おわりに

エキュメニカルな活動が活発になりつつも、マレーシアのカトリックにとって、未来はすべてバラ色かというと、簡単にはいかないようである。

1998年2月に筆者がクアラルンプールを訪れた時、カトリックの人々の間で話題となっていた雑誌記事があった。それは、「許されざる恋：ムスリムを激怒させた異文化間ロマンス」という記事である［*Far Eastern Economic Review*, February 5, 1998］。

25歳の銀行管理職の女性が、同僚と恋に落ちた。女性はマレー系ムスリムで、相手の男性が華人系とインド系を両親に持つカトリックであった。ここで男性がイスラームに改宗したのであれば何も問題はなかったのである。マレーシアではムスリムと他宗教の人とが結婚する場合は、他宗教の人の方がイスラームに改宗することが多い。

ところがこの場合は、逆にムスリムの女性がカトリックに改宗したことから悲恋が始まった。マレー語のメディアが一斉にこれを取り上げ、バッシングが始まり、とうとう2人は駆け落ちしてしまった。現在2人はシンガポールに住んでいるということだが、マレーシアへ戻れる可能性はほとんどない。

一見、多文化主義的安定を保っているように見える現在のマレーシアだが、この事例を見てもわかるように、「多宗教主義」というわけにはいかず、実際にはイスラームと非イスラームの間に横たわる溝はまだまだ深いのである。ミサでマレー語を使用するのはいいが、聖書のマレー語訳はいまだに発禁である。たとえインドネシア語の聖書であっても、コーランに由来する26単語（例えば「Allah　神」、「Ulama　神学者」、「Ibadat　宗教」など)、14の表現（例えば「Alham　dullilah　神をほめたたえよ」、「Lailahallallah　アッラーの他に神はなし」など）は使用が禁止され、新たに訳し直さなくてはならない［CANews, October 1998: 5]。

マレー半島東海岸でマレー系が圧倒的なマジョリティのクランタン州やトレンガヌ州などでは、今でも公の場所に十字架を掲げたりしてキリスト教関係の施設であることを提示することは禁止されている。

インドネシアと比較すると、マレーシアではマレー系ムスリムによるキリスト教会への直接的暴力や人種差別的犯罪は少ないといわれてきた。しかし昨今、マレー系貧困層の若者の間ではパキスタンに留学し、「ジハード」を唱える者も出てきているという。2001年9月11日の米国貿易センタービルへのテロ事件以降、このような若者の動向にも注目が集まりつつある。

冒頭に挙げたシノドスでの大司教の発言は、このような昨今の状況をふまえての発言であった。また、先に挙げた小さな恋愛事件に対するムスリム側からの過剰反応との思える激しい非難には、現在のマレーシア（特にマレー系貧困層）が経験している厳しい経済的状況への不安が反映されていると考えられよう。

「ワワサン（WAWASAN）2020」（2020年までに先進国の仲間入りを果たす）という標語をかかげ、経済発展によって多文化社会を統合しようとしてきたマハティール首相であったが、経済発展が危うくなった現在、その政策は果たして今後も有効に機能していくことができるのか。多宗教社会マレーシアはこの21世紀にどのように展開していくのか、今後の動向が興味深い。

【註】

（1）マレーシアの大司教は「アジアの諸宗教から学べること」と題した報告で以下の点をあげた。

1. イスラームからは祈りや断食、喜捨
2. ヒンドゥー教からは黙想
3. 仏教からは物質的欲望からの解放や生命の尊重
4. 儒教からは親や年長者への敬意
5. 道教からは簡素と遜り
6. アニミズムからは自然への畏敬と収穫への感謝

（『朝日新聞』夕刊、1998/6/23.『カトリック新聞』、1998/4/19. *The Catholic News,* May 3 & May 17, 1998.）

（2）（憲法の）第4節には、いかなる州においても、法律により、ムスリムに対して宗教的な教義や信仰を広めることを統制し、制限することができると規定している。しかし第161条では、ボルネオの2州（筆者註：東マレーシアのサバ州、サラワク州を指す）においては議会の3分の2に当たる多数の同意を得た場合を除いては、ムスリムに対する宗教的教義や信仰を広めることを法的に統制しないことを明記している［世界キリスト教百科事典　1986: 858］。

（3）Bumiputra Policy. マレー系優先政策ともいう。マレー系の社会・経済進出を促進し、マレー系（＝ブミプトラ）と他のエスニック・グループとの所得の不均衡の是正、ブミプトラ企業の育成を目標とする長期展望計画である新経済政策、そして国家統合の基礎となる国民文化をマレー・イスラーム文化を中心に育成しようとする文化政策も含む。当初、1971－90年の期限付きの政策であったが、現在も引き続き実施されている。

（4）1988年現在、マレーシア全人口は1692万人であり、カトリックは50万8000人で、全人口の3.0%。全西マレーシア人口（1410万人）のうちカトリック人口（16万8280人）の占める割合は1.2%、全東マレーシア人口（794万5350人）のうちカトリック人口（37万322人）の占める割合は4.7%である［*Churches Statistical Year Book 1988*］。1996年現在、全人口は1928万787人であり、カトリックは66万8094人で、全体の3.5%。全東マレーシア人口（1494万2700人）のうちカトリック人口（17万8267人）の占める割合は1.2%、全西マレーシア人口（433万8087人）のうちカトリック人口（48万9827人）の占める割合は11.3%。ただし、このうちクアラ・ルンプール大司教区の統計は1995年、マラッカ・ジョホール司教区の統計は1997年、ミリ司教区は1990年の統計を使用した［*Official Catholic Church Directory 1988*］。

（5）1904年11月に、コンブ内閣によって上程された政教分離法案は、若干の修正のうえ1905年12月に成立した。政教分離のポイントは次の2点に集約される［谷川 1997: 220］。

1. 国家・県・自治体はいっさい宗教予算を支出せず、信仰を私的領域のものに限定する（聖職者の政治活動は禁止され、宗教的再議の行程性格はいっさい剥奪される)。

2. 教会財産の管理や組織の運営は、信徒会（アソシアシオン・キュルチュエル）にゆだねる。

（6）パリ外国宣教会は、東洋布教のための宣教会である。その設立は1649（慶安2）年、印度支邦を布教していたイエズス会の宣教師アレクサンドル・デ・ローデが現地で迫害にあい、一時ヨーロッパに帰国した際、教皇インノセント10世に状況を報告した。その時、ローデは、このまま放置すれば印度支邦地区の布教会は壊滅するのは明らかであり、速やかに印度支邦に司教を送り、現地人の中から司祭をつくる手だてを講じてほしい旨を進言した。これを受けて教皇はローデに人選をゆだね、……1665（寛文5）年にいたり、……パリ外国宣教会は完成した［暁星学園 1989: 16］。

（7）日本では現在全国5ヵ所に小・中・高校を持つ雙葉学園を運営し、通称「サン・モール会」として知られている同会が、1872年に横浜に上陸して始めたのがやはり孤児院であった。シンガポールでの活動を開始したのはその約20年前の1854年であった。この敷地にあるコードウェル・ハウスを富豪から譲り受け、2クラス14人の生徒、9人の寄宿生、16人の孤児を教育することから活動は始まった。

幼きイエス会のマレーシア・シンガポール地域の元本部修道院は、いまでは民間企業によってレストランやギャラリーなどのあるおしゃれなモールにリニューアルされたが、外壁に今でも捨て子の差し入れ戸が残されていることなどに、当時のなごりをとどめている。その戸にある説明文には、シンガポールでは女児、特に虎年生まれの女児が多く捨てられた、と書いてある。虎年生まれの女児は、家に災禍をおよぼすという迷信があったそうである。

植民地時代、修道女たちは事業の拡大とともに西洋の信徒からの寄付金で建物を増築し、この敷地だけでも、最盛期に200人もの修道女が生活し、孤児院、寄宿舎、女子高を経営していた。学校は100年間に6万人もの卒業生をだし、修道会が運営にかかわっている学校はシンガポール全土で、現在11校となった。本部の修道院では、つい最近の1982年まで外国人の修道女が院長を勤めており、現在でも外国人の聖職者が活発に活動していることはマレーシアとは対照的な状況である。

【参考文献】

Acherman, Susan E. 1993. "Rebuilding Worlds: Lay-Oriented Buddhist and Catholic Reformism in Malaysia" *SOJOURN Social Issues in Southeast Asia.* 8（1）. Singapore: Institute of Southeast Asian Studies.

———. 1998. "Non-Muslims Reject Bill" *Catholic Asian News,* October 1998. Malaysia: Catholic Research Centre.

Churches Statistical Year Book 1988. London: Catholic Missionary Education Centre.

"Forbidden Love: Cross-cultural Romance Sparks Muslim Anger" *Far Eastern Economic Review* February 5, 1998.

Lee, Raymond L.M. Lee. 1993. "Globalization of Religious Markets: International Innovations, Malaysian Consumption" *SOJOURN Social Issues in Southeast Asia* 8（1）. Singapore: Institute of Southeast Asian Studies.

Mulder, Niels. 1993. "The Urban Educated Middle Stratum and Religion in Southeast Asia" *SOJOURN Social Issues in Southeast Asia* 8（1）. Singapore: Institute of Southeast Asian Studies.

Official Catholic Church Directory 1998: The Catholic Directory for the Archdioceses of Singapore, Kuala Lumpur and Kuching, and the Dioceses of Penang, Melaka-Johor, Kota Kinabalu, Sibu, Miri-Burunei and Keningau. 1988. Singapore: The Catholic News.

Okumura Misa. 1994. "Under Cross and Crescent: Catholics in Malaysia" *The Journal of Sophia Asian Studies* No.12. Tokyo: Institute of Asian Cultures, Sophia University.

Rogers, Anthony. 1993. "The Church in Asia towards the 21st Century: Forging a New Solidarity"（presented at the Conference of Federation of the Asian Bishop）.

———. 1997. "Operation Lalang... 10 Years After" *Catholic Asian News* October. Malaysia: Catholic Research Centre.

Roxborough, John. 1992. "The Roman Catholic Church" In *Christianity in Malaysia: A Denominational History,* edited by Robert Hunt, Lee Kam Hing and John Roxborough. Malaysia: Pelanduk Publications.

Saravanamuttu, Johan, Muhammad Ikmal Said, Loh Kok, Wah, Khay Jin, Cecilia Ng, Maznah Mohamad, Tan Sooi Beng and Hah Foong Lin. 1992. "Malaysia: The Pitfalls of NICdom: State of the Asian Peoples: A Report" *Asian Exchange* 8（1-2）. Hong Kong: Asian Regional Exchange for New Alternatives（ARENA）.

Shaw, William. 1976. *Aspects of Malaysian Magic.* Muzium Negara Kuala Lunpur Malaysia Wong, Margerate. 1991. "Catechistical Scene in West Malaysia" Johor: Diocesan Catechistical Commission.

Yung, Hwa and Robert Hunt. 1992. "The Methodist Church" In *Christianity in Malaysia: A Denominational History,* edited by Robert Hunt, Lee Kam Hing and John

Roxborough. Malaysia: Pelanduk Publications.
荒川純太郎. 1991.「マレーシア」. 日本キリスト教団（編）『アジアキリスト教の歴史』東京：日本キリスト教団出版局.
奥村みさ. 2000.「マレーシアにおけるカトリック・コミュニティの現在」総合研究開発機構（NIRA）・中牧弘允（共編）『現代世界と宗教』東京：国際書院.
『暁星百年史』. 1989. 東京：暁星学園.
『世界キリスト教百科事典』. 1986. 東京：教文館.
谷川稔. 1997.『十字架と三色旗：もうひとつの近代フランス』東京：山川出版社.

第９章

フローレス島における
カトリックへの「改宗」と実践

青木恵理子

はじめに……261
1 フローレスの過去素描……262
2 教会の方針……267
3 中部フローレスのカトリックの社会的多元性……272
4 ウォロソコにおける「改宗」……277
5 社会的実践としてのカトリック……287
6 非西欧世界のキリスト教研究への示唆……290

はじめに

地理的位置付けをもって「東南アジア」を設定するならば、フローレス島（Flores）は、東南アジアのほぼ東南端にある。土着の慣習と融合した、インドおよび中国の文明の影響を「東南アジア性」と規定するならば、フローレス島は「東南アジア性」の希薄な島である。

「東南アジア性」の濃厚なバリ島から、小さなプロペラ機で東に2、3時間飛ぶとフローレス島にたどり着く。最近のインドネシア政治・金融危機で飛行機の本数は減り、フローレスに到着した時は、本当に「たどり着いた」という感慨が溢れてくる。空港のある町から中部山岳地帯の調査地ウォロソコ地域(1)まで行くのにまた一苦労しなければならない。1998年3月、そのようにしてウォロソコ地域までたどり着いた私の耳に最初にもたらされた重大ニュースは、ロピ老人(2)が「カトリックに入った」というものであった。

フローレスは日本ではほとんど知られていない。日本からだけではなく、インドネシアの政治経済的中心地から見ても、遥かなる地フローレス。「遥か」であるのは、単なる地理的な問題ではない。政治経済的問題でもあり、関心の低さによる情報の欠如という問題でもある。遥かであるだけに、そこでの生のダイナミズムは見えにくい。

フローレスはポルトガル語で花を意味する。インドネシアなのに、なぜポルトガル語名の島なのか。地名は、往々にして歴史的政治関係を印付ける。たとえば、アメリカはアメリゴ・ベスプッチに由来し、フィリピンはスペイン王の名に由来し、ソロモン諸島は聖書のソロモン王に由来している。フローレスという名は、ポルトガル人が初めて足跡を印した時、花が咲いていたことに由来するとされる。大航海時代以降のヨーロッパによる世界の「発見」とは、世界の名づけなおしでもあった。そのようなヨーロッパ由来の地名をヨーロッパ植民地支配の残存と捉えて、第2次世界大戦後独立した多くの国々は、現地語に地名を変更した。

1945年にオランダから独立したインドネシア共和国も同じ姿勢をとっ

た。オランダ植民地時代の呼び名を避けて、バタビアはジャカルタに、ボルネオはカリマンタンに、セレベスはスラウェシに変更した。それにもかかわらず、フローレスという呼び名はインドネシア政府によって現在まで使われている。フローレスという名は、インドネシアの他の地域とは異なる、フローレス島の歴史的経験と現在における位置付けとを象徴している。

フローレスの特異性を顕著に表しているのは、それがカトリックの島であるという点である。インドネシア国家はイスラーム、ヒンドゥー、仏教、プロテスタントおよびカトリックの5つを公認宗教と定めている。人口の大多数はムスリムである。

それに対し、フローレスの人々の90%以上が統計上カトリック教徒である［Prior 1988: 24］。私が3年住んだ山岳部地域居住者はほぼ100%、カトリックに名を連ねている。

この章の目的は、フローレス島中央山岳部のウォロソコ地域の人々にとって「カトリックであること」の意味を、さまざまな語りを足がかりとして、マクロおよびミクロな生のダイナミズムの中に描くことである。

1 フローレスの過去素描

20世紀に入るまでフローレスが記録されることはほとんどなかった。フローレスの人自身がそこでの出来事を多少とも書き残すようになったのは、1960年代に入ってからである。書かれた記録を基に再構成された過去を「歴史」というならば、フローレスにはほとんど「歴史」がないことになる。そのように限定された意味での「歴史」が希薄であるからといって、濃厚な「歴史」を持つ地域と比較して、人々の暮らしが希薄だったということではない。この地に植民地支配を確立しようとしたヨーロッパ中心の「歴史」やインドネシア国家史の視点からは、フローレスの過去はこぼれおち、フローレスの人々とは、後れた人々、停滞した人々であり、外からの支配を余儀なくされた声なき人々と描かれがちである。この節では、フローレスの過去を素描することにより、フローレスの人々の積極的な生を成り立たせる場に光を当てたい。また、ヨーロッパ人やカトリックとの邂逅も、そのようなダイナミックな場においてであったことを示したい。

インドネシア島嶼部は、ヨーロッパ人の侵入のはるか以前に交易圏を形成していた［Reid 1988］。中でもティモール島は白檀で有名であった。たとえば、1225年の中国の記録に、「ヒンドゥー・ジャワ王国カディリと忠誠同盟関係にある、白檀の豊かな」ティモールに関する記述がある［Krom 1931; Ormeling 1956］。島嶼部における交易の歴史はさらに古く、2000年ほど前には、インドを中心とした交易圏に取りこまれていたという見方をする研究者もいる［Leur 1955; Ormeling 1956: 94］。

フローレスを含む海域に最初に到来したヨーロッパ人であるスペイン人とポルトガル人は、中国人と現地の海洋民たちを水先案内人としていた。即ち、ヨーロッパ人たちは、彼らにとってみればインフォーマル・セクターがうごめく海洋世界に、土着の海洋知識に依存する形で進出したということになる［Hamilton 1994: 31; Ormeling 1956: 96; Metzner 1982: 67; Barnes 1982: 408-409; Barnes 1987: 217］。

ポルトガルは1511年にマラッカ・イスラーム王国を陥落させ、更に東の島嶼部へと向かった。彼らの関心は、モルッカ諸島の香料とティモール島の白檀であった。モルッカ諸島からティモールへ向かう時に、フローレスの沿岸にも立ち寄った。現在に到るまで、フローレス島にはこれといった特産物がない。ポルトガルにとってのフローレスの交易上の重要性は、フローレスの東に位置する小さな島々の1つソロール島が、暴風雨を避けるための港を与えたということである。

マラッカ陥落以降、フローレスやティモールは、マラッカの司教区の管轄に入った。けれども、それは、カトリック教会やポルトガルの目論見上の話であって、東インドネシアのほとんどの海域は、さまざまな勢力があい乱れる世界であった。

16世紀半ばから、即ち、日本列島での布教と軌を一にして、フローレス近辺とティモールでカトリックの布教活動が始まった。布教にあたったのは、ポルトガルのカトリック聖職者たち、中でもドミニコ会の修道士たちであった。16 世紀後半には、ソロール島とフローレス島中部の南沿岸のエンデ島にポルトガルの要塞が築かれ、フローレス島の海岸部 20ヵ所に伝道所が建てられたと報告されている。

ポルトガルの要塞の中にはカトリック教会が設置されていた。フローレスにおけるポルトガルの影響は、一部の海岸部に限られていたが、それさえも、モルッカ、ジャワ、南スラウェシ等に本拠地を持つムスリム、地元の諸勢力、海賊およびオランダ勢力、さらに、ポルトガル人男性と現地女性の間から生まれた人々によって形成された「黒いポルトガル人」と呼ばれる独自の勢力によって脅かされていた。

17 世紀には、東へと権益圏を拡大しようとしたオランダ東インド会社が、諸勢力入り乱れた戦いを散発的に展開しながら、次第にフローレスにおけるポルトガル勢力を排除していった。1642 年、オランダ東インド会社はフローレスにおけるカトリックの布教を禁じ、宣教師たちは東ティモールに撤退した。19 世紀半ばには、オランダとポルトガルの間に、「ポルトガルは、フローレス島をカトリックの影響下に置くことを条件に、フローレスから完全に撤退する」という協定が結ばれた。

オランダは、1808 年からカトリックの伝道を解禁していたが、ドミニコ会の聖職者が去ってから 200 年以上の空白の後、1860 年にイエズス会の宣教師がフローレス東部の海岸の町ララントゥカに定住し、活発な布教活動をすることになった。学校教育を通じて、子供たち特に有力者の子供たちに洗礼をすることによって着実にカトリック教徒の数を増やしていった。カトリック教徒の増加にもかかわらず、現地の聖職者を生み出さなかったため、フローレスでの布教活動をそれ以上維持していくだけの人員を確保できなかったイエズス会は、その地位を、オランダで 1875 年に旗揚げされた修道会「神言会」に譲り、1910 年代にフローレスから撤退し始め、1920 年には完全に撤退した。

1799 年にオランダ植民地政府はオランダ東インド会社に取って代わったが、フローレスにおいては、1907 年まで、現地社会に干渉しないという方針をとった。利益をもたらさないフローレスの支配は割に合わないというのが大きな理由だった。しかしながら、不干渉に乗じて現地勢力はオランダ政府を翻弄し、フローレス島中部の町エンデにおける植民地政府の拠点も脅かされるという事態が続いたために武力をもって介入することになった［Dietrich 1983］。

また、オランダは、フローレス島の商取引を独占したかったが、長いこと交易を営んできた南スラウェシや地元のムスリムの抜け目のない抵抗に阻まれていた［Fox 1983; Needham 1983］。1907年にオランダの拠点のあるエンデの町が内陸の人々によって襲われたのを機に、オランダ政府はティモール島から軍隊を送ってエンデの町を平定し、それから初めて内陸部へ足を踏み入れることになった。その過程で、400人以上のフローレス人が死に、5300丁以上の銃が押収されたと記録されている［Suchtelen 1921］。かくして、ロピさんが住んでいる中央山岳部も、はじめて、ヨーロッパ人の知るところとなった。

内陸フローレス人によるエンデの町の襲撃が起こってから何日か後に、数十キロ離れている中央山岳地帯から2人の男がやってきて、オランダ植民地政府の人々の留守を狙って、エンデのオランダ政府の拠点を攻撃している。このことから、オランダ政府にとってフローレスの山岳部は1907年まで未知の場所であったが、現地の人々の間にはオランダ人の動向を伝達するようなネットワークが既にあったと推測できる。

オランダ政府の方針に従い、フローレスの山岳部でカトリックが布教活動を始めたのは、この軍事遠征以降のことである。1910年にはフローレス全域が行政的に区分され、その後何回か再編成された。フローレス中部地区は行政的土侯地区 landschap に下位区分され、土侯地区はさらに行政村 gemeente に下位区分された。土侯と村長には現地の人が任命された。任命にあたっては、ある程度の学校教育を受けた者、カトリックに改宗した者が優先された。オランダの権力を利用することによって自らの政治力を拡大しようとする野心家たちは、土侯や村長になろうとした。たとえば、リオ土侯に任命されたピウス・ラシ・ワンゲは初期に改宗し、学校教育も受けた野心家であった。その後、オランダ政府は彼の力をコントロールできず、1946年、ついに銃殺刑に処した［Aoki 1996: 15; 杉島 1990: 602-604; Kennedy 1955］。

行政の施行とともに、カトリック教会もフローレス全域に影響を及ぼすようになってゆく。エンデには教会のほか、学校、病院、出版社、工房などが建てられ、カトリックは、フローレスにおける近代化と福利厚生の担い手となっていった。

1942年から敗戦直後まで、フローレスは日本軍がオランダ植民地政府に取って代わる。既に見たように、フローレスのカトリックは植民地国家に従属する傾向を持ったものとして始まったが、日本軍政下に変わった時も、連合国軍側の国籍を持っていたカトリック聖職者はスラウェシ島のマカッサルに連行、拘留され、日本人聖職者が日本から配属された。

1945年、オランダ植民地政府がフローレスに戻ってきた。日本軍の撤退とともに、日本人神父は去り、それ以前にいたヨーロッパ系神父と替わった。

1946年、オランダ人たちの意向の下に、現在のバリ、ヌサテンガラ州およびスラウェシからなる東インドネシア国が設立された。しかし、1949年に、東インドネシア国をも含む領域からなるインドネシア共和国の独立が世界的に承認された。1951年には、オランダ植民地政府に任命されたフローレスの土侯による議会が解消された。1962年に新しい行政区分がフローレスに導入された。

1965年から1967年までインドネシア国内いたるところで荒れ狂った共産党狩りという国家的暴力の嵐はフローレスにも及んだ(3)。この事件が、フローレスの多くの人々にとって、初めてのインドネシア国家の経験といっても過言ではない。1966年に成立したスハルト政権の指針である開発の「恩恵」がフローレスに届くようになったのは1994年になってからであり、それも1998年のスハルトの失脚によって変容した。

フローレス、特に中央山岳地帯の人々にとっては、インドネシア国家同様、外来性を持つ勢力であるカトリック教会は、時代と共にその姿を変えつつも、彼らの生活圏の一隅に常駐し続けている。

2 教会の方針

フローレスのカトリックは、その語の意味する「普遍的な」宗教であるよりはむしろ、それぞれの時代にフローレスに覇権を及ぼそうとした国家という世俗の制度に強く結びついたものであったといえる。初期の布教にあたったドミニコ会はポルトガルの植民地勢力と不可分の関係にあった。神言会も、1875年にオランダで旗揚げされ、オランダ植民地政府から多くの援助を受けてフローレス島で活動したという背景を持つ。第2次大戦の日本占領期には、連合国側の国籍を持つ聖職者はマカッサルに拘留され、日本人聖職者に置きかえられた。19世紀後半から1910年代までフローレスでの布教にあたったイエズス会にしても、決して植民地政府の統治に抗するものではなかった［Uran 1986: 143］。(4)

ドミニコ会が去って、イエズス会が布教を始めるまでの200年余りの聖職者空白期間に、エンデ島など、ドミニコ会によって布教された地域の多くはイスラーム化した。あるいは、カトリックは全く忘れ去られた。しかし、イスラーム化しなかった地域の一部では、「カトリック教徒」を自認する人たちが、聖職者なしの同胞組織を形成し、その組織内で洗礼を施し、土着の信仰や氏族制度などと不可分の独自の儀礼を発展させた。イエズス会の聖職者が布教を始めた時点で、そのような「カトリック教徒」の数は約1万人を数えた。彼らの生活は、イエズス会聖職者の眼には、きわめて異教的なものと映ったが、あらためて「改宗」させることはなかった。これは、イエズス会が寛容であったというよりも、イスラームの脅威の前に、たとえ名目的であっても、カトリックに名を連ねさせることを選んだことによる。東部海岸の一部の地域には、ドミニコ会が伝えたポルトガル式のミサや儀礼の影響が今でも見出せる［Prior 1988; Webb 1988］。

イエズス会もフローレス東海岸地域を布教の拠点とした。フローレスの他の地域と比較して、東海岸地域においては、カトリックの慣習が社会生活に馴染んだものとなっている。フローレス島内で最も多くの聖職者を輩出しているのもこの地域である。それと対照的に、ロピさんの居住するウォロソコ地域は、1910年代になってようやくカトリックの布教が始まった地域である。統計上は、ほぼ100%がカトリックに名を連ねているが、聖職者は未だに輩出されていない。教会が土着の慣習に対して最も寛容な地域である。

フローレスのカトリック教会、特に神言会は、現地の信仰の中にカトリックとの接点を見出そうとする傾向が強い。それは、ロピさんの居住地である中央山岳地帯のリオ語地域において特に顕著である。たとえば、植民地時代には、「上方の月周辺のンドゥッア（du'a）／下方の地下のンガッエ（ngga'e）」というリオ語の対句表現からの短縮形ンドゥッアンガッエ（du'angga'e）という語をキリスト教の「神」という語にあてた。ンドゥッアとンガッエが男と女であるとか、7人など複数の存在であると考える現地の人も多かった。「神」概念というキリスト教の中枢に関してさえ、そのイメージをかなりはみだしても、カトリック教会は現地の人にとってのわかりやすさをめざしたといえる［Arndt 1939］。ジャワ島などでは、カトリックの三位一体の神概念を理由に、唯一神信仰ではないとムスリムによって批判されてきたという事実を考えると、このような形で神概念を土着化させてきたことの中に、カトリックの土着信仰との融合に対する強い決意が見出せよう［Kantor Waligereja Indonesia 1975: 90］。

現地の信仰の中にカトリックとの接点を見出そうとする傾向は、1960年代半ばの第2バチカン公会議での現地主義公認により更に強まった。フローレスの郷土誌家である神言会神父ピート・ペトゥによってインドネシア語で著わされた『ヌサ・ニパ』が出版されたのが1969年であるのは偶然ではない。本のタイトル「ヌサ・ニパ」は現地語で「蛇の島」という意味であり、ペトゥ神父によれば、フローレス島を指示する現地語である。この本は「フローレス島の土着名」と言う副題を持つ。その主旨は、フローレスという外来の名前よりも現地名ヌサ・ニパのほうが自分たちの島を表す名としてふさわしいというものである。その結果、この地域の土着信仰がフローレスの土着信仰を代表するものという通念が一部のインドネシア語読者（主として教師や大学生）のあいだで形成された。この本を書くにあたって彼は中部山岳地域の長老たちにインタヴューを行なっている。

ペト神父はその後も、中部山岳地帯に関する民俗学的論文や著書を出版している。それらは、フローレスに関するインドネシア語で書かれた民俗学的著作として、ほぼ独占的地位を占めている。しかしながら、「フローレスはヌサ・ニパと言うか」という誘導的質問をしない限り、中央山岳部の人々の間でフローレス島全体を指示するような土着の固有名が使われているのを私自身は耳にしたことがない。内容はともかく、ペトゥ神父の著書は、土着の言語と文化に対するカトリック教会の肯定的な態度をインドネシア語の読者の間に広く認識させることとなった［Petu 1969］。

1977年に出版されたリオ語の教理問答書もまた、教会が土着信仰へカトリックの信仰を融合させようとしている態度を示している。その第1節はンドゥッアンガッエと題され、現地語に特徴的な対句表現で、現地の創世神話の内容を織り込みながら、次のように始められている。

昔々の時代から、
土はまだ甘くなく、石はまだ平らではなかった時代から、
海の彼方の帆柱の異邦人がまだ来訪せず、
海の向こうの小舟の異郷人がまだ到来せず、
彼らがわれらの島で「宗教」を伝授する以前から
われらの祖先には既に考えがあり、思いもあり
天空のドゥッアと大地のンガッエに関する言葉があった。
空がまだ飛び去らず、海がまだ遠ざからぬ時から
それはもうあった。
物語によって、われらの祖先は、
人間、世界（土と石）、宇宙（月と星）のことをすべて説き明かした。
彼らは物語った。

アナカロがレケの蔓を切ったので、
空が飛び去り、海が遠ざかったことを。
彼らは物語った。
ボビとノンビのことを、
ンダレさん（男）がンブウさん（女）を殺したので、
稲、トウモロコシ、豆、莢豆、ヤムイモ、野菜がこの世に出現し、
食用植物として人間に与えられたことを。[Djagom 1977]

リオ語地域で広く語られている創世神話によれば、この世はアナカロという最初の人間が天と地を結び付けていたレケ（巨大なつる植物、学名：エンターダファセドイデス）の蔓を切り、「天空が飛び去り、海が遠ざかった」ことによって始まった。それ以前は、「土も甘くなく、石も平らではなかった」、即ち人間が住むのに適していなかったといわれる。また、ボビとノンビは、現在のような性交による生殖を人間が知るようになったことを物語る「性交の起源譚」にしばしば登場する秘義的名称である。ンダレとンブウは、作物の起源譚の中に現れる秘義的な名称である。

教理問答書第1節の最後は、「祖先たちは、ンドゥッアンガッエをよく理解していなかったので、恐れてばかりいた。彼こそ慈愛に満ちたわれらが父であり、越えることのできない『力』を持っている」と結ばれている。ここには、「無知ゆえに恐れている未開人」という、宣教者が無文字社会の人々に抱きがちなステレオタイプが見出せるが、現地の信仰から立ち上げるという教会の姿勢がはっきりと見られる。

神言会は現地出身の聖職者を育てるという方針をとっている。現地慣習への歩み寄りは、ここ15年ほどの間に、現地出身の聖職者が多数を占めるようになったことと並行して、さらに強まった。1970年代からフローレスに住んでいるイギリス人神父は、1988年に「結婚に関する現地——具体的にはフローレスのリオ語地域の村——の慣習と信仰を積極的に評価して、教会における結婚制度との融合を図るべきである」という主旨の英語の著書をドイツから出版した［Prior 1988］。これは、欧米のカトリッ

ク関係者を主たる読者として書かれたものであるが、現在では英語を解するフローレス出身の聖職者も数多く、土着の伝統への評価をさらに高める結果となった。それは、現在行なわれている礼拝の実践の中にも如実に表れている。たとえば、神言会の高等神学校内の教会における1998年の復活祭期間中のミサでは、イエスの死と復活の物語を次のようなフローレス土着の作物起源譚によって説明していた。

> 昔作物がなかった頃、みんな空腹で困っていた。その時、ある女性が彼女の男の兄弟に言った。「私を山刀で殺して切り刻んでください」。言われたとおりに兄弟が彼女を殺した。次の日の朝になってみると、彼女の身体からさまざまな作物が発生していた。フローレス全体から人がやってきて、作物を持ちかえった。

このような簡略化された物語を語った後、「このような犠牲があって初めて私たち人間は生きていくことができるようになったのです。イエスも同じように、私たち人間が生きるために犠牲となったのです」と加えた。この説教を行なったのは、神言会高等神学校で神学を教えているスラウェシ島北部の都市メナド出身の神父であった。フローレスのカトリック聖職者のあいだにこの作物起源譚が知られ受け入れられ、ミサやお祈りにまで用いられるようになったのは、『ヌサ・ニパ』や教理問答書でこの作物起源譚が肯定的に取り上げられ広く知られるようになったことのほかに、カトリック教会がさまざまな実践の中で、土着信仰との融合を推し進める方針をとっていることの影響が大きいであろう。

このような傾向は、神学校内に留まらない。中部山岳地帯のある教区教会でも、親の子供に対する責任という倫理を説教するのに、カトリックの聖職者たちは現地の説話をそのまま用いるようになった。

このような説教を耳にしているウォロソコの人たちは、カトリック聖職者たちが彼らの重要性を認め、歩み寄ってきたと実感している。後述するように、ここでいう彼らの重要性とは、彼らこそがカトリックをもたらした外来者の存在論的な「根幹」であることとする世界史観に基づいている。

3 中部フローレスのカトリックの社会的多元性

同じフローレス中部地域であっても、「カトリック」は、人によって、脈絡によって、異なる意味を持ちうる。しかし、同時に、社会集団毎に特徴を持つ自己の位置付け方に対応して、異なる意味付けが与えられるという傾向も見られる。そのような意味付けの違いは、一般的な命題としてよりも、出来事に対する語りの中で明らかになる。この節は、エンデにおける華人商店襲撃事件に関する、いずれも「カトリック」である人々――華人たち、エンデ語地域の山岳部の人々、神言会高等神学校の聖職者たち――の語りを例にとり、「カトリック」の主観的意味付けの違いを明らかにし、中部フローレスのカトリックの多元性を明示し、ウォロソコにおいて「カトリックであること」はそのような多元性的世界の一部であることを指摘する。語りはすべて、1998年の3月から4月になされたものである。

1998年2月、フローレス中部の南海岸の町エンデで、多くの華人商店が襲われた。フローレスの商業活動のほとんどは華人によって担われている。海岸とほぼ平行に走る海岸沿いの2本の道沿いに建ち並ぶ住居を兼ねた華人の商店は、エンデの町の中心部を構成している。その周縁に、スラウェシなど他の島から来たムスリムのキオスクが並んでいる。肉団子スープやアイスクリームなどの屋台を引いているのはジャワ人ムスリムである。その商業地帯を挟むようにして、地元のムスリムの居住地域が東西に広がっている。華人商人の積荷を運ぶ人足をしているのは、地元のムスリムである。

1980年代までにエンデ在住のほとんどの華人がインドネシア国籍を取得している。彼らの多くは二世または三世である。インドネシア国籍を取得する際には、インドネシア国家公認5宗教の1つの形式を用いて宣誓をしなければならない。エンデの華人は、仏教の一種と認められている儒教、カトリックまたはプロテスタントを選んでいる。華人の間でも、カトリックがマジョリティを占める。

華人たちの生活にとって、宗教の違いはほとんど意味をもたない。一世(現在70歳以上)の時代には、女性が少なかったこともあり、華人男性は地元有力者の娘と結婚することもあったが、現在では、一部の例外を除き華人は華人と結婚する。華人の結婚で宗教が問題になることはまずない。同じ家族内にキリスト教の洗礼を受けた者と儒教に登録している者がいるのもまれではない。

1998年2月、大勢の男たちによって、一斉に華人商店が襲われた。70数軒ある商店のうち3分の2が襲撃され、何ヵ所かで火が放たれた。華人商店は、店の奥と2階3階が生活空間になっている。商品や家財の焼失免れた場合でも、襲撃者たちが生活空間にまで踏み入って、家財を壊し、商品だけではなく貴重品や衣類などを手当たり次第に持ち去っている。襲撃の際に「アッラー、アクバル（アラーは偉大なり）」と叫ぶ男たちが多くいたことを華人たちは目撃している。

フローレスだけではなくインドネシアでは一般に、暴動がおこると、全く関係のなかった通行人が暴動に加わる。エンデの華人商店襲撃の際にも、宗教に関係なく多くの人たちが便乗して商品などを持ち去っている。群集の投げた石が背中にあたって1人の華人女性が怪我をした以外は、身体的危害を受けた華人はいなかった。警察は暴徒を鎮圧することはできなかったが、難を逃れてきた華人たちを保護することはした。

「アラーは偉大なり」と叫ぶ者がいたことを目撃したにもかかわらず、華人たちはムスリムが襲撃したとは語らない。怠け者たちが、働き者の華人たちが豊かであることを妬んで襲撃したとする。華人たちにとって、彼らとたちの悪い襲撃者たちを区別するのは勤勉さである。

それに対して、華人商店襲撃をムスリムによるカトリック教徒の襲撃であると熱っぽく語るのは、エンデの西方に広がるエンデ語地域のカトリック教徒たちである。エンデの西方には、地域海岸部にムスリムが、山岳部にカトリック教徒が住んでいる。カトリック教徒の村々と海岸部のムスリムの村々とは徒歩1時間内外の位置関係にある。両者の間に親族関係があることもまれではない。

エンデなど県庁所在地の町を除き、1980年代までのフローレス島には自動車道といえるものは東西に走るものが1本あるきりであった。エンデの西方の地域ではその道路は南海岸を走っている。海岸部のムスリムはこの道沿いに住んでいる。山岳部の人がエンデの町に行くには、海岸部に下りて、不定期的な民間の乗合自動車を待つしかなかった。時には1日中待たなければならなかった。病人がいる時などは大変である。山岳部の人はたいてい、海岸部の人の家に身を寄せて乗合自動車を待つ。あるいは、エンデから帰ってきた時に、上り坂の暑い日差しを避けて海岸部の人の家で夕方まで待つ。どこの家で待つかはそれぞれ人によってほぼ決まっていた。山岳部の人が農作物をお土産にもたらし、タイミングがよければ魚をもらって帰るという関係であった。

1990年代になって、海岸部の郡庁のある町から山岳部の村を結ぶ自動車が通行可能な道路が造られ、山岳部の人々は1日に2本の民間乗合バスに乗って海岸部の「幹線」道路に出るようになった。海岸部の人々と山岳部の人々との間に個人的で日常的な互酬関係が途絶え、山岳部の人々はそれまで表立ってはあまり問題視されなかった海岸部の人々との関係を問題として捉えるようになり、それをイスラームのカトリックに対する敵対と結びつけて考えるようになった。

1980年代にも海岸部の人々に対し山岳部の人々が反感を持たなかったわけではない。海岸部の人たちは山岳部の住人を「山だし　ata ndu'a」と言って侮蔑することがあった。逆方向の侮蔑を成立させるようなカテゴリーはない。海岸部と山岳部の人の間に恋愛結婚が起った場合、姻戚間関係は不均衡である。海岸部の人同士であると、婚資の額も宴会の規模も、山岳部に比べてかなり小さい。山岳部の女が海岸部の男と結婚する場合は、女の両親は男側に山岳部並みの婚資を要求できない。しかし、女側で行なう宴会は山岳部相応のものでなければならない。男女が逆の場合は、海岸部に住む女の両親は男側に山岳部並みの婚資を要求する。男女に関係なく、ムスリムと結婚したカトリック教徒はムスリムになるのが普通であった。

このような不均衡に、山岳部の人たちが不満を表明することはあった。しかし、海岸部の人々に対する反感がイスラームに対する反感と意味付けされるようになったのは、最近になってからのことである。近代国民国家という装置の内的矛盾のあらわれとしての「宗教」紛争が、インドネシアのあちこちでキリスト教徒とムスリムの争いとして顕在化してきている。エンデ語地域におけるカトリック教徒の自己の位置付けに関する上記のような変化は、そのような顕在化と同様の原理が多少とも働いているように思われる。彼らの語るエンデ華人商店襲撃事件は、華人たちがカトリック大聖堂に避難したことに力点がおかれる。

エンデから東に100数十キロ、シッカ県の県庁所在地マウメレの近くに神言会の高等神学校がある。そこで教鞭をとる神父たちは、エンデにおける華人商店襲撃事件を政府の無策あるいは陰謀の結果と考える。彼らは、フローレスの地方政治のみならずインドネシア中央政府に対しても、新聞などを通じて批判を表明してきた。高等神学校の学生数は450人ほどである。ほとんどがフローレス出身である。学生の1、2割ほどは将来聖職につかず、さまざまな領域で活躍することが期待されている。結婚し主都ジャカルタ等でジャーナリストとして活躍している卒業生も多いそうである。

1980年、私が初めて高等神学校を訪れた時には、20名余りの教員神父のほとんどが欧米人であった。1980年代の後半には西欧人教員の割合は3分の1以下になり、1998年には、イギリス人とオランダ人神父2人だけとなっている［Costa and Mohlmann 1987］。インドネシア人教員神父のうち、1名のみがフローレス以外の地域出身である。欧米に留学する神父や神父候補生も多い。世界のさまざまな場所に神父として赴任する場合もある。世界各地で開催されるカトリックの国際会議にも出席する。彼らは、インドネシア中央政府を経由しない、グローバルなネットワークの中にある。

フローレス出身の教師神父たちは、それぞれの出身地域の慣習に愛着と誇りを持っている。実際のところ、彼らは学校教育を受けるために少年期に村を離れているので、慣習の詳細については知らない場合が多い。普段は高等神学校の教員寮で暮らしている。1年間に1ヵ月の休暇をとることができるが、出身の村に帰っても、そこで割り当てられる、子供として、キョウダイとして、オジや甥としての役割、まとわりつく彼自身の甥や姪たち、村での生活のテンポ等に音を上げて、休暇を早めに切り上げて寮に帰ってきてしまう場合が多いそうだ。彼らにとって出身地の村は、近代的概念の「ふるさと」という言葉で喚起されるものに近いイメージを帯びている。

多くの神父たちは、高等神学校での教師としての役割も寮での共同生活も楽しんでいるが、自分自身がカトリックであることにも神父であることにも醒めたまなざしを向けている。アメリカの大学で修士号を得た30代のある神父は、「カトリックは普遍的な真理なのではなく、土着の信仰や慣習と教会が持ち込んだ信仰や慣習の相互文脈化（intercontextualization）の産物である。フローレスにおいても然りである」とする[(5)]。また、彼自身神父になったのは、彼の置かれた状況の中で、広い世界で活躍するための最も手っ取り早い道であったからであり、機会があればいつでも神父をやめて結婚し、別様の活躍をしたいと胸を張った。

彼らは、フローレスの一般のカトリック教徒との関係では近代的状況に通暁した指導者を自負しているが、ヨーロッパ人聖職者との関係では自らの土着性を肯定的にとらえ、アイデンティティの拠り所としている。ヨーロッパ人聖職者は、フローレスの人々への深い理解を示している場合であっても、フローレスの人々は抑圧された、貧しい、情報から疎外された人々であると前提しているのに対し、フローレス出身の聖職者たちはそのようなイメージを抱いていない。逆説的に響くが、「カトリックであること」の世俗的重要性をフローレスのカトリック教徒の中で最も明確に認識しているのは彼らである。

では、ウォロソコの人々にとってカトリックであることはどのような意味を持っているのであろうか。彼らにとって、華人商店襲撃事件は、概ね外の世界の出来事である。エンデ語地域のカトリック教徒とは異なり、ウォロソコの人々は、ムスリムと深い関係を持たない。華人商店襲撃事件を、華人を含む「われわれカトリック」に対する「彼らムスリム」による攻撃と語ることにリアリティを見出すことができない。しかし、それは、ウォロソコの人々が華人のように勤勉さを生活の中で最優先させているからでもないし、フローレス出身の神父たちのようにカトリックに対して分析的な眼差しを向けているからでもない。ウォロソコ地域にズームインして、そこに暮らす人々にとって「カトリックになること」および「カトリックであること」はどのような意味を持つのか順に明らかにしよう。

4 ウォロソコにおける「改宗」

ウォロソコ人（約 2000 人）とは、「ウォロソコ村」をアイデンティティの主たる拠り所とする人々である。「ウォロソコ村」は、人間発祥の地とされるレペンブス山に連なる 1 つの尾根に造られた、ウォロソコ人が儀礼を行なう中心的な場である。「村」は 2 メートルほどの土台の上に造られ、直径約 40 メートルの広さを持つ。中央に供物をささげるための立石があり、それを取り囲むように中央広場がある。「村」に関わるさまざまな儀礼が、各「家」から選出された儀礼リーダーにによって行なわれる。

最近「カトリックになった」ロピさんは重要な儀礼リーダーの 1 人である。ロピさんが儀礼に対して示す緻密な美学には誰もが一目置いている。「村」に関わる儀礼の中には豊作儀礼が含まれる。ほとんどのウォロソコ人は、そのような豊作儀礼の対象となる領域に居住し、焼畑または水田耕作を主たる生業としている。

「村」の儀礼は、「村」の祖先から伝えられたものであるとされ、儀礼への各自各様の参加によって、ウォロソコ人の共同性が形成される。儀礼リーダーたちはその他の人々よりも「村」の儀礼への関わりが大きいのが一般的であるが、いつも判で押したような儀礼が行なわれるわけではなく、各自の儀礼への関わり方も、実際に遂行される儀礼もダイナミックな様態を示す。儀礼に関して最も重要なのは遂行されることであると強調される。遂行されない場合には、ウォロソコ人の生活は衰退し、ウォロソコ人以外の人々に対する威信が失われていく。

儀礼はさまざまな儀礼行為、遂行者、儀礼場、唱文、儀礼歌、用具、それらに対する名称などから構成される。それらは、参加者にとって意味ありげなものとして立ち現れる。しかし、儀礼の公的な解釈は避けられる。儀礼リーダーの役割は儀礼遂行であって、その意味を伝えることではない。しかし、人々、特に中年以上の男性は、儀礼を構成する行為や言葉などの中に力の源となる詩的知識を見出そうと思索する。そのような知識を獲得する最も有効な経路は夢見であるとされる［Aoki 1996］。ロピさんもそのような詩的知識の獲得に長け、豊富な詩的知識を持っている人だといわれている。

フローレス中央山岳地域でカトリックの布教が始まったのは、オランダの軍事遠征（1907－08 年）以降のことであった。軍事遠征のトラウマから、この地域の人々は白人に対し恐怖感と反感を持っていたため、カトリックの布教はあまり進まなかった。また、当時のフローレス中部地区の行政官長がプロテスタントであり、カトリックに対する反感も布教を困難なものにしていた。しかし、既に述べたように、行政地域の現地人の長を任命するにあたっては、学校教育を受けた経験がある者、カトリックに改宗している者が優先されたため、オランダ政府の権力を利用して、その地域での自らの影響力を拡大しようとした野心家たちは、カトリックに改宗する傾向があったと推測される。1940 年代には、中部山岳地区行政村長のほとんどがカトリックの洗礼を受けていた［Uran 1986; Bryune 1947］。

インドネシア共和国の成立後、国家公務員になるチャンスが、わずかではあるが、開かれたことにより、カトリックに名を連ね学校教育を受ける者が増加した。しかし、現在のように、フローレス中部山岳地域住民のほぼ 100％がカトリック教徒となったのは 1970 年頃のことである。

なぜその時期なのか。説明がなされる場合は、「ペカイーと思われたくなかったからだ」とされる。ペカイーとはインドネシア共産党（Partai

Kommunis Indonesia）の頭文字 PKI のインドネシア語読みである。これはどういうことだろうか［Keane 1995: 296; Webb 1986］。

私は、1979 年から 84 年にかけて、延べ 3 年間フローレス中部山岳地域に暮らした。ウォロソコ近辺で暮らし始めたばかりのころは、なかなか調査がはかどらなかった。名前を聞いたりフィールドノートに書きこんだりすると、人々は明らかに怯えたような戸惑ったような表情を見せた。しばらくすると、人々の怯えや戸惑いの理由が明らかになった。名前を聞いてこれを書きとめるというのは、インドネシア共産党の活動家がウォロソコ地域で行なったことだったからだ。私がインドネシア共産党と関係ないことを何人かの人が理解して、別の村人に説明したが村人たちの顔のこわばりが取れるまで、かなりの時間がかかった。

しかし、時間が経つにつれて、親しくなった人たちの間に座っていると、1965 年から 67 年にかけてのインドネシアの内乱を人々がどのように経験したかを、私が尋ねたわけでもないのに語ってくれた。全国的なインドネシア共産党撲滅キャンペーンとなったその内乱はフローレスにも及んだ。しかし、その他の地域で起こったような大量殺人は、少なくともウォロソコ地域では起こらなかった。

人々の話すところによれば、ウォロソコ地域では 1 人が軍人に連れ去られた後、殺され、数名が自ら行方をくらまし、何人かの人が軍隊の尋問を受けた。たとえば、ある初老の男性は次のように自分の体験を語った。

> ペカイーの事件が起きる前に、「巡礼者 pengeliling」と呼ばれる人たちが外からやってきた。彼らはあちこちの霊験あらたかな場所に行って修行した。私もひとりのジャワ人の巡礼者に出会った。当時私はひとり者だった。今でもそうだけど、私は誰とでも友達になって面倒を見るから、その時も彼を自分の家に泊めた。それから、一緒に霊験あらたかな場所にも行った。彼は普通の人に見えないものが見えた。一緒にムトゥ山(6)の頂上に行って夜を明かしたこともある。私は怖いだけだったけど、彼には人が沢山いるのが見えた。明け方、聞こえてく

るはずのない人の足音が私にも聞こえた。彼にはその足音の主である老婆の姿が見えた。ウォロソコに戻ってきてみると、老婆が１人亡くなっていた。彼はしばらく滞在してから、どこへともなく行ってしまった。それからしばらくしてペカイーの事件が起きた。ある日、軍人がやってきて、私が泊めた巡礼者のことを根掘り葉掘り訊いた。やがて拳銃をテーブルの上に載せてそれに触れながら言った。「君の命はここにあるんだよ。本当のことを言うんだ」。そう言われても、私はその巡礼者がジャワから来たことしか知らなかった。多分、私のことを妬んでいるウォロソコの誰かが軍隊に告げ口したんだろう。結局私は軍の本部まで連行されることになった。もうお終いだと思って仕方なく立ちあがった時、エンデ在住のトラックの運転手がやってきた。彼は、私の家に立ち寄ってご飯を食べたり泊まったりする人だった。運のいいことに、彼は尋問しに来た軍人の友人でもあった。運転手が間に立ってくれて、私は難を逃れることができた。

この語りが示しているように、インドネシア国家にとって最も重要な歴史的出来事は、ウォロソコの人々にとっては、国家内のイデオロギー闘争でもなく権力闘争でもなく、個人的な人間関係やウォロソコのミクロ・ポリティックスに関する出来事として体験されたという側面を持つ。それと同時に、インドネシア国家が、超越的な荒ぶる他者としてウォロソコの人々に認識されるようになった。

当時学校教育を受ける等の理由でエンデの町に滞在していた人たちは、軍人たちによる驚くべき殺人現場を目撃したことを熱っぽく語る。インドネシア国家はその荒ぶる力を顕示するかのごとく、人々の目撃を奨励していたようである。中でも、フローレス島におけるインドネシア共産党の首謀者として捕らえられたサブ人[(7)]の処刑は、通常さまざまな式典が行なわれるエンデの町の中央広場で、夥しい数の観衆の前で行なわれた。人々の語るところによれば、以下のような状況であった。

> 町中の生徒たちに、インドネシアの国旗と同じ赤と白の制服を着て参列することが義務付けられた。他の住人たちにも召集がかけられ、広場は人でいっぱいだった。処刑される人は、2本の高い杭に、磔刑のような格好で結び付けられ、下には薪が山積みにされていた。薪に火が放たれると、かねてからの指示どおり、生徒たちは、インドネシア国歌を歌い始めた。「偉大なるインドネシア、私の祖国、私の血を流すところ…」と。誰1人として、目をそらすことは許されなかった。涙を流すことも、禁じられていた。もし目をそらしたり涙を流したりすると、自分の身が危なくなった。とても怖くて、かわいそうに思ったけど、じっと焼け焦げてゆく人を見ているしかなかった。杭に縛られていた手だけ残して、体は焼けて下に落ちた。家畜を焼くような臭いが充満した。

目の前に展開された光景は、インドネシア国歌に謳われている「偉大なるインドネシア国家に殉ずる私の神聖なる血の祖国の大地への帰還」ではなく、「まつろわぬ者の処刑」である。強制的に立ち会わされた人々は、おとなも子供も、理解を絶する超越的なインドネシア国家に対する人身供犠の支持者という役割を演じさせられた。ページェントを観賞する自由な観客であることは許されなかった。「まつろえ。さもなくば処刑、あるいは供犠獣になれ」という国家という荒ぶる他者の命令を体感することになる。インドネシア共産党の首謀者の処刑に立ち会った者たちが体感した恐怖は、私になされたような臨場感あふれる語りによって、多くの人々に共有されるところとなったと思われる。

それまでカトリックに入っていなかった人たちは、その後、「インドネシア国家公認宗教に帰属しない者＝無神論者＝インドネシア共産党員＝まつろわぬ人々」と見なされることを恐れてカトリックの洗礼を受けたということである(8)。カトリックへの帰属を表明することによって国家の荒ぶる力が及ぶのを避けたことになる(9)。言い換えれば、ウォロソコの人々の「改宗」には信仰内容や教義はまったくと言っていいほど関与していなかった。現在においても、カトリックの信仰内容や教義をめぐってやりとりが起こることはないと言ってよい。

カトリックの教義同様、現在、共産主義イデオロギーがウォロソコの人々の間で問題になることはない。たとえば、インドネシア共産党に言及するのに、多くの人は「ペカイー」という語のみを用い、それがインドネシア共産党(Partai Kommunis Indonesia)の略称であることは意識しない。人によっては「ペケイー」というように発音し、ペケという「背中を向けて無視する」という現地語との連想を働かせているようである。また、インドネシア共産党のキャンペーンが盛んであった時代にさえ、共産主義イデオロギーがウォロソコの人々の間で問題とされたことはないようである。ウォロソコの人々の語るところによれば、共産党のキャンペーンは具体的には次のように行なわれた。

> ペカイーがここにやってきて、人々を集めた。ペカイーは次のように話して彼らを信じるように言ったんだ。「もし皆さんが神や神父に『私に飴をくれ』と言ったとして、飴はもらえるでしょうか。決してそんなことはないでしょう。でも、もしここで皆さんが私たちに『飴をくれ』と言ったら、私たちはちゃんと飴をあげることができます。だから、役に立たない神や神父を信じるのではなく、私たちを信頼してください」。集まった人たちに飴が配られた。石鹸の時もあった。

このようにカトリックの教義も共産主義イデオロギーも問題にならないやりとりの中で、ウォロソコの人々は、「カトリック教会とインドネシア共産党は敵対する」という明快な図式のもとに、二者を位置付けることになった。「敵の敵は見方」の論理も働いて、インドネシア国家をまつろう姿勢は、徴兵でも、徴税でも、苦役でもなく、カトリック教徒になることで示された。

インドネシア内乱を契機としたウォロソコにおけるカトリックへの「改宗」は、「名目上の従属」を表明することにより「実質的な自律性」を獲得する方途であったと考えることが可能である［Anderson 1972: 32］。しかしこれは出来事の一面でしかない。

反オランダという理念を土台とするナショナリズムによって成立したインドネシアという国民国家は、たとえインドネシア・ナショナリズムの浸透していない地、経済的にも政治的にもメリットのない地であっても、オランダの植民地であったという理由だけで行政下におかなければならなかった。フローレスはまさにそのような土地であった(10)。さまざまな経緯の結果としてなされたこととはいえ、インドネシア共産党指導者のサブ人の見世物的公開処刑は、インドネシア国家にとっても「名目上の統治」を表明する一方で「実質的な放任」を隠蔽するための、コストパフォーマンスの高い一発勝負の国家儀礼であったといえよう(11)。「カトリックになる」ことは、カトリック教会にとっても、インドネシア国家にとっても、ウォロソコの人々にとっても、都合のいい折り合いのつけ方であった。

ウォロソコの多くの人々がカトリックになった時、ごく少数の人がそれに同調しなかった。その中の1人が、伝統的な儀礼をもっとも重んじるロピさんである。彼は、1966年頃にインドネシア共産党員であるという嫌疑で、軍事警察によって拘留されたことがある。他の者たちから見れば、その拘留は死の危険を孕んでいた。しかし、今でも彼は、軍人や警官が彼に危害を加えることはできるはずはないと確信している。彼は、その時いかに軍人を恐れなかったかを誇らしく語る。軍人たちの威嚇にもかかわらず、その時カトリックにならなかった彼が、1992年12月の大地震のあとでカトリックに入った。彼は語る。

あれは、1992年の地震の後だった。地震からしばらくたっていた。神父が2人、私のうちに遊びに来た。私たちは、ポッケル(12)をやって遊んだ。しばらく遊んだあとで、神父が言った。「どうですか、お父さん、そろそろカトリックに入っては」。私は、その時には答えなかった。しかし、次の日にその神父の教会に行って、カトリックに入ることを告げた。その時「私たちの方が『先』で、あんたたちは『後』であること、私たちがあんたたちの『源』である」ことを神父たちに認めさせた。

ポッケルは打ち解けた間柄の人々で遊ばれる。彼は続けた。

あの地震は本当にすごかった。地震と同時に大雨も降っていた。世界が沈むかと思った。私は家の外に家族を探しに行った。あちこちさまよったが、家族が見つからなかった。村の人たちの家がどんどん壊れていった。村人たちはみんな外で叫んでいた。最初のうちは、みんな、コンデラトゥに「私たちはいるよー」と叫んでいた。それでも地震はやまず、道は裂け、雨は降り続いた。そのうちに人々は、十字架やマリア像を抱きしめて、「許したまえ」と叫び始めた。長い間探し続けてようやく家族が無事だということを知った。

ウォロソコ地域には、地震による死者はでなかった。怪我をしたものは多かった。ウォロソコ村を表象する儀礼村はほぼ完全に崩壊した。最初の人間が住んでいたといわれるレペンブス山の斜面が抉られたように滑落した。

ロピさんの語りにある「私たちが『先』である。私たちが『源』である」という表現は、ウォロソコの人々、特に年配の人たちが、外来者との関係を規定する時に使う論理である。彼らによれば、人間はフローレス中部の最高峰レペンブス山から発生した。それから人間の祖先たちは山を降り、広がっていった。更に海を越えて広がっていった。つまり、海のかなたからやってくる人々はすべて帰郷者である。祖先の元に帰ってきた子孫なのである。「祖先」としての彼らは、子孫としての外来者の生命の源である。必要とあらば、呪詛することによって子孫のような人々をコントロールすることができる。この見方に従えば、政府の役人であろうと、軍人であろうと、カトリックの司祭であろうと、すべて子孫であり、呪詛によってコントロール可能な他者ということになる。ロピさんはこのような見方を実践している。役人であろうと、軍人であろうと、外国人の神父であろうと、誰を相手にするときも臆することが全くない。ロピさんにとって外来者は、インドネシアを含め、コントロールできないような暴力の主体ではなく、必要とあらば呪詛できる対象なのである。

それとは対照的に、コンデラトゥのような超越的な他者は誰であろうとコントロールすることができない。コンデラトゥを呪詛しようとする人はいない。コンデラトゥは大地の源に住んでいて、人間がまだ存在するかどうか知るために時々大地を揺すってみる。それが地震である。「糞転がし[13]」が人間は大地からいなくなったと報告したため、コンデラトゥは確かめようとしたともいわれる。人々は、自分たちが存在していることを示すために、「私たちはいるよー」と叫ぶ。それを聞いて、コンデラトゥは大地を揺さぶるのを止める。1979年から1984年までの間にも、3回ほど小さい地震があった。そのたびに人々は大きな声で「私たちはいるよー」と叫んでいた。

地震という天変地異はコンデラトゥが引き起こす。そのように考えられる時、地震は人間に対する荒ぶる力、すなわち暴力という様相を帯びる。その他の天変地異あるいは大規模な自然災害も、超越的な他者による荒ぶる力の行使とみなされる。火山の噴火、落雷、洪水などもそのような荒ぶる力によって引き起こされると考えられている。

近親と性関係を持ったり、婚外の性関係を持ったり、強姦をしたりすると、その人たちを「雷が両断し（bela kela）イア山が引き裂く（ia sisa)」といわれている。イア山はエンデの近くの火山である。1969年にエンデの住民が遠くへ避難しなければならないような噴火があり、今でも山肌から噴煙が立ち昇っている。また、洪水や水没も人間たちに対する懲罰として起こると考えられている。

人々の語るところによれば、1992年に経験した地震は、大規模な地割れと大雨を伴っていた。長いこと治まらない地震と地割れ、降り止まぬ大雨を、超越的他者による懲罰である水没へのプロセスとして人々が経験したとしても不思議ではない。恐怖の経験のさ中で、人々の想像力はカトリック的なものと「伝統的」なものとを継ぎ目のないものとする実践を生じさせたといえるであろう。即ち、多くの人は、十字架や聖母マリア像を、人間に多大な力を及ぼす超越的な存在のレパートリーに加えたということである。それまで、彼らが好むプラスチックの造花同様、家の飾り物であった十字架やマリア像が「信仰」の対象となった。そして、ロピさんは呪詛できない超越的他者による暴力への畏れと人々への共感に背中を押されて「改宗」を決意したといえよう。

以上のように、ウォロソコにおいて「カトリックになる」ことは、多くの場合、超越的他者の暴力を契機としていた。ミクロな社会での影響力を実現しようとしていた野心家たちは、1907 年の軍事遠征によって誇示されたオランダ植民地政府の暴力へアクセスする回路としてカトリックになることを選び取った。1965 年のインドネシア国家の暴力を契機として、ウォロソコの多くの人々は緊急避難的にカトリックになった。祖先からの儀礼の美学や夢見による知識の求道者であるロピさんは、大地震という超越的他者の暴力を契機として、「帰郷者」たちの儀礼に参加し始めた。

フィジーの首長たちのキリスト教への改宗はヨーロッパ人たちの圧倒的暴力との出会いを契機とし、南米先住民のイエズス会教化コミュニティへの帰属は、植民者の暴力を契機としていた［Sahlins 1983; 田島 1998］。そのほかにも、超越的他者の暴力をなんらかの契機とする、非西欧世界における「改宗」の例を数多く挙げることができるであろう［Gray 1990: 77］。キリスト教への帰属をその人の属性の 1 つに加えたり、それにつれてそれまでしていなかった実践をはじめたり、キリスト教という異質な文化に何らかの形で接合する場合には超越的他者の暴力が大きく関わっていることをウォロソコの例は示している。しかしウォロソコにおいては、カトリックへの「改宗」は、それ以前からの、祖先や精霊といった超越的他者への信仰を捨てることではなかった。

5 社会的実践としてのカトリック

ウォロソコにおいて「カトリックである」とはどのようなことを意味しているのであろう。この地域では、教会が人々に「信仰」を強制したり、彼らのそれまでの信仰や儀礼に介入することはなかったので、ある人々にとっては、「カトリックである」ことは洗礼を受けたことしか意味していない。洗礼を受けただけで、カトリックの活動には参加していない老人も少なくない。ウォロソコ村に帰属する人々であっても、祖先から伝えられたとされる信仰や儀礼への関与の仕方が異なるように、カトリックの教義やミサへの関与の仕方も異なっている。また、同一人物であっても、一生のうちで関与の仕方が変化する。

神言会を中心にしたフローレスのカトリックでは儀礼が中心的な役割を占める［Hoskins 1993: 281］。教会堂や礼拝堂はフローレスのどこであってもその大きさと造りにおいて際立っている。ミサを行なう神父は色とりどりの長衣を身にまとう。フローレスの絣織りの技術を生かした布で長衣が作られることも多い。祭壇、パンを入れる器、葡萄酒を入れる深い器、清めの煙を出すために香木を燃やす容器もかなり装飾の多いものである。ミサはさまざまな動作や行為によって構成される。

ウォロソコ村の領域内にある礼拝堂では、教会によって認定された小教区のリーダーである青年が日曜日のお祈りの指揮をリオ語でとる。復活祭やクリスマスなどの機会には、神父が来て礼拝堂でミサを行なう。使われる言語は通常インドネシア語である。1998年3月の復活祭間近の日曜日には、教区リーダーと数名の少年たちが、神父の長衣とよく似た衣装を身に着けて、十字架を背負ったイエスがゴルゴタの丘に至るまでのプロセスを礼拝堂の中で様式化された動作と言葉で演じた。儀礼リーダーたちは、「村」に関わる儀礼以外の脈絡では、尊敬されたり畏敬されることはあっても、権力や権威を持っていない。教区リーダーはお祈り以外ではこれといって権威をもっていない。

伝統的な儀礼は年配の者たちが中心となって、焼畑のサイクルに基づいて行なってきた。「村」儀礼は、畑や水田での労働に禁忌を課し、年単位の時間を標す。地区礼拝堂では青年層が中心となって、カトリックの教会暦に従ってお祈りを行なっている。多くの人々は、日曜日に農作業を休み、近くの礼拝堂のお祈りに参加することによって1週間単位の時間を、クリスマスや復活祭によって年単位の時間を生きる。お祈りの参加者のうち最も多いのは子供である。若い女性が次に多く、若い男性と中年の女性はほぼ同じくらいである。中年の男性の参加は少ない。年配になればなるほど、参加者は男女とも少なくなる傾向がある。若い男女にとって、日曜のミサやお祈りはおしゃれをしてカッコイイところを見せる機会である。中年女性にとっても、まだまだ見栄えのいいところを見せる機会であると同時に、着飾った子供たちを引き連れることによって、立派な母親ぶりを見せる機会でもある。

老人の参加は男女とも稀である。参加している老人には特別の思い入れがあるようである。1998年3月の復活祭前のお祈りにはロピさんともう1人デウ[14]さんという老人男性が参加していた。2人とも、普段は身につけないジャワ人の被り物とジャワ更紗の上着で決めていた。デウさんはオランダ時代に「村長」を勤めた野心家の甥（姉妹の息子）にあたり、子供の時に洗礼を施され、彼自身もインドネシア独立後の初代村長を勤めた野心家である。お祈りの際には、他の人々から離れた位置に自分で用意した特別の椅子に胸を張って座り、往年の威信を示そうとしているようであった。その姿は、「帰郷者」のもたらした儀礼に対して一心に注意を注ぐロピさんの姿と対照を成していた。

若者たち、特に若い女性は、聖歌の練習に熱心である。練習は、夜、礼拝所で行なわれる。深夜に及ぶこともある。聖歌の練習に参加することによって若者だけの楽しいひとときを過ごす。喉に自信のあるものは、その美声を披露し、他では換えがたい達成感を得る。教区対抗の聖歌のコンクールがあるときには、ますます練習に熱が入る。クリスマスや復活祭の際には地区対抗バレーボール大会が、お祈りに参加しない人たちをも巻き込んでにぎやかに催される。教区対抗で招待試合が行なわれることもある。招待者側の若者たちは、子供を使って教区内の各戸から米と募金を集める。豚を屠殺しご馳走を作ってもてなす。招待されたら次の機会には、招待しなければならないという明確な互酬性が見られる。招待者側は、招待された時に劣らないもてなしをしようと熱を込める。

契機はどうあれウォロソコのほとんどの人々がカトリックになってから長い月日が流れ、カトリックのミサ、お祈りや関連する行事が特定の社会的機能を果たすようになってきている。しかし、彼らにとってカトリックの教義は重要性を持っていないように思われる。確かに礼拝所などで聖書が読まれ、聖歌が歌われ、祈りの言葉が唱えられるのではあるが、それはむしろ社会的パフォーマンスの一部であるように思われる。たとえば、彼(女)らはしばしば「天上におわしますわれらが父よ」という唱文を「母の上におわしますわれらが父よ」という唱文に換えてその卑猥で滑稽なイメージに大笑いしている。そこに父権的一神教を見出すのは難しい。また、人々がキリスト教の教義や聖書に基づいて実際の出来事を解釈しているのを私は耳にしたことがない。

ウォロソコにおいても人の死は最も深刻な出来事である。ウォロソコでは、人が死ぬと、多くの人々が家畜、米、絣の腰布などの贈り物を持って死者を訪問する。墓穴を掘ったり棺を作ったり、弔問者たちに振る舞うご馳走を作ったりするために近所の人や親族も数多く集まる。死者埋葬までの通夜を含め、集まった人々は何日かおしゃべりをして過ごす。そのような時にも、キリスト教の影響のある話は聞かれない。人々は、哀悼歌を歌い、死者の住居と考えられているムトゥ山上の湖に思いを馳せ、死を引き起こした邪術師や精霊について語る。

彼らにとって、祖先から伝わった儀礼をすることとカトリックのミサに出席することが全く抵触しないように、コンデラトゥと十字架や聖母像の力を並行して活用することはまったく問題ない。多くの人々は、祖先からの儀礼や信仰とカトリックのそれとを相互に位置付けたり、関係付けたりすることなく、あるいは緩い関係付けの中で実践している。

それとは対照的に、ロピさんは、カトリックの信仰を、彼の馴染んだ儀礼や信仰から解釈しようと努力している。たとえば、インドネシア語も十全には解さないし、字を読むこともないロピさんは、リオ語でなされるカトリック儀礼やミサを頼りに、奇しくも、神学校教師が取りあげた人間の殺害を契機とした作物発生の神話をもって、より細部にこだわりながら、イエスの復活物語を位置付けようとしている。既に述べたように、「村」の儀礼を構成する行為や言葉は、力を発する詩的知識獲得のために、個人個人の解釈の対象とされる。ロピさんはカトリックの儀礼を「村」の儀礼同様、詩的知識獲得を目的とした解釈の対象とみなしている。

6 非西欧世界のキリスト教研究への示唆

ウォロソコの例にもとづきながら、非西欧世界におけるキリスト教研究に用いられる3つの重要なコンセプト、「合理化」「流用」「戦略」について、批判的示唆を提示して結びとしたい。

これまで、非西欧世界のキリスト教に関して多くの社会・人文科学的研究がなされている。キリスト教は、ヨーロッパ人の世界進出に重要な役割を果たした。彼らが政治的支配と経済的搾取をほしいままにした地域、中でも経典を持つ宗教の影響が少なかった地域、即ち、南北アメリカ大陸、サハラ以南のアフリカ、オセアニア等の先住民の間で、キリスト教も根付くことになった。このような地域においては、キリスト教が国民の宗教といえる位置付けを持っている。非西欧世界のキリスト教の研究もそのような地域に関するものが多く、東南アジアは、フィリピンを例外として、研究にとって周辺的存在であった。キリスト教が根付いている上述の地域においても、キリスト教が生きられたものである限り、シンクレティズムとしてひとからげにするには、それぞれあまりにも固有で複雑なあり様を示している。フィリピン以外の東南アジア地域では、キリスト教徒はマイノリティであるという別のひねりが加わっているという点において、非西欧世界のキリスト教の研究において独自の重要性を持つ。

インドネシアに目を転じ、視野を東ヌサテンガラに限っても、そこでのキリスト教のあり様は、それぞれの伝統的文化の違い、宣教の方針の違い、インドネシア国家との関係などによってそれぞれの地域で独特の様相を見せている。

スンバ島においては、伝統的な「信仰」であるマラプ（祖霊、不可視の力）崇拝が、例外的に、政府によって公認されている。オランダ植民地時代にはオランダのプロテスタント宣教師とマラプ崇拝者との間で展開された対話的状況の結果、儀礼的並列による両者の共存がもたらされた。たとえば、教会は、キリスト教徒となった者であっても、家族儀礼として伝統的通過儀礼や治癒儀礼を行なうことを許可し、それらの儀礼の際には、マラプとキリスト教の神双方に対してそれぞれ相応の唱文が唱えられてから家畜が屠られ、肉も双方に分配された。

ところが、独立後になると、両者間の対話は、2種のプラクティスの折り合いを目指すものではなく、「信仰」や「教義」に関わる論争となった。このような変化は、学校教育を通じて聖書の物語が浸透し、インドネシア建国5原則（パンチャシラ）が伝統的政治システムを民主主義形態と位置付けることを称揚することによって、スンバの人々が自分たちの「伝統」に反照的眼差しを向け始めたことによって方向付けられた。その結果、マラプ崇拝は「信仰」として、パンチャシラ・イデオロギーやキリスト教教義を用いて「合理化」され、聖書やパンチャシラと同等の地位を主張するために書きとめられることになった。

このプロセスの中で、スンバのプロテスタントも、プラクティスではなく「信仰」という合理性を強調するようになり、プロテスタントとマラプ崇拝は背反的二者択一的なものと位置付けられることになった。より重要な変化は、キリスト教徒とマラプ信仰者とが脈絡に関わらない排他的カテゴリー「彼ら」と「われわれ」として互いを捉えるようになったことである。ノックの用語を援用して、ホスキンスは、独立以前にプロテスタント教会に帰属した者たちは、役に立つ崇拝対象を付け加えるためにキリスト教に「接合 adhesion」しただけであり、合理化と意識の変革をともなう

「改宗 conversion」はインドネシア独立以後に起こったとする(15)。

ウェーバーによって提唱され、ギアーツによって人類学に導入され、ホスキンズ等にも引き継がれている上述の「合理化」理論によれば、宗教は概ね「伝統的な」ものと「合理化」されたものに区別される。「伝統的な宗教」は具体的出来事やそれによって引き起こされる苦悩、邪悪、葛藤への対処を目的とする儀礼行為に埋め込まれた実践の集合体である。「合理化された宗教」は具体的な個別の日常経験から離れ、より抽象的で、論理的に整合性があり、言語中心的である。インドネシアという脈絡に即してギアーツおよびホスキンスの議論は次のように展開される。

インドネシア独立後、「経典を持つ唯一神信仰である」という基準によって国家公認宗教（イスラーム、カトリック、プロテスタント、仏教、ヒンドゥー教）が制定された。その「伝統的宗教」が国家によって公認されたバリあるいはスンバの人々は、近代国家と近代宗教の眼差しとそれによって差し出された場の中に、自分たちを位置付けた。そのようなプロセスの中で、バリ・ヒンドゥーあるいはマラプ信仰の「合理化」、「内的改宗」およびキリスト教への「改宗」が生じた［Geertz 1973; Hoskins 1987］。

ウォロソコの例は、インドネシアにおける伝統宗教の変容について、「合理化」理論とは異なる観点を提出する。ホスキンスの用語に習えば、現在ウォロソコにおいて「カトリックである」ことは「改宗」ではなく「接合」である。聖職者たちも、カトリックである人々も、カトリックでない人々も、カトリック儀礼と教義と伝統的儀礼と詩的知識体系を背反的二者択一的なものとして位置付けていない。私の知る限り、現在ウォロソコでカトリックになっていないのは、2人の老人（男女1人ずつ）である。カトリックでない人々は絶対的な少数派であるが、スティグマ化されることはない。

また、プラクティスに重点が置かれ、現地の詩的言語を取り入れているという点において、フローレス、特にウォロソコにおいては、カトリックそのものが教義として「合理化」されていないといえる。聖職者でさえ、伝統的信仰にもカトリックにも「接合」しているが、「改宗」していないことになる。このように考えていくと、「合理化」理論は、ウォロソコのカトリックのありようを説明できないことがあきらかになる。

バリやスンバの事例ではかなり妥当性を持つ「合理化」理論が、ウォロソコにおいては妥当性を持たない理由として、ウォロソコの人々のインドネシア国家に対する経験がバリやスンバの場合と異なることがまず挙げられるであろう。1965年9月30日に始まる国家暴力について語ることが長い間タブーであったため、バリやスンバにおいてどのような国家の暴力儀礼が行なわれたかは知られていない(16)。少なくとも、フローレスで経験された国家の暴力儀礼は、前近代的な処刑儀礼の範疇に入るであろう［フーコー 1977］。ウォロソコにおいてはそのような一発勝負の国家儀礼の後、国家は実質的な管理を放棄してしまった。

それとは対照的に、バリやスンバの「伝統宗教」が公認され、それと表裏一体となる形で、インドネシア国家という脈絡の中で「伝統宗教」が説明されることになり、バリやスンバの人々は近代国家へゲモニーの中に取り込まれていった。ウォロソコの人々は、自分たちの「宗教」をインドネシア国家という脈絡の中で説明しなければならないと感じていない。明らかに「合理化」への契機を欠いている。

「合理化」理論がウォロソコの事例に妥当しないもう1つの理由は、「合理化」理論そのものにある。「伝統的宗教」と「合理化された宗教」というカテゴリーによる分類は、「身体」と「精神」、「行為」と「思考・言語」という近代的二元論に呼応するものである。かつて普遍的であると考えられていたこのような近代的二元論は、さまざまな形で問題化され、歴史化され、ローカル・ノリッジとしての属性が指摘されてきた。ウォロソコの事例は、少なくとも言語に関して、「合理化」理論の不備を指摘する。

既に述べたように、詩的言語はウォロソコの伝統的宗教の重要な側面である。それは、カトリック教会によっても取り入れられている。「合理化」理論によれば、「合理化された宗教」は具体的な個別の日常経験から離れ、より抽象的で、論理的に整合性があり、言語中心的である。論理的整合性を広義に捉えるならば、ウォロソコの宗教は、「伝統的宗教」であると同時に「合理化された」宗教の属性をすべて備えていることになる［Aoki 1996; Jakobson 1981］。ウォロソコの事例は、「合理化」理論の乗り越えを促す。しかし、以下で示す理由から、乗り越えた先に見出されるべき理論は、植民地状況およびポスト・コロニアル状況の最近の研究で参照される「流用」理論でも「戦術」理論でもないであろう。

グレイはアフリカの人々によるキリスト教の「流用」について次のように述べる。アフリカにおけるキリスト教は、ヨーロッパから移植された華奢でエキゾティックな花ではなく、キリスト教導入以前からのアフリカの宗教に深く根ざした力強いものである。このように「流用」されたキリスト教は、アフリカの人々のニーズに応じた一貫性を持つイデオロギーを提供した。それによって彼らは、植民地支配下で彼らが置かれた最悪の状況を積極的に生き抜き、植民地支配に対する根本的抵抗を達成したのである。そのような抵抗は、独立政府にとっても脅威となった。たとえば、アフリカのある地方でカトリックの大司教を務めた国際的にも名高い治療者 healer は、1960 年代から 1980 年代まで貧者、教育を受けていない者、女性など、拷問のような日々を生きている抑圧された人々を、「流用」されたキリスト教によって勇気付けた。彼らにのしかかる抑圧をサタンとみなし、政治的解放も含めた、キリスト教的解放へと彼らを導いた。そこには明らかに、政府や支配者階級への抵抗と挑戦が見られる。アフリカにおけるキリスト教の導入による変化は、「伝統」から「近代」へというような単純なものではないとグレイは指摘する［Gray 1990］。

セルトーの「戦術」理論は、日常の隅々にまで浸透した近代の支配体制の中で周辺化され、名も声も残されないような人々の心性と日常的生のダイナミズムを捉えることを目的としたレトリックである。そのような人々は、必ずしも植民地化された非西欧世界の人々に限定されない。しかし、彼の議論に具体的な事例がほとんど使われていないにもかかわらず、以下のような記述があるところから判断して、キリスト教化した中南米の先住民が彼の関心の核心にあったとしても不思議ではない。また、彼がスペインの植民地で熱心に布教にあたったイエズス会の司祭であったこともこの推測を裏付けるであろう。

> スペインはインディオの植民地化に成功したが、実はその「成功」がいかに両義的なものであったか、つとに明らかになっている。彼らインディオたちは、押しつけられた儀礼行為や法や表象に従い、時にはすすんでそれを受け入れながら、征服者が狙っていたものとは別のものを作りだしていたのだ。彼らはそれらを忌避したり変えたりしていたわけではなく、それらをちがった目的や機能、自分たちが逃れるべくもないそのシステムとは異質な準拠枠にもとづいた目的や機能に利用しながら、それらを覆していたのである。[セルトー 1987: 14-15]

「戦術」とは、支配的文化の働く場から逃れられない名もなき人々が、その支配のただ中で、ブリコラージュすることにより自分たちの利に叶うように無数の変化を加える生活法のことである。それは支配をそらしたり、くつがえしたりする創造性を持っているとセルトーは主張する。

グレイの視座は、「伝統的宗教」と「合理化された宗教」とを単純に区別する「合理化」理論よりも現実の複雑性を救い上げるようとするものであろう。しかし、「流用」理論も「戦術」理論同様、西欧による非西欧の支配という構図を大前提とし、非西欧世界の人々を「抑圧された人々」というカテゴリーに押し込めてしまう。アフリカやラテンアメリカの先住民に力強さや創造性を見出そうとも、それは二次的なことにすぎない。あくまで、「抵抗」にすぎないのである。このような、見方をもってすれば、おそらく非西欧世界のどこにでも、「流用」や「戦術」に彩られた「抵抗」を見出すことができるであろう。

しかし、研究者によって「抑圧された人々」というカテゴリーに押し込められた人々が、他者による支配という構図で世界を見ていなかったら、あるいは生きていなかったらどうなるだろう。たとえば、ウォロソコの人々、特にロピさんのように。「流用」理論にしろ「戦略」理論にしろ、それらが、研究の対象となる人々の抑圧からの解放を目的とするとしても、彼らにとっての世界の見え方生き方を無視して「抵抗」を読みこむことは、新たな抑圧を及ぼすことになり、そのような視座は自己矛盾を孕むことになる。

「流用」理論および「戦術」理論に対する上記のような批判は、グレイやセルトーの功績を全面的に否定するものではない。西欧人、特にキリスト教宣教師の懐いた非西欧人観の系譜に照らして、むしろ彼らの業績は肯定的に評価されるべきである。最も初期の非西欧人との出会いの中で、西欧人たちは相手を人間より動物に近いものであるとみなす場合があった。あるいはまた、啓蒙を必要とする無知蒙昧な存在とみなした。あるいは、善良ではあるが、無知ゆえにいつでも恐怖にさいなまれている人々とみなした。プライアーやウェッブなど現代の宣教師たちの多くは、善良で知的であるが抑圧された無力な貧しい人々とみなしている［Prior 1988；Webb 1986］。そのような見方とは対照的に、「流用」理論と「戦術」理論は、アフリカ黒人キリスト教徒あるいはラテンアメリカ先住民キリスト教徒の中に、おそらくロック以来、近代ヨーロッパの最大の美学である「抵抗」を見出している。このように、「美しき抵抗」という勲章を授与することは、近代国家による勲章授与にも似て、あるいは、植民地を失ったイギリスが「傑出した人物」というタイトルを世界中にばらまいているのにも似て、研究者の意図とは裏腹に、ヘゲモニーを維持する行為となってしまうのではないだろうか。さらに悪いことには、そのような一元的ヘゲモニーの中で、対象となる人々の生そのものはそのような一元性の中でしか捉えられず、似たり寄ったりのものとして描かれることになろう［Ortner 1995］。

ウォロソコの例が示すように、世界システムや国家のヘゲモニーから見れば周辺でしかない人々であっても、彼ら自身の生の現場においては、彼らは常に、「意味をめぐる日常的戦い」の勝者である。現在求められているのは、「合理化」理論、「流用」理論、「戦略」理論を考慮した上で、対象となる人々の生のダイナミズムを、彼ら自身の語るところに従って豊かに描き出すことであろう。これまで余りなされてこなかった東南アジアのキリスト教をそのような観点から研究することは、非西欧世界のキリスト教研究にとっても、文化人類学にとっても、新たな境地を開いてくれるであろう。

【註】

（1）ウォロソコは仮名である。

（2）ロピという名前は仮名である。ロピさんの正確な年齢は不明。80歳くらいだと思われる。

（3）これによって、共産党勢力が解体され、スカルノ体制がスハルトの「新体制」に移行した。殺された人は、45万人とも50万人とも言われている［白石 1999: 15］。

（4）それを典型的に示す例として、1904年のオランダ軍によるララントゥカ王の逮捕事件があげられる。王は積極的にカトリックの布教活動を支援する熱心なカトリック教徒であった。カトリック住民のみならず、非カトリック教徒の間でも人望が高かった。オランダ政府はそこに反抗の可能性を見出して王を逮捕してしまった。それに対しイエズス会は何ら抗議の意を表さなかった［坂井 1980; Muskens 1974］。

（5）彼の発言は、非西欧世界での信仰の現実を「文脈化理論」によって説明し受容しようとする最近の宣教学の影響を受けたものであろう。しかし、「相互」という概念によって、キリスト教のみを主体と捉えてない点は特筆すべきであろう［Bevans 1985; Haleblian 1983; Henau 1986］。

（6）ムトゥ山はウォロソコから歩いて半日くらいのところにある山。頂上には色の異なる3つのカルデラ湖があり、人は死ぬとそのうちのどれかに入ると一般に考えられている。死者はそこまで歩いて行くと言われており、もし歩いているその人の影を捕まえることができれば、生き返るとされる。ムトゥ山は1939年に既にフローレスにおける有望な観光資源と考えられていた［Williams 1939］。私が初めて訪れた1979年には中部フローレスに住む人にとって「訪れる価値のある場所」になっていた。政府の観光キャンペーンの影響を受け1990年代の前半には、かなりのヨーロッパ系観光客も訪れ、麓の村は民宿化した。現在は観光客も遠のき、民宿業もさびれている。

（7）サブ人は、ティモール島とスンバ島の間に位置する小さな乾燥した島、サブ島出身の人々である。サブ人の多くは、フローレス島、ティモール島、スンバ島の町に居住している。エンデの中国人家庭の女中さんの多くはサブ人である。ウォロソコの人々によれば、その人は「サブ人」であったということである。この事件についての記録が残されているのか否か私は知らない。サブ人というラベルは単に「異人」を意味しているのかもしれない。

（8）1965年から67年ごろにかけての、政治的そしておそらく経済的混乱は、人々の生活を「持続する非日常的状態」に変化させたようである。スンバにおいても同じような改宗現象がおこり、西ティモールにおいては、神の啓示を受けたひとがその教えを広めるという運動が起こった［Keane 1995; Webb 1986; Fox 1980］。

（9）カトリックを選んだ主な理由は、他の地域と異なり、フローレス中央山岳地帯ではカトリックのモノポリーが存在しているからである。

(10) 独立運動の指導者であり、後にインドネシア初代大統領となったスカルノは、1934年から1938年まで、オランダ植民地政府によってフローレス島の中心の町エンデに流刑されている。流刑されたといっても、高等教育を受けた知識人として特別待遇をうけ、破格の生活費が支給されていた。現在80歳半ばのエンデの老人によれば、エンデの基準からすればかなり豪華な家にスカルノは妻と共に住んでいた。ステッキを片手に悠然と散歩するのがスカルノの日課であった。特に監視されている様子もなかったということである。にもかかわらず、スカルノ自身がエンデ時代を「実に不幸な」日々と回顧しているのは、当時エンデには電話も電報もなく、たったひとつの外界との連絡は月に2回の定期郵便船だけだったばかりではなく、ナショナリズムを鼓舞する彼の演説に耳を傾ける人がいなかったからであろう［白石 1999b: 37-38］。

(11) 供犠に付されたのがフローレスの人でなかったことは、いまだかつて「フローレス・ナショナリズム」の醸成が見られないことと無関係ではないであろう。東ティモールをはじめインドネシア各地ではその後もさまざまな国家の暴力が発動され大勢の犠牲者を出したが、フローレスでは今日に至るまでそのような事態は起こっていない［白石 1999a: 15-16; Anderson 1993］。

(12) 現地で最もポピュラーなトランプ遊び。日本でよく行なわれるトランプ遊び「大貧民」と類似のルール。ただし、現地の人々は、2組のトランプを1つにして遊ぶ。筆者はいつも負けてしまい、「立つ dari」あるいは「電池などを耳からぶら下げる teo」という罰を食らうことになる。

(13) 甲虫の一種。

(14) デウは仮名である。

(15) ホスキンスはノックの用語に依っている［Hoskins 1987; Nock 1933; Keane 1995, 1996］。

(16) 1999年10月に就任したアブドゥールラーマン・ワヒド大統領は、人権の立場から共産党許可の方針を表明している。ジャワ島では、1965年から1967年にかけての暴力的出来事の実態の調査がはじまっている。

【参考文献】

Anderson, Benedict R. O'G. 1972. "The Idea of Power in Javanese Culture" In *Culture and Politics in Indonesia,* edited by Claire Holt. Ithaca: Cornell University Press.

———. 1993. "Features Imagining East Timor" *Arena Magazine* 4.

Aoki, Eriko. 1996. "Piercing the Sky, Cutting the Earth: The Poetics of Knowledge and the Paradox of Power among the Wologai of Central Flores" Ph.D. Thesis, The Australian National University.

Arndt, P.1939. "Dua Nggae, das Hochste Wesen im Lio Gebiet (Mittel-Flores)" *Annali Lateranensi* 8.

Atkinson, Jane Monnig. 1987. "Religion in Dialogue: the Construction of an Indonesian Minority Religion" In *Indonesian Religions in Transition,* edited by S. Rogers an R. Kipps. Tucson: University of Arizona Press.

Barnes, R.H. 1982. "The Majapahit Dependency of Galiyao" *Bijtragen tot de Taal-, Land- en Volkenkunde* 138.

———. 1987. "Avarice and Iniquity at the Solor Fort" *Bijtragen tot de Taal-, Land- en Volkenkunde* 143.

Bevans, Stephan. 1985. "Models of Contextual Theology" *Missiology* 1.

Bryune, W. J. D. de. 1947. "Nota van Toeling bij de Voorziening in het Zelfbestuur van de Lio Gemeenschappen" Unpublished Dutch colonial document.

Cooley, F. L. 1972. "Revival in Timor" *Occasional Bulletin*. Missionary Research Library, New York, 23(10), 26 October.

Costa, P. Laurens da and P. Anton Mohlmann. 1987. *50 Tahun Seminari Tinggi Ledalero.* Ledarero: Seminari Tinggi.

Dietrich,S. 1983. "Flores in the Nineteenth Century: Aspects of Dutch Colonialism on a Non-Profitable Island" *Indonesian Circle* 31.

Djagom, Dominatus SVD. 1977. *Katekismus Lio.* Ende: Arnoldus.

Fox, James J. 1980. "The 'Movement of the Spirit' in the Timor Area: Christian Tradition and Ethnic Identies" In *Indonesia: The Making of a Culture*, edited by James J. Fox. Canberra: Research School of Pacific Studies, The Australian National University.

Fox, James J. 1983. "'For Good and Sufficient Reasons': An Explanation of Early Dutch East India Company Ordinance on Slaves and Slavery" In *Slavery, Bondage and Dependency in Southeast Asia*, edited by A. J. Reid. St. Lucia: University of Queensland Press.

Geertz, Clifford. 1973. " 'Internal Conversion' in Contemporary Bali" In *The Interpretation of Cultures.* New York: Basic Books, Inc. Publishers. pp. 170-192.

Gray, R. 1990. *Black Christians and White Missionaries.* New Haven: Yale University Press.

Haleblian, Krikor. 1983. "The Problem of Contextualization" *Missiology* 11.

Hamilton, R.W. (ed.). 1994. *Gift of the Cotton Maiden: Textiles of Flores Island and the Solor Islands.* Los Angeles: Fowler Museum of Cultural History, University of California.

Henau, Ernest. 1986. "Popular Religiosity and Christian Faith" *Concilium* 184.

Hoskins, Janet. 1987. "Entering the Bitter House: Spirit Worship and Conversion in West Sumba" In *Indonesian Religions in Transition*, edited by Rogers, S. and R.Kipp. Tucson: The University of Arizona Press.

———. 1993. *The Play of Time: Codi Perspective on Calendars, History, and Exchange.* Berkeley: University of California Press.

Jakobson, Roman. 1981. "Linguistics and Poetics" In *Roman Jakobson Selected Writings III: Poetry of Grammar and Grammar of Poetry*, edited by S. Rudy. The Hague: Mouton.

The Documentation. Information Department. 1975. *The Catholic Church in Indonesia* Jakarta: Kantor Waligereja Indonesia.

Keane, Webb. 1995. "Religious Change and Historical Reflection in Ankalang, West Sumba, Indonesia" *Journal of Southeast Asian Studies* 26(2).

———. 1969. "Materialism, Missionaries, and Modern Subjects in Colonial Indonesia" In *Conversion to Modernity: the Globalization of Christianity*, edited by Peter van der Veer. London: Routledge.

Kennedy, R. 1955. *Field Notes on Indonesia, 1949-1950 Part III.* New Haven: Human Relation Area Files Press.

Krom, N.J. 1931. *Hindoe-Javaansche Geschiedenis.* 's Gravenhage.

Leur, J. C. van. 1955. *Indonesian Trade and Society*, translated by J. S. Homes and A. van Marle. The Hogue: Nijhoff.

Metzner, J. K. 1982. *Agriculture and Population Pressure in Sikka, Isle of Flores.* Canberra: The Australian Natinal University, Development Studies Centre Monograph 28.

Muskens, M. P. M. (ed.). 1974. *Sejarah Gereja Katolik Indonesia* Vol. 2. Jakarta: Kantor Waligreja Indonesia.

Needham, Rodney. 1983. *Sumba and the Slave Trade.* Melbourne: Centre for Southeast Asian Studies Working Paper 31, Monash University.

Nock, A. D. 1933. *Conversion: The Old and the New in Religion from Alexander the Great to Augustine of Hippo.* Oxford: Oxford University Press.

Ormeling, F. J. 1957. *The Timor Problem.* The Hague: Martinus Nijhoff.

Ortner, Sherry B. 1995. "Resistance and Ethnographical Refusal" *Comparative Studies in Society and History* 37(1).

Petu, Piet. 1969. *Nusa Nipa: Nama Pribumi Nusa Flores.* Ende: Nusa Indah.

Prior, J. M. 1988. *Church and Marriage in an Indonesian Village: a Study of Customary and Church Marriage among the Ata Lio of Central Flores, Indonesia, as a Paradigm of the Ecclesial Interrelationship between Village and Institutional*

Catholicism. Frankfurt and Main: Peter Lang.
Reid, Anthony J. 1988. *Southeast Asia in the Age of Commerce, 1450-1680.* New Haven: Yale University Press.
Rockhill, W. W. 1915. "Notes on the Relations and Trade of China with the Eastern Archipelago and the Coast of the Indian Ocean during the Fourteen Century", Part 2, *T'oung Pao* 16.
Sahlins, Marshall. 1983. "Other Time, Other Customs: the Anthropology of History" *American Anthropologist* 85(3).
Suchtelen, B. C. C. M. M. van. 1921. *Endeh* (*Flores*) Mededeelingen ven het Bureau voor de Bestuurszaken der Buitengewesten, Bewerkt door het Encyclopaedisch Bureau, Aflevering 26.
Tsing, Anna Lowenhaupt. 1987. "A Rhetoric of Centers in a Religion of the Periphery" In *Indonesian Religions in Transition*, edited by S. Rogers and R. Kipps. Tucson: University of Arizona Press.
Uran, Lame L. 1986. *Sejarah Perkembangan Misi Flores Dioses Agung Ende*（出版社等不明).
Webb, R.A.F.P. 1986. "The Sickle and the Cross: Christians and Communists in Bali, Flores, Sumba and Timor, 1965-1967" *Journal of Southeast Asian Studies* 17(1).
Williams, M.O. 1939. "Bali and Points East" The *National Geographic Magazine* 75(3).
坂井　隆. 1980.『フローレス島のカトリックと日本軍政』早稲田大学卒業論文.
白石さや. 2000.「おやじの肖像」『男性論』人文書院.
白石　隆. 1997.『スカルノとスハルト』岩波書店.
———. 1999a.『崩壊インドネシアはどこへ行く』NTT 出版.
杉島敬志. 1990.「リオ族における農耕儀礼の記述と解釈」『国立民族学博物館研究報告』15(3).
セルトー，ミシェル・ド. 1887.『日常的実践のポイエティーク』国文社（原著：Michel de Certeau. 1980. *Art de Faire.* Paris: Union Générale d'Editions).
田島久歳. 1998.「植民地期パラグアイと近代ヨーロッパ：イエズス会教化コミュニティー参加に見る先住民の生き残り手段」上谷博・石黒馨『ラテンアメリカが語る近代』世界思想社.
フーコー，ミシェル. 1977.『監獄の誕生』新潮社.

執筆者（掲載順）
川田　牧人（かわだ　まきと）中京大学社会学部助教授（文化人類学）
寺田　勇文（てらだ　たけふみ）上智大学アジア文化研究所教授（文化人類学・フィリピン研究）
石井　米雄（いしい　よねお）神田外語大学学長（タイ地域学・上座仏教比較論）
伊東　利勝（いとう　としかつ）愛知大学文学部教授（歴史学）
豊田　三佳（とよた　みか）英国ハル大学講師（文化人類学・開発社会学）
石澤　良昭（いしざわ　よしあき）上智大学アジア文化研究所教授（東南アジア史）
萩原　修子（はぎはら　しゅうこ）熊本学園大学商学部専任講師（文化人類学・宗教学）
奥村　みさ（おくむら　みさ）中京大学国際英語学部助教授（文化社会学・エスニシティ研究）
青木恵理子（あおき　えりこ）龍谷大学社会学部教授（文化人類学）

東南アジアのキリスト教
初版印刷 2002年6月10日
第1刷発行 2002年6月25日
定価 3800円＋税
編者 寺田勇文
装丁 渡辺恭子
発行者 桑原晨
発行 株式会社めこん
〒113-0033 東京都文京区本郷3－7－1
電話 03-3815-1688　FAX03-3815-1810
URL http://www.mekong-publishing.com
印刷・製本　モリモト印刷株式会社
ISBN4-8396-0149-6 C0016 ¥3800E
0016-0107147-8347

入門東南アジア研究 上智大学アジア文化研究所 定価 2800 円+税	東南アジアを総合的にとらえるための入門書。自然、歴史、民族、宗教、社会、文化、経済、開発、日本との関係など、東南アジアへアプローチするための最良の手引きです。
メコン 石井米雄・横山良一(写真) 定価 2800 円+税	雲南からラオス、タイ、カンボジア、ベトナム、そして南シナ海まで、大河メコンをたどる「河の流れのような旅」。珠玉の歴史紀行と 79 枚のポップなカラー写真の劇的な融合はみものです。
緑色の野帖 ――東南アジアの歴史を歩く 桜井由躬雄 定価 2800 円＋税	スタートはベトナムのドンソン文化。そして、インド化、港市国家、イスラムの到来、商業の時代、高度成長を経て、最後はドイ・モイ。東南アジアを歩きながら 3000 年の歴史を学んでしまうという仕掛けです。
タイ仏教入門 石井米雄 定価 1800 円+税	**めこん選書❶**　タイで上座仏教が繁栄しているのはなぜか？ エリートのための仏教とマスのための仏教が共存しているからだ。若き日の僧侶体験をもとに碩学がタイ仏教の構造をわかりやすく解き明かした名著。
カルティニの風景 土屋健治 定価 1900 円+税	**めこん選書❷**　心に残る 1 冊の本と 1 枚の絵の思い出から、インドネシアの国民国家としてのなりたちを描きあげる。インドネシアへの情が香るような名品です。
ジャワの音風景 風間純子 定価 1900 円+税	**めこん選書❸**　西洋音楽を学んでいた若き研究者は、なぜガムラン音楽にのめりこんでいったのか？　ジャワの大衆芸能「クトプラ」劇団と起居を共にするうちに見えてきたものは？
時間の旅、空間の旅 ――インドネシア未完成紀行 加藤剛 定価 2000 円+税	**めこん選書❹**　スマトラとジャカルタのフィールドワークの中で書き綴ったエッセイ。思索の旅の醍醐味を味わわせてくれる 1 冊です。